新品格教育

人性是什麼?

黃政傑・主編

洪 蘭 程樹德 周成功 黃光雄 吳 嫻 洪成志
金清海 陳善德 黃壬來 李宜堅 郭博昭 張美櫻
黃光男 釋慧開 黃伯和 釋敬定 黃政傑

著

五南圖書出版公司 印行

序一

　　個人發展成敗在過去都以能力的強弱做為論斷憑據，認為能力強者在事業發展上勝過能力弱者，而能力的高低又取決於教育程度及就讀學校水準，教育程度愈高，能力愈強，而就讀學校愈明星意指個人能力愈好。這種觀點在多元智能理論出現後便受到強烈的挑戰，加上企業用人在能力之外更重視品格，社會才開始朝向多元才能去思考。實際上，傳統文化已彰顯行行出狀元的理念，更指出條條大路通羅馬的事實；教育學理上也經常提醒大家多元智能並重及德智體群美五育均衡發展，才是培養人才的正道。可惜的是社會上的迷思概念總是遮蔽眾人的雙眼，十多年來的教改依然挽救不了這個局面。看來，從今而後還是需要另闢蹊徑，才可能會產生期待的整體改變。

　　個人和社會的發展需要的不只是知識和技能，更需要良好的品格做為基礎，品格不好，知識和技能遭到誤用，危害更大，這個觀點在1990年代以來的教改運動並未受到重視。直到最近幾年私德公德淪落，工作倫理和專業道德惡化，嚴重危害他人權益和社會發展，教育上必須培養優良的品德和合適的性格，始重獲各界注目。於是，社會開始討論人性是什麼，人性如何發展，人性又如何教育，期待在傳統的人性智慧上，規劃新的品格教育方針，採用有效的品格教育方法。然而社會變遷急劇，科技發展迅速，知識不斷爆炸，科學家在分子、基因、大腦、認知及演化論等現代生物學中，探討人性的本質及其與環境互動的關係，已著有成效，這部分的知識若能結合於人性的探究和教育上，當更有助於深化人性本質的認識，研訂有效的人性教育方法，強化人性發展和品格教育的成果。

　　有鑑於此，教育部中部辦公室和陽明大學乃共同主辦「人性是什

麼」系列專題講演計畫，共44場次，由總召學校新莊高中和其餘42所聯盟學校承辦實施，聽眾包含學校行政主管、各學科領域教師、學生家長和社區人士等等。該計畫源自於教育部中部辦公室李宜堅、杜俊英、唐復等督學在視導學校的過程中發現，高中高職學校的品格教育亟須加強，但宜設定學生可以完成的目標，而其實施奠基於人性的科學研究最為重要，乃共同倡議，研擬計畫，爭取資源，迅速推動。該計畫內容中指出，傳統上，國內外各級學校的品格教育，多以「真善美聖」的最高道德境界作為目標，這種好高騖遠的理念，通常是導致失敗主因。該計畫認為人性的差異是構成不同人格特質的原因，學校應就人性的科學相關研究結果，本因材施教的原理，進行「課程及教材」的探討與研發，方能提升品格教育的教學效能。

　　該計畫已於96年12月順利實施完成，雖能佳惠於參與學校的眾多師生和家長，惟相對於社會大眾，其影響仍屬有限。為求演講內容產生更深遠的影響，以提升全國品格教育的成效，乃集結成書，以利推廣，乃為本書編印之緣起。本書之編印首應感謝科學、醫學、藝術、倫理、教育等各領域的學者專家到各校提供精彩演講，並惠賜宏文；其次陽明大學程樹德教授對於講題和講者之策劃，居功甚偉；新莊高中倪靜貴校長總召集此一計畫之執行，尤其辛勞。教育部中部辦公室李宜堅督學，乃幕後之靈魂人物，其終身致力於教育改革實踐之用心和成就，誠為教育行政人員之典範。期待本書之編印得以發揚參與者心中之理想，讓人性更光輝，倫理道德更高尚，社會更美麗。

黃政傑
明道大學講座教授
前國立臺南大學校長

序二

　　誠如本書所論述，許多科學長期研究人性的發現，有利於品格的形塑，如本能、大腦發展、習慣養成等研究的新證據，認為同理心、典範、鼓勵、社會學習、情緒管理等，都是營造有益於品格形塑的重要元素；強調品格是內隱式學習，家庭父母及學校師長的言行，對形塑品格更具有影響力。此論點相較於傳統強調真善美聖的品格教學，大大不同。據此，本書確實提供了高中、職學校，在實施品格教育時另一範疇的重要參考。

　　寄望本書之發行，所有學校的教師均能善用之。平日據以發展學生良好之品格，其次也協助家長，營建有利於新世紀青年品格學習的良好環境，建立高品格的社會，提升彼此的生命價值。

林樹全

教育部中部辦公室主任

導言

　　本書取名為《新品格教育—人性是什麼？》，是藉由國內研究「大腦與行為」的大學教授，提供大腦神經科學的實證，先說明基因建構的神經網路，是人一出生就已形成的部分，接續強調可塑性，認為提供適當的環境與之互動，常能改善原先發展不足的部分。據此出版本書，提供新世紀的教育工作者，於形塑學生品格過程，藉以參考。我們堅信越能理解大腦與基因，在認知、記憶扮演的功能與外顯行為間的關係，就越能理解人性的組成，對他人或自己的行為，將發展出更細微的同理心、社會公平與正義，對原先的對立及仇恨將產生更大的寬容，願意轉化和解、傾聽與協助，由此重建個人的自信與社會的和諧，此乃本書出版的意義。

　　本書的第一、第二篇，由洪蘭教授主筆，「大腦與人生：從大腦來看人的社會行為」及「教養的迷思」；透過核磁共振腦造影的技術，介紹大腦的創傷，往往導致認知障礙、精神異常或偏差行為。另，也強調「大腦可塑性」有機會產生動物性及人性間的平衡。

　　第三篇是程樹德教授的「人性與倫理」；強調行為乃由個人遺傳天賦與環境互動逐漸產生，環境一旦改變，行為也可以改變。在「性」的人性面，及愛與承諾的剖析，提出教師應教導女學生理性擇偶，避免被愛沖昏而有未婚懷孕的挫折。在「群間鬥爭」理論中，提及人性的仇恨情緒與暴力行為現象，建議教師應與學生理性討論，並多關懷來自「暴力」家庭的學生，及早防範以消弭暴力於未發之時。

　　第四篇是周成功教授的「人性塑造三部曲—基因、環境與文化」；說明基因在指揮神經系統，建構出「開創神經系統的可塑性」，後天環境的刺激，有助基因缺失所造成的神經活力不足。如果提供一個適當的

環境，環境的刺激能夠重塑原先基因所設定的神經網路，進而改變行為能力。其次說明人性中後天成分，受傳統文化影響最深，因為文化影響我們認知的偏好，進一步影響我們的行為。

　　第五篇是黃光雄教授的「從賽局理論看人性與品格教育」；提出演化的單位是基因。以賽局論說明人性在現實生活中，採取的道德選擇雖存有個人私欲私利的心理，但多數仍會妥協在雙方被對等對待的方式，即「謹慎道德」勝過「以牙還牙」及「天真道德」。另外，鼓勵成效好的創新策略，在篩選的過程，被模仿後將得到繁衍。於此，我們看到基因遺傳中的創新軌跡。

　　第六、七篇是吳嫻教授教授的「形塑價值觀，從認識大腦做起」及「通情達理的大腦：道德推理和道德情感的生理基礎」；介紹大腦神經元的運作，對經歷的事件形成記憶，影響認知功能，決定了喜好和情緒反應，進而影響決策。由此證明記憶、人格及情緒等，在大腦都有其相對應的神經機制。更提出大腦神經元開始衍生意志後，人有1/5秒的時間，阻止「已準備要進行」的動作，提供教學者，教導學生「自我抑制」的能力，在動心起念和真正動作之前，謹慎運用極短的時間，進行控制衝動，避免在極度憤怒或激動下，做出讓自己後悔、社會受害的舉動。此提醒甚有價值！的確是慈悲的發現。

　　第八篇是洪志成醫師的「變調的性格與失調的大腦」；認為嚴重的性格變調，有可能是大腦失調的問題，如果能把失調的、大腦變回來，即能使性格回復原貌。如憂鬱症與大腦的正腎上腺素或血清素失調有關、躁症為大腦的生理失調所引起、精神分裂症與大腦的多巴胺失調有關等證據，說明腦內的神經傳導物過量或缺乏，與蛋白質、酵素、受體、突觸、神經細胞與大腦的關係。只有大腦失調，性格才會變調，才會改變人的情緒、思考、判斷、感覺，引起行為與性格的變調。因此真正決定性格的是大腦。據此，提醒教育工作者，除了心理決定論、環境決定論、基因決定論外，不要忽視腦功能決定論。

　　第九篇是金清海教授的「論人性，從常民文化談起」；論及人類的行為，是求生存的本能及受教育所得知識的總合行為。建議對人性，應從理解多樣性、複雜性的常民文化開始。由於人的弱點，對財利、權

力、情慾所展現的獨斷專橫、自私、嫉妒、貪婪等，及對公共事務的冷漠，在常民文化中俯拾可得。舉《孔雀東南飛》，說明人性中的獨斷專橫、自私、嫉妒、趨炎附勢、攀龍附鳳。舉《目連救母》，說明以戲劇、文化，可以達到教忠、教孝、勸善懲惡目的，以弘揚禮節。

　　第十篇是陳善德教授的「在教育孩子的過程中學習自我成長」；認為透過真實的體驗，才能讓所學成為有用的東西。由於孩子的學習體驗多來自與教師的互動，因此，教師是孩子的生命典範，教師應擁有健康的心靈，並身體力行來教育孩子。強調愛與寬容是教育最好的方法。有時我們對孩子的嚴厲與處罰，正反映出我們對自己的苛求、鞭策與不願寬容。而自信心與自我生命價值，是每個孩子健康成長的關鍵。由此，建議教師及父母，必須學習接受全然的自己，收回對孩子的投射，讓具有獨特生命的孩子呈現於世界。

　　第十一篇是黃壬來教授的「從生命本質論藝術教育」；強調生命雖短暫，但人具有發展性。發展中的人，其本質具有不斷自我超越與提升的自由精神。藝術教育在啟發生命的發展性、獨特性，培育自在悅樂、美善合一的人。介紹以布施、持戒、忍辱、精進、禪定、般若的六度美學，及兼顧自然與人文精神的環境美學，都可做為藝術課程的重點。強調人應與自然共生存，關懷社區。認為在重藝術、人文與生態的環境中生活，可以啟發生活的美感與善念，得以提升個人內心和諧。

　　第十二篇是李宜堅督學的「漫談行為新趨向—以埋葬自己一文為例—摘新趨向原理部分」；指出長久以來，由於人們缺乏對「新大腦學」知識的理解，誤將大腦失調、大腦神經的病變可能產生的憂鬱症、精神分裂者，解釋為遭受神的譴責或鬼魂附身，認為人們對「人性」的研究，應從「基因／大腦／行為」真相真知之新觀念，理解行為的來由。建議讓傳統以社會學、宗教學、哲學、倫理學、心理學等學理，進行人性研究，全盤「科學化」、「融通化」，並容攝演化學智慧，避免以「虛無假設」推衍虛無假設，徒留迷惑。提出演化基礎，如萬物共生之妥協、食物鏈、不對等的競爭、天擇、適者生存、存活與繁衍、自私的集體合作及基因設定與啟動等；建議教育工作者，應從新科學唯物論探究「前因」與「後果」及其間「賡續」的事實與原理，在培育學生品

格時，應拋棄擬科學、假科學之臆測或猜想。對於佛學以「緣起性空」解釋「人性本質」，限於業不可轉的因果，及被迫以六道輪迴確認「業為實有」的矛盾，內容精闢精彩，足見李督學在探究人性的積極為學態度，令人敬佩。

第十三篇是郭博昭教授的「以我的成長談意志力」；以自己對音樂的喜愛，雖在醫學院忙碌K書至半夜的情況，仍要自行規劃學習音樂的時間，充分在研究生、學生及拉琴者等，三者極易衝突的角色間，長期抗戰。至畢業後，選擇到較偏遠的地區繼續做醫學基礎研究，並常常挑戰世界頂尖的西方醫學期刊，發表研究論文。不斷與自己的夢想看齊的意志力，正足以作為時下青年人的表率。郭博昭教授看似與環境、傳統、父母、同儕期待遠離，其實是在研究及奉獻人群的國度裡，默默前進。其意志力及真誠，流露出溫文儒雅的學者風範，其認真研究、專注學習、真心投入，努力向上提升自己的人生，甚為動人。能現身說法尤為難得，是青年學生品格學習、挑戰意志力的最佳典範。

第十四篇是張美櫻教授的「道德涵養與提升生命價值」；指出不重視品德的社會，將是一個隨便、失序的社會，人生存在沒有品德的社會，將缺乏教化、行事的方向；看不到任何好事發生，沒有前人的殷鑑、歷史的教訓，生命沒有福澤，單調極了。由於人無法時時備戰、爭鬥，以解決為所欲為的衝突，道德涵養則更顯重要。品德的修養促進發展出道德意識及道德實踐的能力，以達「從心所欲不逾矩」。其次談到品德高尚的人，容易建立與自己、與他人的良好關係，尤其在職場上，較易得到長官的信任、得到機會發展，以提升生命的品質。

第十五篇是黃光男教授的「藝術與倫理」；說明藝術與倫理，分別象徵人性中的自由與愛的企求，兩者的關係是美與善的相輔相成，使人性得以圓滿，藝術的共知共感來自人性普遍的想像力。藝術外在的型態，都是人性調適的結果，藝術品必須凝聚在觀眾的知識範疇中，以獲得精神感應的共鳴。說明藝術是人生的修行、生活的態度，讓藝術發軔於生活中，心境才能處處充滿美感。藝術與倫理在人性中具有互補的意義，創造精神層次的感動與維繫世俗情感與社會價值，是一體的兩面，正如「我見青山多嫵媚，青山見我應如是」的同理心，強調唯有將藝術

與倫理融入生活中，人類才能體現人性中真善美的境界。

第十六篇是釋慧開教授的「性相近，習相遠」；指出人性為「習性」，是生生世世薰習不斷的根性。因無自性故，而能兼具涵容與幻性，現形於森羅萬象的大千世界。雖習性繫於不同的緣起情境中，在善惡間不斷變換，但人們心中渴望向美好方向，向前行、向上提升，對向下沈淪，本能的產生抗拒與排斥。鼓勵人必須要好好培養品格，以體現生命種種妙用。建議以去貪嗔癡三毒、勤修戒定慧及慈悲喜捨等，以利他之心多服務他人，則能提升自己的品格力。指出人人雖具有如來智慧德相，也具有佛性，卻蒙受無始以來的無明所覆障，需時時去除心中的雜草，認為煩惱皆由自身起，止息亦需從自身做起，建議個人的修為，可從培養「淨信」，斷除一切疑惑及雜念做起，以恢復明心見性的境界。

第十七篇是黃伯和教授的「從基督信仰看人性是什麼」；指出人的生命受限於有限性、依賴性、欠缺性，但具有天性上的優點—完全品性，即具有「上帝的形象」。外表看來，人是軟弱的，卻具有無限可能的自由意志，可以在良善的世界裡，謀求超越自我及宇宙的限制。而天性中殘缺的部分，是與上帝旨意中的整個計畫發生聯繫的，人必須藉由自己的智慧及能力，來達成那隱藏在個體背後、使之變為整體的、和諧的「完全」。惟人的生命中，極大部分想解決「有限性」與「自由權」的衝突，有時因支配權突破了有限性，則表現出「驕傲」姿態；有時因否定了自由權，服膺在某種強權的生機中，表現出「奴性」。人的自由意志及可能性，雖讓人得以自由創造，卻在每一成就之後，仍表現出更高的可能性。憂慮似乎永遠與歡愉並存，人性處在「自由與有限」矛盾的憂慮惶恐，人的靈魂深處是游離不定、深度不安的。基督教義認為，唯有相信上帝的愛，最後能讓人安全、免除憂慮，勝過自然與歷史的暫時不安。建議人需了解自己的有限性，謙卑的拾起信心，自由的在歷史中從事創造，維持盼望直到人生終局。

第十八篇是釋敬定法師的「展現生命的真善美」；說明人並不是盡善盡美，各有其醜陋的一面。因此，怎樣美化自他的人性，使自他的人性，得到清淨無染，該是探索「人性是什麼？」所應注意的重點。因

此，關懷「人性是什麼？」應從觀照自身清淨真心做起，並幫助他人也能找回真心。唯有每個人循著人性自覺的大道，從根本上尋求身心靈的淨化，改善生命的內涵，展現生命的真善美，才能充分發揚人性的光明面，進而解除人類的痛苦，共同建立和諧安樂的國土。

　　以上，本書共呈現17位學者將長期的研究，摘取對品格教育有關的新論點，提供國內教育工作者參考，希望培養出更多擁有責任感、正義感等高品格力的公民，以維繫社會正向發展。學校如何協助學生發展良好品格？教師如何進行品格教學？學校行政如何塑造「品格芬芳」的學習環境？這些議題超過學科的考題分析、學生排名及明星學校排序。學校教學的重要任務，在品格教育上應重視學生在自律自制及克盡職守的行為，惟目前國內高中、職學校，限於品格及人性的概念甚為抽象，不易評斷，常被師長、家長輕忽，令人憂心！學生行為的表現，是目前社會人的鏡子，也是將來社會人的表現。因此，如《品格的力量》作者，山繆斯‧斯麥爾斯所言，一個國家的偉大，在於擁有眾多具有遠見卓識及高品格力的公民。強調高尚的品格是人性最高形式的體現，應在平凡生活中表現最大的責任感、正義感。相信我們大家都希望生活在一個令人舒適，被尊重、被關懷的理想社會。這是一本值得閱讀及體驗的好書，預期將引起師長家長的廣泛討論，落實在品格教育工作。

倪靜貴　謹識
國立新莊高中校長
中華民國高級中等學校校長協會理事長

目錄

CH 1

大腦與人生：
從大腦來看人的社會行為

（洪蘭）

在我的觀念裡，只有兩樣東西是無止境的，一是人類的愚昧，一是宇宙。——愛因斯坦

臺灣是個很矛盾的社會，一方面相信愛拚就會贏、人定勝天，另一方面又盲目的迷信算命、改運、吃香灰。從某些方面來講，臺灣的科學教育沒有生根，因為科學最基本的精神－反證法，學生沒有學會，當人家說綠豆湯可以抗SARS時，臺灣人一窩蜂去煮綠豆湯，沒有人去問證據在哪裡；當人家說午夜子時煮的綠豆湯才有效時，臺灣人又半夜不睡，去熬綠豆湯，忘記了睡眠與休息其實是增加免疫系統最好的方法，至於吃腦補腦、喝減肥茶喝到肺纖維化，要用鐵肺呼吸、吃靈芝吃到洗腎的例子不勝枚舉，整個社會的一方面自尊自大，只要我喜歡，有什麼不可以；一方面又迷信無知，飛機失事、火車出軌，不去檢討出事原因，反而去搬交通部長辦公室的風水、改火車站的大門，這些種種使得生命教育、品德教育在推動上很困難，因為這基本上跟整個社會的價值觀有關：一個理性、守法的社會，它的公民會尊重生命，會自重自愛。國外行人過馬路時，車子會停下來讓行人先行，這是尊重生命的表現，行人不必三步二步倉皇過街、被不耐煩的喇叭聲追著快走，這種被人尊重的感覺讓你覺得很高興，你反而會自己自動加快腳步，尊重會帶來自重和自愛。如果你的孩子坐在車上看到這個情形，耳濡目染，將來他長大開車時，也會禮讓行人，這個經驗就變成了他的品德教育，使他會替別人著想，懂得從別人的角度來看事情，不會唯我獨尊。所以生命教育、品德教育，所有的教育都跟人怎麼看待他自己有關。也就是說，在談生命教育、品德教育之前，應該先教育孩子什麼是人及基本的做人道理，再教他紀律，最後讓他了解人性是什麼，人生是為什麼，使他對生而為人有個完整的概念，一個尊重自己的孩子不會去自殺；一個尊重別人的孩子不會去殺人。現在我們學生整日埋首書堆，書本以外的事情不聞不問，是標準的二腳書櫃，他們對做人做事的道理都不懂，更不要說人性了。

　　了解人性會使我們對別人的行為寬容，知道這個行為不是針對我、找我麻煩、跟我過不去，是他大腦出了問題、有了病變。心地的寬容會使人對生命有不同的看法，所謂「有容乃大」，所以這方面的教育絕對不能輕忽，目前心和身的關係在實驗上已很清楚的看到，一個人的心情是直接影響他的健康，長期的抑鬱會殺死掌管記憶的海馬迴的細胞，美

國甚至有保險公司願意出錢讓憂鬱症的病人去上瑜珈課、禪修，因為再怎麼樣貴，上課的錢都少於醫院的治療費。我們希望在學生離開學校、進入社會之前，了解人生是為了什麼，這種智慧會使他們充實過一生，會充實過一生的人自然不會去自殺；能寬容別人的人，品性自高不會有憂鬱症。又因為人性、人品都離不開人，而人是有彈性的、說不準的、不可以測的（所以才會有墨菲法則（Murphy's law）「只要有出錯的可能，就會出錯」（if anything can go wrong, will go wrong），因此對大腦與行為關係的了解應該是生命教育、品德教育的第一步。

一、腦與行為的關係

　　過去，大家對大腦不了解，把它當做黑盒子，神秘不可言，一個人如果行為突然改變，變得很怪異，多半把它歸因到鬼附身，著邪，不會找醫生而是到廟裡去收驚、喝符水，從來不曾想過它可能是大腦的病變。曾經有人中風以後變得老不羞、色情狂、暴力狂，家人不堪其擾（也不堪其辱）就把他趕出家門，讓他做流浪漢，最後凍死，到後來醫學發達了，對大腦的了解加深了，才知道他大腦中風的位置在左腦前額葉腹區，這個人不堪入目的許多行為其實是左腦失功能的後遺症，左腦壞了，無法再去抑制右腦，右腦原來動物本性的性與攻擊（sex and aggression）就冒出來了，而且在無人管理之下肆無忌憚，就如火如荼的表現出來了。所以大腦科學的知識累積的越多，我們對人性的了解就越透徹。加上演化心理學及動物心理學近年來蓬勃的發展，我們對一個行為的來源就越能夠知道潛在的原因。我們一直認為正確的知識一定要先教給民眾，有了正確知識，迷信錯誤的知識就進不去大腦中，壞人不得其門而入，好人自然就安居，迷信自然就無法在心田中生長開花結果。所以本文會從科學證據著手來解釋大腦與行為的關係，從而了解人性。尤其從大腦科學來看人性如何昇華，我們身上都有遠祖打獵－採集求生存時留下來的追蹤野獸的獵食者（predator）的基因，但是現在文明的社會當然不允許原始的性、攻擊等本能出現，如何平衡這兩者，使這些動物本性以社會可以接受的方式出現，其實是一個教育的目的。凱瑟琳赫

本在金像獎電影「非洲皇后」中說，「教育的目的就是要超越動物的本性，歐納先生」，眞是非常的對。

　　人的行爲始於大腦，十七世紀時笛卡兒說心物二元論，經過三百多年來的浪淘沙，現在終於塵埃落定，1998年有本書《笛卡兒的錯誤》（Descartes' error），讓我們知道笛卡兒是錯的，從醫學臨床的證據中，心物是一元的，大腦受傷，行爲人格都改變了。大腦科學中對行爲影響最大的兩個教條就是大腦神經細胞死了不能再生；大腦定型了不能改變，我們就從大腦的可塑性開始談推翻這兩個教條的證據。

(一)大腦的可塑性

　　1906年諾貝爾醫學獎得主卡哈（Santiago Ramon Cajal）在他1913年的經典之著《神經系統的萎縮與再生》（Degeneration and Regeneration of the Nervous System）中說了一句影響後人一百年的話「在成人大腦中，神經迴路是固定的，不可改變的，所有神經元會死亡，但是沒有神經元可以再生，假如有可能的話，只有等未來的科學家去改變這個嚴酷的法令」。他注意到人類不會像蜥蜴一樣，斷尾求生，等危機過了再長出失去的肢體來。我們皮膚雖然在切傷後可以自行癒合；骨頭裂開後，可以再行長好；失去的血液可以再生，肝臟和小腸內壁可自行修補，但是人體最重要的器官－大腦受傷後卻無法再生，他認爲這個原因是大腦在演化中變得如此複雜、如此專業，它的精準性使得它不易被取代，就好像一個很能幹的人，只有他一個人會做這件複雜的事，別人都做不來，無法代勞。大腦進步的代價是曲高和寡，太複雜了，所以失去替換細胞的能力。他認爲大腦中一個神經細胞有一千個以上的突觸連接，一個新的神經元怎麼可能進入一個既存的複雜神經網路系統中，創造出一千個神經突觸連接而不引起神經網路的系統的混亂？在當時，大腦是被假設成一個密閉的系統，不可能再生或重新組織它的結構，所以病人一旦中風、車禍或任何原因大腦受傷了，他就只好抑鬱過一生。但是最近二十年來，因爲腦造影技術的精進，大腦科學家在人的腦裡看見了神經細胞可以再生，這是一個劃時代的貢獻，爲神經科學，尤其神經醫學打開了一個新的疆域，也替腦傷病人帶來一線生機。

　　1998加州沙克生物研究所的蓋吉（Frederick Gage）和瑞典的艾力克森（Peter Eriksson），在《自然醫學》期刊（Nature Medicine）上發表了一篇論文「成人大腦海馬迴的神經再生」轟動了學術界，他們連續在《自然》（Nature）期刊及有名的學術期刊上發表人類海馬迴幹細胞的研究，果然推翻了卡哈嚴酷的判決，發現人類終其一生海馬迴的神經細胞都可以再生，替林清江部長所提的「終身學習」找到了神經機制。

　　艾力克森把一種神經顯影劑－Brd U打入鼻咽癌病人體內，細胞生長時需要蛋白質，便會把Brd U吸收進去，當病人死後，做成大腦切片用顯微鏡來看時，它會發亮，這些病人允諾在死後，把大腦捐出來給他做解剖，他果然發現病人海馬迴的齒迴（dante gyrus），有細胞在顯微下發亮，表示這細胞是在打了顯影劑後才生的。科學家又發現大腦有可塑性，未受傷的腦可以把已受傷腦的功能接手過來做，即使功能不能恢復到百分之百，但是至少它給了病人希望，使病人恢復做人的尊嚴。

　　我們大腦中有神經幹細胞，可以分裂成神經元（neurons）或膠質細胞（glia cell）。神經膠質細胞在大腦中是支持神經元的（愛因斯坦的腦經過詳細解剖，發現他的膠質細胞比一般人多而且管空間能力的頂葉下方比別人大15%），1965年，麻省理工學院的歐曼（Joseph Altman）和達斯（Gopal Das）在老鼠大腦中發現有幹細胞，幹細胞可以不斷分裂，持續不斷複製自己，它被稱為大腦中永恆年輕的長生不老細胞，這個歷程叫「神經再生」。他們在成鼠腦中發現了幹細胞，表示細胞有再生，這是個重要的發現，因為老鼠與我們有90%以上的DNA是相同的，但是因為這個發現與神經學祖師爺卡哈的教條不合，沒有人願意相信他們。

　　1980年代，洛克菲勒大學專門研究鳥類的動物心理學家諾特邦（Fernarclo Nottebohm）發現鳴禽春天求偶時，牠們大腦會長出新的神經元來唱歌，到了秋天，生育季節過去了，不需要再唱時，神經元就萎縮，等待來年再長。因為鳥類是人類的祖先，如果鳥類、哺乳類的老鼠的大腦都有這現象，人類是否也有這個可能呢？但是教條對人類的束縛力實在太大了，即使是麻省理工學院和洛克菲勒大學這麼好的學校、這麼有名的學界大師做出來的研究，因為與卡哈的教條不符，在學術界都沒有辦法引起注意，就和一大堆無足輕重的論文一樣，被淹沒在學術的

瀚海之中了。

到了90年代，因為不同的聲音越來越多，而且直接在腦中神經元做實驗的方法越來越進步，普林司頓大學（Princeton University）的顧德（Elizabeth Gould）果然在靈長類大腦中看到了神經幹細胞。這個幹細胞出現在掌管記憶的海馬迴意義重大，它表示人類記憶的確可以一直保持活力，人類真的有終身學習的能力，人的記憶可以一直到死都在增長新細胞來處理每天發生的新事情，這對人類來說，尤其老人家，真是天賜的好消息，許多人年輕時為家累所逼，把時間賣給老板，朝九晚五，不得去做自己想做的事，等到退休有時間了，又覺得年華老去，大腦記憶力退化，覺得太晚了、來不及了，時不我予了，反而因此而有憂鬱症。現在科學家發現大腦神經細胞一直不停的再生時，對老人家是個鼓舞，只要學習，永遠不嫌太晚。最近哈佛大學有個世界上年紀最大的畢業生－88歲才拿到大學文憑，她就是知道了大腦的機制，勇敢的回到學校，拿到她一直想要的畢業證書。許多人認為年紀大了，記憶退步了，所以要孩子在小的時候拚命背書，其實這也是個迷思，德國麥克斯浦朗克研究院的人類發展研究所的學者就發現成人的記憶比十二歲的兒童好，並沒有像外界認為的兒童記憶會比成年人強。人會遺忘是同質性的干擾，兒童的人生經驗少，干擾少，所以記憶看起來比較好，其實在實驗室中，控制了變項後，發現成人的記憶還是比孩子好，記憶好像一張白板，小孩子的白板很乾淨，即使把寫上的字擦掉了，還是有痕跡可尋；成人的白板寫了擦、擦了寫，花花的，即使不擦也看不清楚了，如此而已。不過，科學家後來發現要增進記憶改變大腦地圖，一定要主動學習才行。

大腦地圖（brain map）的意思是大腦中處理人體感覺的和運動的訊息的大腦區域，其安排與外界是相呼應的，也就是說，在身體上相接近的部位，在大腦中也是相接近，如大姆指旁邊是食指，食指旁邊是中指，中指旁邊是無名指，無名指旁邊是小姆指，在大腦的運動皮質區，五個手指頭表徵的排列也是一樣。在身體上，手的上面是手臂，手臂上面是肩膀，肩膀過來是身體軀幹，再下來是腳，這些身體部位在大腦中的排列也是一樣。用的多的指頭，在大腦地圖中占的地方就較大，就好

像能幹的人，老板給他的資源就比較多。比如說，一般人很少用到小姆指，因此在運動皮質區，小姆指的地圖就比較小，但是音樂家小姆指用的較多，尤其小提琴家，他們是右手拉弓、左手按弦，他們左手小姆指用的很多，德國神經學家請了柏林愛樂交響樂團的九名小提琴家，請他們躺在功能性核磁共振儀（fMRI）中，動他們的每一根手指頭。在小提琴家的右腦果然看到有比一般人大的小姆指大腦地圖，他們發現即使在職業性的小提琴家中，小姆指的地圖大小也有不同，假如他們是七歲以前就學小提琴的，他們的右腦小姆指地圖會比其他指頭的地圖大；如果是十二歲以後才學琴的，那麼他們的小姆指頭地圖雖然比一般非小提琴家的人大，卻無法比其他指頭大，因為大腦的可塑性有競爭的本質，你不用，別人會拿去用，但是你在用，別人也在用時，就占不到便宜，搶不到更多的地盤了。

科學家也發現小孩子若有絕對音感（perfect pitch），在十二歲以前發現了，並讓他去學習音樂，這個絕對音感可以繼續發展出來，使他成為音樂家，但是如果有音感而沒有機會去發展，過了十二歲以後，這能力會慢慢消失，也就是說，一個孩子如果有莫札特的能力，又有像莫札特一樣的環境，他會變成莫札特。如果有莫札特的能力，但是沒有莫札特的環境，他走的路會坎坷，但是生命自己會找出路，他若堅持下去，還是有機會變成莫札特。臺灣曾經有個很會吹口琴的人，他小時候家貧，沒有錢買樂器，他用樹葉捲起來吹進行曲，後來有人賞識他的才能，買了個口琴給他，他就變成臺灣口琴之王了。我們現在最怕的其實是孩子不是莫札特，父母卻一定要他變成莫札特，這是臺灣孩子不快樂的主要原因之一。其實在多元化的社會，人只要有任何長處，能在任何領域玩出名堂，都一定會有飯吃，不是每個人都需要唸博士、做醫生。精神病房中也有很多不快樂的博士、醫生。這是為什麼在二十一世紀多元化的社會，大腦的知識這麼重要，父母若是看到主動學習跟大腦發展與神經連接的關係，他會讓孩子去尋找他自己的天空。

在大腦地圖的研究中，貢獻最大的可以說是加州大學舊金山醫學院的莫僧尼希（Michael Merzenich），他是第一個宣稱大腦從出生到死亡都有可塑性，是可以改變的，也是第一個用「可塑性」（plasticity）

這個名詞在期刊發表論文的人。他認爲大腦不是一個沒有生命的容器，好像瓶子一樣，我們往裡面倒水；他認爲大腦是一個活生生的東西，有它自己的胃口，如果給予適當的營養，它可以生長，可以改變自己。過去大家用電腦來比喻人腦是錯的，電腦不能修復自己，而人腦可以，這個比喻錯誤的看法在他提出來三十年之後，終於被人工智慧學家（AI, Artificial Intelligence）所接受了，現在科學家也不再說基因是個藍圖，大腦的發展不是按照藍圖的規劃一成不變的在走，如果是，後天環境就不可能對大腦的發展有影響，因爲基因是在受精的一刹那便決定了。現在發現基因雖然是遺傳來的，但是基因的表現還是受環境的影響，不像藍圖畫好了，管線必須跟著藍圖走，基因給了我們發展的方向，但是在細節上仍有彈性，環境依然可以使力，所以現在說大腦是環境和基因交互作用的產物，人是動物，但是動物界只有人類生下來，不會跑、不會跳，如果別的動物像我們一樣，早就變成別人的晚餐。人類爲何自立這麼慢？就是爲了要給環境作用在我們的大腦上，人受限於母親的產道，不能等腦完全發展好才出生，因爲那樣就生不出來了，生產到現在還是母親的鬼門關，醫學這麼發達還是有人因生孩子而死。嬰兒的大腦在出生後仍繼續發展，雖然神經元都已有，大腦憑著後天的經驗決定神經元的去留，大腦會把沒有用到的神經元修剪掉，以節省能源，因爲大腦用掉它體重十倍多的能源，大自然像個非常節儉的家庭主婦，只要可以用的東西都留起來用，縫縫補補、得過且過，所以眼睛原是比較薄、會透光的上皮細胞演化而來，並不是專門爲看東西而設計的，所以我們有盲點，視神經和血管離開眼球時，視網膜那塊地方不可以有感受體，以免因血管跳動而影響視野平穩。

麻省理工學院的平克（Steven Pink，現換到哈佛大學教書）說「大自然像個很窮的劇團，演完一齣戲，道具得馬上回收，準備下一齣戲的演出」，這個看法解釋了嬰兒在十二個月以前有辨識所有語音的能力，十八個月以後就消失了，因爲人類是到最近一百年才有火車、飛機，在這之前，人「重土遷移」，一輩子不會離開家鄉兩百公里，不需要講第二語言，所以大腦就把辨識語音的能力回收，準備嬰兒十八個月大開始，學習語言而用，所以人的大腦是因應環境的需求而不斷在做改變

的。

第一個提出大腦地圖這個觀念的人是加拿大Montreal神經學院的神經外科醫生潘非爾（Wilder Penfield），他利用替癲癇病人開刀時，找出了大腦各部位的功能，畫出了大腦地圖。癲癇病人開刀前必須先找出大腦各部位的功能，再將病變放電位置的圖與大腦功能圖相比較，以決定下刀的位置，這是兩害取其輕，以免因為治療癲癇而使病人失去語言功能或記憶功能。潘非爾就利用這個開刀的機會找出了大腦各部位的功能，例如前葉（frontal lobe）是大腦運動系統的所在地，它啟動並協調我們的肌肉運動；顳葉（temporal lobe）、頂葉（parietal lobe）和扰葉（occipital lobe）這三個腦葉是大腦的感覺系統，處理各個感官－眼睛、耳朵、皮膚等送進來的訊息。我們的大腦本身並沒有痛的感受體，在腦殼打開以後沒有痛的感受體，所以病人只要半身麻醉，把腦殼打開後，病人可以保持清醒，可以與醫生問答，掌管運動和感覺的大腦區域都在皮質上，所以很容易用探針測量到，他用這個方法找出每個病人的大腦地圖，對大腦的區域功能性（localization）貢獻很大。

莫僧尼希把猴子感覺皮質區上方的腦殼切除一小塊，露出二毫米長的大腦，然後把微電極插入感覺皮質區，之後輕觸猴子的手指，這觸摸激發猴子運動皮質區神經元的發射，他一點一點很辛苦的找出猴子每一根指頭的大腦地圖（一個簡單的地圖需要五百次的微電極插入，要很多天不眠不休的時光才能繪出一個地圖），在這之前，約翰霍浦金斯大學（Johns Hopkins）的休伯（David Hubel）和魏索（Torsten Wiesel）把剛出生小貓的一個眼睛縫起來，等到關鍵期（三到八週）過後，才把小貓眼睛拆線，他們發現這隻貓從此變成獨眼龍，眼睛雖然是好的，但是因為這個眼睛的視覺皮質沒有發展，就看不見了，而且是一輩子看不見，無法因為後來縫線拆掉而逆轉這個傷害。而沒有訊息進來的那個視覺皮質並沒有閒閒沒事做，它轉去處理看的見的那個眼睛送進來的訊息了。大腦很顯然的，不願有人吃飯不做事，就像惡婆婆一樣，一看媳婦閒著沒事幹就立刻派些事讓她做，大腦也會把神經迴路重新調整了一番，讓所有人都有事忙。從這個實驗就知道外面坊間廣告說的「你只有用到10%的大腦」是無稽之談了。人的大腦只有三磅，占人體重的2%，卻用

到20%的能源，因此大腦是個絕對不可能養冗員的地方，外面這些唬人的廣告也離譜的太厲害了。人的大腦是只要一不用就會立刻被別人拿去用。所以有先天性白內障的孩子在嬰兒期一定要馬上開刀，使大腦的視覺皮質能得到它應該有的刺激，它才會正常發展。有一個例子是一個有先天性白內障的孩子因為家貧，無力就醫，等到兩歲半家裡籌夠了錢去開刀時，手術雖然很成功，但孩子看不見，他的視覺皮質已經被聽覺皮質拿去用了。

可塑性的競爭本質使我們的大腦無時無刻不在進行戰爭，假如我們停止使用我們的心智，我們不但忘記怎麼去運作它，連它在大腦地圖上的空間也被別人搶去。這個可塑性可以解釋為什麼過了學習關鍵期我們學習的能力的有限，大部分的成年人學第二外語都有困難，因為我們母語使用的越多，母語在語言地圖區所占的空間就越多，母語不給新語言機會，新的語言就搶不到地盤來工作。中研院有許多院士去國四、五十年，他們許久不講家鄉語，母語已不及第二語言來的流利。我們在此看到用進廢退，即使是母語，多年不用，位置也只好讓出來給後來者，因為可塑性本質是競爭的。如果在幼年期，同時學兩個語言，則兩個語言都搶到了地盤，大腦掃瞄顯示在雙語的孩子身上，兩種語言的語音共享一個大的語言地圖。天生「蹼指徵候群」（Webbel finger syndrome）即五根手指連在一起沒有分開的人，他們的大腦地圖只有一張大的手指圖，沒有細分手指。在外科醫生用手術分開這連在一起的手指後，再掃瞄他們的大腦，這時，手指清楚的邊界就出現了。在神經學上，一起發射的神經迴路是同一個東西（Neurons that fire together, wire together.）同樣的，不在一起發射的東西是兩個東西（Neurons that fire apart, wire apart）。

在一個跟教育很有關的實驗裡，莫僧尼希訓練猴子用指尖去碰觸一個旋轉的圓盤十秒鐘，猴子使用的力必須剛剛好，太重會阻止圓盤的繼續旋轉，一停頓，實驗就得再重來，他就沒有東西吃。做的對時，持續旋轉圓盤十秒鐘後就有香蕉可吃。在這個實驗裡，猴子需要全神貫注去轉觸圓盤，還要正確判斷十秒到了沒有，經過幾千次練習後，他發現猴子手指尖端的地圖變大了，因為他們必須學習如何去用剛好的力氣碰觸

圓盤才有東西吃。但是研究者發現，做了一陣子後，地圖裡的神經元就變得更有效率，最後只要比較少的神經元就可以做同樣的工作了。我們看到初學鋼琴者用全身的力量去彈琴，不但肩膀、手腕、手臂，連臉的肌肉都繃的緊緊的，但是會彈以後，他只用指尖去彈，再久一點之後，他就發展出優雅的姿勢，輕觸琴鍵如行雲流水般的彈奏了。這就是古人說的熟能生巧，當我們對某一個作業越來越精純時，神經元的效率也越來越提高，這是為什麼我們雖然一直在學新東西，卻不會很快的用光所有的空間，因為技術純熟後就把空間釋放出來了，同樣的空間就可以做更多的事。事實上，我們的大腦到了青春期就不再長大了，但是我們可以持續學很多新的東西，那就是大腦神經元變純熟了，同樣的空間可以容納更多學有專長、術有專精的神經元了。

　　假如神經元可以經過訓練後變得更有效率，那麼訓練動物做某一個技能時，不但跟這個技能有關的神經元發射的比較快，它所發出的訊息還更清楚，而更強的訊息在大腦中的作用就更大，我們聽的越清楚或看的越清楚時，我們的記憶就會越正確，因為原始的訊息是清楚的。在莫僧尼希一連串的實驗裡，他都發現一個事實，只有當猴子全神貫注在做一件事情時，他大腦才有長久的效果，假如只是自動化的做，沒有專心注意時，雖然大腦地圖可以改變，但是這改變不會長久。人當然可以同時學習兩個東西，「一心多用」使人看起來好像很能幹，但是這學習不會使你大腦地圖產生永久的改變，在大腦掃瞄圖中也會看到一心二用的血流量比專注做一件時的血流量減少，古人說的「精誠所至，金石為開」是有道理的。

　　可塑性的競爭本質也可解釋為什麼壞習慣這麼難戒掉，當一個壞習慣占據了大腦地圖的空間後，每次我們重複這個壞習慣，它就更占據多一點的地方，它占據了地盤自然就阻止了好習慣立足，所以要戒掉一個壞習慣比建立它時難十倍，在這裡我們看到童年教育的重要性，早早把習慣養好，不要等壞習慣坐大了，有了競爭優勢了才來拔除它就來不及了。

　　蓋吉自從在大腦中成功的找出幹細胞後，便想找到增加幹細胞量的方法，1999年他們讓一群年老的老鼠（兩歲的老鼠就很老了）生活在

刺激豐富的環境中，給牠們各種新奇玩具，看會不會因為刺激增多而增加幹細胞。他們讓「老」鼠在有各種滑梯、風火輪遊樂場似的籠子中快活了四十五天後，便把牠們犧牲掉，看牠們的海馬迴有沒有因刺激而增大，結果發現果然增加了15%，神經元也增加了四萬個（大約也是總數的15%）。但是假如把一歲左右的老鼠放進遊樂場，讓牠享受十個月（這時老鼠已快趨近牠生命的上限了），他們發現這批老鼠海馬迴的神經元數量是一般老鼠的五倍，而且在探索測驗、動作測驗和智力測驗上都比控制組的好，所以，長期的優勢環境對大腦的神經再生有巨大幫助。

　　蓋吉認為新的環境需要學習，環境的需求會增加大腦神經元的數量，他說「假如我們只在這個房間內生活，這個房間就是我們全部的經驗，我們不需要神經再生，現在的知識就已經可以使我們過的很好了」。所以老人家應該常常出來走動，交新朋友、遊山玩水，因為新奇的環境可以刺激神經再生。我們必須時時學習新的東西才能使大腦保持最佳狀態。這就是為什麼人應該終身學習，每天只是操作已很熟練的動作對大腦並無好處。但是萬一環境沒有辦法變得很豐富，怎麼辦呢？發現靈長類也有神經幹細胞的顧德教授發現只要是學習都可以延長幹細胞的生命。難怪三年前去德國柏林開神經學會時，大會對防止大腦老化的建議是學習和運動：前者延長幹細胞的壽命；後者產生新的幹細胞。

　　2005年多倫多大學認知神經科學家史匹林格（Melane Springer）等人又發現當我們年老時，我門會用不同的大腦區域去做同一件事情，年輕人在做各種認知測驗時，顳葉會大量活化起來，而且教育程度越高，顳葉活化程度的越大，但是六十五歲以上的受試者，他們在做同樣認知作業時，活化的地方主要是前葉（frontal lobe）不是顳葉，不過也是受的教育程度越高，前葉活化的越厲害。為什麼教育程度越高，大腦做作業時活化的越厲害呢？因為閱讀是可以促使神經連接的一個方法（閱讀是主動的，閱讀時，眼到、口到、心到、手到，許多閱讀是在心中不出聲的默讀，而主動的活動促使神經連接），神經連接的密，在做作業時容易觸類旁通、舉一反三，所以書讀的多、背景知識豐富的人，創造力比較好（因為創造力的定義是從不同的角度來看同樣的事情），心智的

下降速度比較慢，比較不會得到阿茲海默症。我們的神經迴路是一旦啓動了，自己不能停止，要等到所有的迴路跑完，好像灌溉水渠源頭水門一打開，水就奔騰而下，水渠的分支越多，下游的水流量就越少，到最後，水不夠了，水流就停止，這叫「骨牌反應」（domino effect），一碰觸就一個推一個，直到全部倒下爲止，所以我們對智慧的定義是神經連接的密度和它連接的方式，閱讀使神經迴路連接的密，而溝通比較頻繁，活化的多的神經迴路比較不會被修剪掉，當我們大腦老化時，我們有比較多儲備的迴路可用，就算死掉一些，還有剩下一些可用。老年的大腦還有另一個令人驚訝的地方就是過去一邊腦就可輕而易舉做完的事，現在需要兩個腦通力合作才能完成了，年輕時很強的大腦側化功能（例如語言在左腦，空間在右腦），在年老時，側化消失了，兩腦並用了。所以老年人特別要強調運動和心智活動來產生新的神經元，及維持舊的神經元的生命。歐洲進步國家把國家資源投到老人社區的建設上，給他們奧林匹克大小的游泳池（游泳是老人最好的運動，水有浮力，膝蓋關節不會受傷，游泳又是全身的運動，對身體最好）、交誼廳、大花園，讓老人種花蒔草，最主要有大巴士載老人去別的社區交流，大家都知道預防勝於治療，在預防上，再花怎麼多的錢都比不上得到憂鬱症、阿茲海默症、老人失智症這種長期慢性病所花的社會成本高。社交生活越豐富，每天的運動量越多，心智所受到的刺激越豐富就越不會退化。不知我們的政府是否有此遠見把老年年金投到建設老人社區上，從長遠著手來減少社會的負擔及資源的浪費。

　　在這裡要特別提出，不是所有的心智活動都有同樣的效果。研究發現只有全神貫注時的活動對心智才有益，許多國家非常推崇老人跳舞，因爲跳舞要學新的動作，它需要大量注意力，對大腦是個新刺激，它又需要腳步配合，是個運動，運動需要氧，它使血管強化，能提供更多的血液及氧給大腦，使人的心智敏銳。最近的研究發現運動可以刺激神經生長因子BDNF的分泌、增加大腦中的神經元生長機會，其實，不論什麼方式，只要使心臟血管維持最佳狀態，對大腦都有益。運動時同時會產生多巴胺（Dopamine），多巴胺跟情緒有關，所以老人眞的要多運動，在老人化的社會裡，政府要把錢投在預防老人疾病上，將來才不會入不

敷出，最後破產。中國以前的老人家喜歡打麻將是有道理的，打麻將時，眼睛看、嘴巴動（說別人的閒話）、手摸牌，大腦所有區域都亮起來，又因為要記得別人打過什麼牌，又要想手邊在做什麼牌，下一張最好是什麼牌，大腦忙的不得了。所以很多老人家上了牌桌，身體的病痛都忘記了。現在有很多電腦的麻將遊戲，但是發現它的功能不及跟人打的好，因為電腦是死的，不會變化，給大腦的刺激不夠多，最主要電腦不會說閒話，大腦活化的區域立刻減少了，所以機器還是無法取代人，至少機器不會催你快點、快點，迫使你加快大腦運轉的速度，增加大腦的挑戰。

大腦最也是個矛盾的器官，它一方面喜歡穩定性，人對熟悉的東西比較喜歡，因為處理熟悉的東西大腦用的資源比較少；它另一方面又喜歡新奇，新奇的東西抓住我們的注意力，使我們大腦產生多巴胺，變得警覺。不過，整個來說，大腦比較喜歡變動，年輕人喜歡四海為家，這個追求不穩定性的冒險精神到年老時逐漸消失，老人就會說「一動不如一靜」，在大腦神經細胞逐漸死亡，資源不像年輕時那麼豐富後，大腦會偏向已經熟悉的環境，因為它只要動用到一點資源便可以又過一天。老人家保守，固執是有它大腦中的無奈。講起來，人留在相同的環境中不動是不好的。有研究發現，老人退休以後，如果沒有新的生命目標、新的活動，每天呆在家裡，早飯等中飯，中飯等晚飯，晚飯等第二天早飯，這種人會很快死亡，那怕身體原來沒有任何疾病。假如他每天都在做「三等公民」——等吃、等睡、等死，四十八個月後，這個身體原本無任何毛病的人會因各種疾病發生而走掉。由此可見「心」對「身」的重要性。老年人心情的快樂和健康有很大的關係，曾經有一個實驗是追蹤824名受試者，從二十四歲到八十歲的心智和健康情形，結果發現肯學習新技術的老年人是老而彌堅，他們的年齡換來了經驗和智慧，經驗和智慧使他們不會做出令自己遺憾的事，因此許多人比他們年輕時對自己還更有信心，他們也比年輕人更不易得憂鬱症。

由上述的實驗證據，我們看到大腦有很大的可塑性，父母不必怕孩子不夠聰明，現在已知道沒有不可教的孩子，Ernst Smith說「If the learner has not learned, the teacher has not taught.」，假如學生沒有

學好，那是老師沒有教對，既然每個人大腦都不同，教育者應該因材施教，從孩子的長處著手，把他的短處帶上來。人的視知覺（perception）是受到我們大腦意識的影響的，我們傾向於只看到我們想看的東西，假如父母能用欣賞的眼光來看孩子，一定會找到孩子的長處，如果我們用挑剔的眼光來找他毛病，那麼雞蛋裡也挑的出骨頭。大腦科學最大的好處是讓我們看到行為的產生都有它背後的原因，從原因去教導孩子，孩子肯接受，不漫罵孩子，孩子就不會叛逆。其實孩子犯錯他自己都知道，並會接受懲罰，孩子不能接受是他被冤枉，當他覺得他沒有做錯而無辜被懲罰時，他會不甘願，甚至會為了賭氣而做出更壞的行為來。因此，從了解行為著手可以避免孩子的青春風暴期，因為父母可以在孩子情緒形成風暴之前便先把它化解掉，所以當腦科學讓父母看到沒有不可教的孩子時，它會給父母信心，知道只要好好教，堅持下去，孩子一定可以帶的出來。另外前面已說過很多人年紀大後，便不肯學新東西，藉口自己記憶力不好，學不會，其實只要有生命的活力，不斷的學習新的東西，擴大自己的社交範圍，主動去做自己想做的事，大腦都會因應外界的需求來改變動組內在的神經地圖，達成心智的願望，年齡永遠不是學習的問題。

現在因為人越活越長（日本最新的報告是男生平均壽命七十八歲，女生八十三歲，每十萬人口中，有二十二人超過一百歲），全世界的研究者都在想辦法找出維持大腦健康，避免阿茲海默症的方法，慢性的老人疾病，如巴金森症、阿茲海默症、老人癡呆症及憂鬱症實在用掉太多的社會成本，而且患者及照顧者都太辛苦，尤其阿茲海默症患者到後期不知自己是誰，失去了認知功能，也失去做人的尊嚴。先進國家都把他們的研究資源投到老人認知能量的研究上，藉用晶片科技的進步，用科學的方式幫助老人提升生活品質。美國近年來研究經費的分配便是以找出大腦老化的秘密以及補救的方法為目標，另一部分經費花在大腦教育上，最近《新聞週刊》（News Week）及《時代雜誌》（Times）都一再以腦為主題作專題報導，甚至封面都用大腦來引起讀者的注意。

人有動物的本能，唯有教育能使這個性與攻擊的最原始動物本能昇華為柏拉圖式或羅曼蒂克的愛，以及各類球賽、田徑賽，甚至西洋棋比

賽，在公平的條件下競爭這是社會所接受的「野蠻行為」，我們只要看球賽時，觀眾的加油聲「讓他死」「kill him」就知道球賽是披了文明外衣的攻擊性，但是只要它在社會規範之內，這些公平競藝的行為不但是可以接受的，而且是被鼓勵的，我們甚至羨慕或崇拜下棋下的好的棋士，打球打的好的球手。這些人類本性的昇華是文明的最高表現，也是我們教育孩子的處世之道－將動物本性昇華到文明的競技，想要打架？可以，去外面公平的競技，賽前一鞠躬，賽後一握手。在青少年的教育上，運動是很重要的一項，運動不只是比技，還包括品德的基礎條件－紀律，利他行為與自我犧牲。在宣導生命教育品德教育的同時，看到體育在臺灣如此不被重視，深感痛心，沒有好的體育精神的人不會是好的社會公民。

　　大腦教育破除人類的愚昧迷信，大腦教育使人們了解自己行為的來源，使人們知道那些行為是天生的，不可改變的（如同性戀），那些是後天可以改變的（如憂鬱症），從而接受自己。人的大腦決定他的行為，他的行為回過頭來改變大腦的結構，這個「大腦產生觀念，觀念引導行為，行為產生結果，結果改變大腦」的正回饋系統是人可以因應外界改變而世世代代存活下去的最主要原因。大腦是「凡走過必留下痕跡」，自己的一舉一動會在大腦的神經迴路上留下痕跡，痕跡深後會改變大腦的結構，如何使自己做出最好的行為，使大腦到達最狀態就是我們教育的第一個目的，教育的第二個目的是使我們從祖先繼承來的動物本能昇華成社會可以接受的運動和比賽。透過這種昇華，人類社會可以和諧共事，團結一致，共同抵抗外侮。現在的社會，不用說，與祖先的時代很不相同了，但是物換星移，滄海桑田，人性卻千百萬年來沒有變。祖先透過基因生存在我們的大腦上，我們透過教育，讓祖先賦予我們的使命繼續傳承下去。生命的意義的確在創造宇宙繼起之生命，它不再是一句口號，而是我們生命的目標。

CH 2

教養的迷思

（洪蘭）

Parenting is an art, not a science.
——Leonard Sax.MD.Pd.D
〈Why Gender Matters〉

教養孩子沒有一定的法則，它唯一的原則是common scene──父母的常識，只要孩子能健康快樂的成長，父母就做對了。學中醫的人都知道，甲的良藥可能是乙的毒藥，因為兩人體質不同。教養也是一樣，天下沒有兩個一模一樣的孩子，就是同卵雙胞胎也不盡相同，伊朗有對頭連在一起的雙胞胎，拉列和拉丹（Laleh和Ladan Bijani），他們頭連在一起，去哪裡都兩人一起，照說先天的基因和後天的經驗都完全相同，兩人個性應該相同，但是兩人個性依然不同，而且不同到兩人願意冒著50/50的成功率去分割，對記者說她們願意賭一下命運，因為個性太不同了，硬連在一起很痛苦。姐姐說「即使失敗，至少我們是睡在不同的墳墓裡」，結果一語成讖，不幸手術失敗，兩人果然睡在不同的墳墓中了。這件事讓天下父母很震驚，大家以為雙胞胎一定個性都相似，想不到竟然願意以死來相分離。大家才相信天下沒有兩個人是一模一樣的，就連同卵雙胞胎都不是。所以不可將孩子來比較，也因此教養孩子沒有放諸四海的準則，每個孩子不同，怎能相比。他家的孩子需要補習不代表你家的孩子也需要補習，每家孩子不同就像小轎車與大卡車的引擎不同一樣，車主要知道自己的產品，若叫小轎車去拉大貨車的重量，小轎車就垮掉了。孔子在三千年前就講教育要「因材施教」，過了三千年，我們仍在統一作業，用同一標準去要求所有的孩子。望子成龍、望女成鳳是人之常情，但是不切實際的希望會造成孩子的痛苦與親子的關係緊張，尤其是把一個績優生硬擠到資優班去時，會造成孩子信心崩潰，覺得自己不如人，反而害了孩子。當然，人都有惰性，好逸惡勞是動物的本性，沒有鞭策，最勤勞的牛也不會往前走。因此，如何拿捏這個分寸，知道孩子的潛力有多少，可以定多高的標準，更重要的是，知道何時要適可而止是父母最關心的事。事實上，這個完全看父母跟子女的互動，父母自己帶的孩子不會動不動就大發脾氣，因為他的脾氣在還沒有醞釀成海嘯之前父母便察覺了、便化解了，不會等到累積到最後火山爆發出來。這是為什麼孩子不可交給菲傭帶，只有自己帶的孩子才知道孩子的個性與喜好，若是親子互動情形良好，父母只要從孩子做這件事的表情，便知道可不可以再把標準提高。電腦教學上有一個法則就是當孩子連續錯兩題時，電腦就自動回到原來的階段，等孩子掌握了這個階段

的概念，一直做對後，電腦才自動再進階。父母也可以用這個方式知道自己對孩子的期望應該設多高。父母對子女可以有期望，但這期望一定要切實際，不可好高騖遠，讓子女覺得自己不成材、愧對父母的期望。

　　過去，我們都把學習的責任放在孩子肩頭，老師認為我在課堂上教過了，有的學生會，有的學生不會，會的代表我教的方法很好，所以他聽懂了；不會的代表比較笨、比較懶，沒有做功課，所以跟不上，責任是在孩子身上，所以老師會罰孩子站、少一分打一下；父母也覺得我是一樣帶老大和老二，為什麼一個功課很好，一個功課不好，既然一個是好的，表示我帶的方式沒有錯，那麼錯的一定是孩子了，當我們把責任怪在別人身上時，我們會苛責。很多老師和家長喜歡用「激將法」來鞭策孩子上進，很少人回過頭想一想，我用的這個教法是否適用於這個孩子？某些話對甲沒有感覺，對乙是人格的侮蔑；這個方法或許對甲生有用，對乙生是否太殘酷了些？最近大腦科學的進步使我們看到孩子在做同一作業時，大腦活化的地方不盡相同，老人的跟年輕人的活化位置也不相同，代表著每個人有每個人工作的策略，因他成長的背景不同而不同。最主要的是科學家發現有「白痴天才」（idiot savant），即他們的智力測驗成績是智障（IQ在75分以下）的程度，但是他們每個人都有其特殊的能力：有人對數字敏感，能在心中開立方；有人對推算日曆有一套，馬上可以說出某年某日是星期幾；有人對素描、藝術很在行；有人對音樂的記憶很好，一首歌聽一遍可以彈的出來，科學家逐漸發現過去對智慧的定義可能不夠週延，許多定義為智障的孩子其實有他超乎常人的能力，社會的多元化也使父母看到並不是只有唸書才能出頭天，賣米、賣洗髮劑也可賣出一片天，孩子最重要的是頭皮之下的那個大腦要很靈光才行，所以世界各國，尤其歐美國家，開始改變課程的安排及教材的選擇，北歐幾個國家看到未來的社會要求的是溝通能力、判斷能力及廣泛的普通常識，所以他們很多課是戶外教學，讓學生從實做中去體驗，而且很早放學讓學生有機會去打籃球，踢足球等從事團隊的運動。運動一方面會分泌多巴胺（dopamine），這是跟情緒有關的重要神經傳導物質（巴金森症就是大腦中製造多巴胺的神經元萎縮了，所以老人一被診斷出來為巴金森症，醫生就會立刻開抗憂鬱症的藥），另一方

面，球隊的團體運動幫助培養團隊的精神，而團隊正是二十一世紀工作的方式。曾經有個哈佛的教授來臺灣口試新生，有兩個學生SAT的成績都一樣高，校內的表現也一樣好，但是他只有最後一個名額，於是他就問A生「你最喜歡的運動是什麼？」A生答道「慢跑」，B生則回答「打籃球」。結果他錄取了B生，他說因為現在是個團隊的社會，他們要能和別人一起共事、有團隊精神的人。他們教育的最高原則是教出有用之人，不是分數最高的、或是考上最好的大學的人。讀書固然重要，會懂得過日子更重要，因此他們不論男女都會烹飪，都會拿工具修水管、釘木板，這種「生活即教育，教育即生活」的教育理念，其實一直都是我們教育的理想，只是幾千年來都做不到而已。古人形容讀書人「肩不能挑、手不能提」，指的就是這個。

　　教育的最終目的是讓孩子不再需要教育，離開學校後他已是個「全人」，有足夠的知識、有足夠的視野、有足夠的勇氣、有足夠的動機去找自己的心靈糧食。馬克吐溫說「花菜是受過教育的包心菜」，一樣都是菜，每個人的本質都差不多，是教育使它與眾不同。如果與眾不同是教育的目的，父母、老師就不應希望孩子每個相同，用同樣的標準去要求他。講起來我們目前教育是很矛盾的，一方面高唱個別差異，另一方面又用同一尺度去評量他，中國人常會為了表面的「公平」犧牲孩子。教改改了十幾年，到現在仍然是傳統的分數掛帥觀念，學校好像工廠生產線一樣，用國、英、數三個模子套下去，不符的就剔除，進後段班、放牛班那些被剔除的人裡面，後來成了大音樂家、藝術家、企業家的不知有多少。不過這個情況最近慢慢有改進，已經看到有學生敢放棄普通高中而改唸職業學校的了。如果孩子對烹飪有興趣，為什麼要埋首書堆去唸不知何時用到的物理、化學呢？從心理健康層面來講，孩子應該去做他最拿手的事，他才會快樂，而且他只有在他最拿手的地方才能有創造發明出來。因此目前教育孩子最大的迷思就是要把自己的孩子塑造成跟別人一樣，忘記了「家家有本難唸的經」，當你在羨慕別人家孩子，叫你孩子向別人看齊時，說不定別人也在想把他的孩子塑造成跟你家的一樣。

　　這種「這山望那山高」，「隔壁的草比較綠」的錯覺本來是演化來

促使我們向外發展的一個動機。大腦跟演化都最怕人安於現狀，不向前走，人安於現狀，沒有挑戰，大腦就會退化。演化更怕人安於現狀後，沒有開闢新的疆土的動機，危機一來，就會被毀滅，基因就傳不下去了。對於這個看法，最近有個過動兒是「獵人－農夫」（hunter-farmer）的理論，說過動兒是生錯了時間、生錯了地點，當六百萬年前我們的祖先跟猴子分家，從樹上走下來，進入平原時，我們的祖先必須眼觀四面、耳聽八方才能在沒有隱蔽的平原上生存的下去，因為人沒有尖牙利爪，又只有兩條腿，跑的不快，必須靠團結在一起以數取勝抵抗外侮，所以我們祖先練就了一身東張西望，不能在同一地方停留過久，一有風吹草動，拔腿就跑的習慣和本能。到了一萬年前，人類開始定居下來，進入農業社會後，過去那一套生存之道就變成不合時宜，變成在教室中坐立不安、不能專注超過五分鐘，永遠在期待下一件事發生的過動兒的毛病了。這個理論建議說，如果不把這個行為當作病，換個方式去想，學習難道非得坐在教室中才能學嗎？到戶外去，到祖先生存的環境去，孩子一樣能學。事實上，我們也看到找對了孩子學習的環境，引起了他的動機，這些過動兒的確可以學習的很好，他們沒有笨，只是不耐煩坐在教室中，聽他已經會的或是他沒有興趣學的東西罷了。只要我們教育稍微有點彈性，進度的標準和教材的種類稍微改變一點，這些過動兒就不再是學校的問題兒童了。

　　這其實又回到前面我們說的「因材施教」：找到孩子的長處，從長處切入，把他的短處帶上來，這孩子就成材了。很多人說大企業家都有過動兒的傾向，因為他們敢於衝破現狀、挑戰未來，他們敢孤注一擲而我們不敢。的確目前檯面上的人物幾乎都不是功課好的，但是都是當年村裡的孩子王、地方的角頭老大或社團的領袖。因為出社會以後，課本教的知識用到的很少，用的最多的反而是課本沒教的人際關係與領袖魅力。看到了這一點，父母又何必斤斤計較，在意孩子的成績呢？分數只是評量的一個方式，不是唯一的方式。而且不是很好的評量方式，許多人格特質是無法用紙筆測驗出來的，更何況人有失常、馬有失蹄，一次的考試成績是不準的。現在哈佛大學在醫學院新生面試時，都是指派一個學長跟這個新生共同生活四十八小時，只有從生活細節中才會看到一

個人的本性，才知道他適不適合當醫生。現在很多公司要聘用一個人也都要求三封介紹信，請三個不同的人來評量同一個人，才會比較準確。所以父母、師長不可因單一考試標準就認為這學生一無是處、無可救藥。大人的責罵、輕視會使孩子自暴自棄；相對的，一句稱讚的好話可能使這孩子從此不一樣。我們常說用欣賞的眼光來看孩子，一定會找到他的長處，用挑剔的眼光來看，雞蛋中都挑得出骨頭。曾經有一個孩子被父母罵一無是處、只會吃飯憤而去自殺的。古人說「良言一句三冬暖，惡語傷人六月寒」，同樣一個行為，我們若能從欣賞的眼光來看，放大他的長處時，連智障的孩子都能拿到全國比賽的銀牌獎。這個故事跌破所有人的眼鏡，值得我們花些筆墨說明一下，因為它打破我們的迷思。

1989年，美國太空總署有一個全國太空營的選拔，全美國無數資優生、菁英隊去報名，結果得到亞軍的是由資源班組成的團隊。這個班中有自閉症、過動兒、唐氏症、妥瑞氏症（Tourette's Syndrome）的孩子，他們遇見了一位好老師，這個老師讓每個孩子的長處發展出來，將比賽的每一個項目都由有這方面專才的「白癡天才」去負責。比如說，唐氏症的孩子學習很慢，但是他們可以游泳而且可以閉氣很久，因此有一個在水底組裝儀器的項目，老師就指派給唐氏症的孩子去負責，因為它是分項比賽，最後算總分，因此，當每一項都由一個有專長的孩子去負責時，這個智障團隊就拿了全國的亞軍了。這是一個很有啟發性的故事，對自己孩子能力有懷疑的父母都該去看看這本書（英文名：A smile as big as the moon，中文名：愛因斯坦的孩子）。

在所有教育項目中，最重要的是品格教育。但丁（Dante）八百年前就說過「道德可以彌補智慧的缺點，智慧永遠沒有辦法彌補道德的空白」。一個品格不好的人，功課再好、能力再好，別人都不敢用，很奇怪的是雖然我們都明瞭這一點，但是臺灣教育中對品德的著墨很少，我們還是只注意智育，忘記了禍國殃民的其實都是知識份子。在品德教育中很重要的一點是：它是一個內隱的學習，是孩子從日常生活中觀察父母的一舉一動，內化而來的行為和價值觀，下面先解釋一下什麼是內隱的學習。

　　我們的記憶分內隱和外顯兩種，外顯的記憶是我們平常看到的事件的記憶（去了哪裡、做了什麼事）和語意的記憶（這個字的意思是什麼）。內隱的記憶是沒有意識的記憶，你不知什麼時候學的，人家也不知道什麼時候教你的，但是刺激一出現，反應就出現，它是直接儲存在神經連接的突觸上，我們小時候的記憶多半是屬於內隱的記憶，人格的學習就是一種內隱的學習，因為它在我們還不會用語言去轉譯、海馬迴還沒有成熟去運作時就出現了。

　　記憶在心理學上被研究的很透徹，這要歸功於哥倫比亞大學的肯戴爾（Eric Kandel），他因為研究海蝸牛的記憶四十年，在2000年拿到諾貝爾生醫獎。要說明記憶的本質最好的方式是從病歷著手，病人的經驗會使我們產生同理心而印象深刻，又因它是具體的描述，比較容易了解，有了解才有記憶。

　　在記憶的研究史上最有名的病人是美國康州（Connecticut）的H. M.，他在九歲時因為腦傷出現癲癇的現象，到1953年他二十七歲時，一週發作超過十次以上，使他的家人無法照顧他，便決定把他送到加拿大麥吉爾大學（McGill University）去開刀，把放電的大腦部分切掉。麥吉爾大學的神經科學當時是全世界最好的，父母的決定不能說是錯的，但是悲劇發生了，H. M.的手術很成功，他果然沒有了癲癇，但是他同時失去了他的記憶，因為手術把他大腦兩側的海馬迴給切除了，他從此只生活在現在，沒有未來了。

　　從他的痛苦經驗中，神經科學家發現海馬迴是管記憶的，它像個工廠似的，把進來的訊息加工處理再送去聯結皮質區（association area）去儲存，從H. M.的例子中，我們發現記憶要變成永久記憶需要經過固化（consolidation）的階段，就好像手在石膏盆中按了一個印子，若是石膏還沒有硬就隨便去搬動盆子，手印就會因搖晃而模糊掉，但是等到石膏硬了後，隨便怎麼搬動，手印都還在。從H. M.的經驗，我們知道記憶必須要有段靜止不被干擾、讓它凝固的時間。從老鼠實驗中，我們得知這個過程要四天，即把學會跑迷宮的老鼠在兩天之內把牠的海馬迴破壞掉，再把牠放回迷宮去，他新的是不會了，因為工廠爆了，但是牠連以前會的也不會了，表示兩天的時間太短了，記憶尚未固化，破壞海馬迴

後，記憶就消失了；但是在四天之後才把海馬迴破壞，牠就記得怎麼跑迷宮，也就是說，新的迷宮學不會了，因爲工廠爆掉了，但是過去學會的舊迷宮記憶卻還在，表示在這四天之內，海馬迴已經處理完成迷宮訊息送到聯結區去儲存了。

　　上述老鼠實驗並不適用於人類，因爲不能無緣無故對人實施任何大腦切除手術，除非有醫療上的原因，那麼怎麼知道人類的記憶要經過多久才永遠存在呢？從H. M.身上，我們推測大約要兩年，因爲他手術時是二十七歲，醒來後，記憶只回到二十五歲，中間的兩年遺失了。很重要一點是H. M.在手術前IQ是一百，手術後仍爲一百，表示他語意的記憶沒有失去，他仍然知道美國的第一任總統是華盛頓、法國的首都在巴黎。他也可以學習新的技術性能力，例如彈鋼琴，雖然每一次要教他彈琴時，他都會說同樣的話「我不會，我小時候家裡窮，不曾彈過琴」，但是只要你起了頭，他就可以接下去彈，表示他有學會彈琴手指的序列，也記得曲子的弦律，他只是不知道他曾經學過，已經會彈了而已。所以失憶症病人失去的就是事件的記憶。他們不記得事件的過程，但是對事件的內隱結果卻是記得的。十九世紀法國有位醫生去巡病房時，手上偷藏了一個圖釘，刺痛了與他握手的失憶症女病人的手。病人當場立刻把手抽回藏在身後。第二天，醫生再去巡病房時，這位女病人雖然一樣跟醫生打招呼，她的手卻始終藏在身後，不肯伸出來握手了。當別人問她爲何對醫生不禮貌時，她臉會紅、無法回答，表示她知道這樣做是不禮貌的事，但是她無法使自己伸出手來握。這種不知道爲什麼，但是知道應該怎麼做的記憶就叫內隱的記憶。

　　內隱的記憶在我們日常生活中常常看見，它有時被稱爲第六感，第六感並不是迷信，它是有科學上的原因的。一個記憶的形成要經過很多關卡：訊息透過眼睛、耳朵、皮膚等感覺管道送進大腦時，必須經過「注意力」這個關卡，因爲大腦的資源是有限的，不可能同時處理很多訊息，所以必須依事件的輕重緩急排出個優先順序。這個把關者就是注意力，我們有注意的事情才會進入我們的意識界，不然就進入了潛意識，變成有這個記憶，但是自己並不知道有它。這種潛意識的記憶常在夢中出現，目前的實驗已經證實了「日有所思，夜有所夢」這句話是對

的，而且剛入睡時，夢到的是白天發生的事，中夜以後的夢是大約一週之前發生的事，人不可能夢到沒有看過的東西，一個在非洲從來沒有看過汽車的人，怎麼夢都不會夢到汽車。

　　決定注意力的閾（臨界點）是背景知識，我們對熟悉的東西閾比較低，例如帶外國人去市區觀光，雖然一樣是坐在汽車上飛馳而過，我們懂中文的便會看到招牌是在賣什麼，外國人只覺眼花撩亂，根本來不及看。曾經有一個很好的實驗證明了我們會被看不見的訊息所影響，也說明了為什麼我們說不出來我們的人格是怎麼塑造的，是被誰塑造的。這個實驗是請外國學生來判斷他喜不喜歡某個中國字，因為外國人不懂中文，他們以為他們是隨機在做判斷，事實上並不是，實驗者在中國字出現之前30毫秒（一毫秒為一秒的一千分之一）先快速閃過一個笑臉，受試者是看不見的，因為速度太快，有人甚至連有光閃過都不知道，更不要說看到內容了。結果，他會受到先前閃過的笑臉影響，就會判斷他喜歡這個中國字，同樣這個字給另一組的人看，但是閃過的是哭臉，結果這一組的人就會按「否」字鍵，表示他們不喜歡這個字。本來「是」與「否」的機率是50/50，但是在操弄了笑臉／哭臉後機率就升高到78%，可見潛意識的訊息可以影響我們的行為，我們只是不自覺而已，父母對我們行為的影響很多是用這種方式傳進的。失憶症的病人他們的記憶進不了意識記憶，但是仍然可以進入潛意識，因此女病人就不肯與醫生握手了。

　　從H．M.身上我們學會了記憶的種類，也知道失憶症人丟掉的就是事件的外顯記憶，內隱和外顯的記憶機制不同，儲存地方也不同，內隱多半是習性化的東西，佛洛依德說人有童年失憶症（childhood amnesia），因為人掌管記憶的海馬迴到三、四歲才成熟，而且最有效率的記憶轉碼機是語言，三、四歲之前的孩子語言尚未發展完全，無法有效的運用語言去登錄事情以成為記憶。但是我們也知道人是一生下來就不停的在學習，我們從嬰兒RAM（Rapid-Eyes-Movement，連眼運動）睡眠特別長就知道他們是在利用作夢的時候，去蕪存菁整理白天發生的事情（RAM睡眠是做夢發生的時期），實驗發現受試者夢到打乒乓球時，眼球是上下跳動，夢到打網球時，眼球是左、右跳動，說明了夢是

沒有動作事件歷程。人格的成長就是一個內隱的學習，孩子從日常生活觀察父母的行為中學習做人做事的方法，他的態度就是我們所謂的價值觀，他的外顯行為就是我們所謂的品格，有很多父母說不知道怎麼教品格，其實嬰兒從一出生就在學習，一出生父母就已經在教了，只是父母不知道而已，所以品格教育是從家庭開始，從父母的以身作則開始。

有人說，父母每天要以身作則，提心吊膽怕給孩子壞榜樣，這樣過日子不是太痛苦了嗎？其實不必每天正襟危坐的做榜樣，父母只要以平常心的過日子就好，畢竟演戲演一天、兩天可以，演久了，馬腳是會露出來的，所以不必刻意為了孩子做虛偽的事，只要父母有相同的價值觀，管教孩子準則一致就可以了。不過兩人必須一致同意哪些事是你不願孩子做的，如講粗話、罵三字經、不誠實、貪小便宜、說謊、賭博……，只要你不願孩子做的，你自己也不要做就好了。教養孩子最主要是把孩子帶在身邊，讓他有機會觀察你，學習你的待人接物、一舉一動。孩子學習是很快的，有的時候只要看一遍就可以了，而且越是壞的行為學的越快。有一次我搭一個學生的便車下山：他開車，我坐前座，他太太帶著一個三歲左右的孩子坐後座，我們正說著話，突然一輛車從巷子裡衝出來，直接插入我們的車道，我的學生緊急剎車，我們身體都往前衝，這時後座傳來非常清楚的詛咒話（臺語三字經，問候你媽媽的那種）。我的學生面紅耳赤，我立刻了解他平日開車時，遇到這種情況是罵三字經的，孩子雖小，坐在後座聽聽就學會了，今天同樣情況發生，爸怎麼沒罵呢？他當然不曉得我是他爸爸的老師，今天不可以說，他只覺得情境一樣，爸竟然沒有罵，就大聲的替他父親把三字經罵出來了。這就是內隱的學習，以後這個孩子長大，碰到這種情形一定也是如此罵，慢慢這變成孩子的習慣，最後由習慣轉為人格，這是為什麼我們可以從小孩看父母，孩子的行為代表著父母最真實的行為。過去蔣經國總統要任用一個人時，先去打聽這個人的太太賢不賢慧、節不節省，就是這個道理。

培養人格還有個很重要的部分就是讀歷史，在孩子學會讀書認字以後，讀歷史就是形成孩子價值觀很直接的一個方式了。透過歷史，我們知道士有所為，有所不為，為什麼慷慨成仁易，從容就義難，秦檜貴為

宋朝宰相，但是千秋萬世跪在岳飛墓前，受人唾罵。歷史讓我們知道什麼樣的行為是流芳百世、受人尊敬的；什麼樣的又是遺臭萬年的。歷史的力量非常的大，它是一個見賢思齊、見不賢而內自省的內隱歷程，人有模仿的本能，事實上，人腦中有鏡像神經元（mirror neurons），專門負責模仿別人行為。這個鏡像神經元也是同理心的來源，現在已有好幾個實驗指出自閉症孩子問題出在大腦中的鏡像神經元。同理心（empathy）其實是品德形成一個很重要的因素，它使我們了解當別人打我，我會痛時，我打別人，他也會痛；當我不高興時，我臉上的表情使我知道我看到這個表情時，別人在不高興，因此我就避免出使別人會痛、會有不高興表情的事來。自閉症兒童因為大腦中處理面孔表情的地方與正常人不同（我們是梭狀迴（fusiform gyrus），他們是（inferial temporal gyrus）），加上鏡像神經元不活化，所以他們對辨識面孔表情、對別人情緒的判斷有問題。

　　人能夠群居在一起，靠團結的力量抵抗野獸的攻擊，使我們祖先有機會進化到現代的我們，同理心功不可沒。事實上，研究發現連動物都有同理心，一個實驗是讓一隻飢餓的猴子和一隻綁在儀器上受電擊的猴子同在一間實驗室內，這隻飢餓的猴子每吃一口食物，那隻無辜的猴子就遭受一次電擊，實驗發現猴子會吃不下，牠會寧可餓也不忍看見牠的同類因牠而受苦。嬰兒很小也有同理心，在育嬰房內，剛出生的嬰兒會一個哭，全體跟著哭，因為他們才剛出生，完全不懂事，所以科學家認為同理心是本能，天生就有的。著名的靈長類學家狄瓦爾（Frans de Waal）就曾說過「同理心有很多層次，我們跟很多動物都共享同理心的基本核心」。俄國一位靈長類學家科茲（Nadia Kohts）曾經養過一隻黑猩猩，當黑猩猩爬到屋頂上不肯下來時，科茲就坐在地上假裝哭，黑猩猩就會立刻從屋頂上爬下來安慰她，在她旁邊跑來跑去，看是誰把科茲弄哭了，還會用牠的手掌去撫摸科茲的臉，意思叫她不要哭。很多科學家認為同理心其實是品德培養的一個基本機制，所謂冷血殺手就是沒有同理心的人，別人的痛苦不放在心內，孔子也說「聞其聲，不認食其肉」，聽到動物慘聲就會吃不下去。

　　在中國以前文盲很多，大部分人不識字，不能讀史時，忠孝節義的

觀念是透過戲劇傳下去的，戲劇是文化的精華，中國以前不論多麼偏遠的山區，村夫農婦都有忠君愛國的思想，就是從戲劇而來的。在過去沒有電視、電影之前，逢年過節都有唱戲，中國每一個村莊廟前都有一個大廣場就是年節時唱戲酬神用的。戲劇能打動人心，所以它宣揚的效果最好。很可惜目前的政府不能利用戲劇來做品德教育的宣導，我記得黃春明的劇團演過一齣戲「杜子春」給國小學生看，散場時，每一個孩子都知道什麼叫酒肉朋友，什麼叫坐吃山空，也知道什麼叫敗家子了。中國有許多很好的古典文學現在不被人看重，其實人世間免不了滄海桑田，唯一不變的是人性，我們可以透過小說，教導孩子很多的做人道理，例如「去時留人情，轉來好相見」、「得意時勿太快意，失意時勿太快口」，這些都是我們小時候從古典小說中學來的，變成以後我們行事的方式，這也就是我們的品德了。

我們從一個人的品德來看他父母的教養，從一群人的品德來看這個國家的教育，諸葛亮曾經寫過有一篇「知人篇」，建議七種察人品德的方法，他說「問之以是非而觀其志，窮之以詞而觀其變，治之以謀而觀其識，告之以難而觀其勇，醉之以酒而觀其性，臨之以利而觀其廉，期之以事而觀其信」，這七個準則非常的對，涵蓋了所有我們對一個人人品的期望。反過來說，這也就是父母教子女的準則。

在教養孩子的過程上，我們看到父母有很多迷思，雖然這些出發點都是為了孩子，但是常常適得其反，例如中國人很多人相信腦大等於聰明，希望孩子的頭越大越好，其實腦的大小是跟我們的身高、體重成比例，因為大腦用掉身體很多的能源（一般來說，大腦大約三磅，占體重的2％，它用掉身體20％的能源），腦只要跟一般人差不多大，過平均數的門檻就好了，固然神經元多比較有利，就好像兵多，在打戰上比較有利，但勝敗主要還是看主將的策略、兵的精良與否，符堅的淝水之戰、曹操的赤壁之戰，都是兵多而敗，所以不必迷信大頭。我們對聰明才智的定義是神經連接的密度和連接的方式，所以與其頂個大頭，不如神經連接的有效率一點。頭型大小（如扁或圓）也都與聰明才智無關，這與嬰兒期睡眠的姿勢有關。另一個迷思是吃腦補腦、有人說核桃形狀越像大腦效果越好，這都是沒有科學根據的，腦細胞的生長需要蛋白質，任

何有蛋白質的東西對大腦的生長都很好，小孩子在兩歲以前更是需要喝全脂牛奶，因為神經外面包的髓鞘是髓磷脂，細胞膜是髓磷脂，很多大人怕脂肪，其實脂肪在孩子大腦成長中是個重要的元素。我們身體會吸收任何方式進來的蛋白質，核桃像不像大腦完全沒有關係。其實，在孩子成長時，最重要是飲食平均，不養成偏食的習慣，魚雖然很營養、很補腦，也不能天天叫孩子吃魚，以後看到魚就怕。中國人凡事主張「中庸之道」，其實是很有道理的，任何食物，只要有營養都可以吃，只要不過量都沒有問題，孩子在幼年期接觸到的食物種類越多，長大後越可以接受新奇的外國食物，越不會偏食，父母在給孩子食物時，同時可以教導他時令的蔬菜水果是什麼，吃時令的最便宜，食物不是貴就是好，順便教孩子持家之道（home economics），對他以後一生都有益。

　　在孩子上學後，父母開始擔心跟不上別人，紛紛送孩子去補習班、加強班等等，生怕輸在起跑點上，這也是不需要的。學習是循序而進，老早教一大堆，孩子智力沒有開展，只會依樣畫葫蘆，沒什麼效果，反而剝奪了孩子在父母身邊的時間。最近跟幾個子女都已長大的父母在聊天，聽他們說以前送孩子去學這、學那，後來孩子大了發現補了不見得有什麼效果，不補也沒什麼差異，學習很多是水到渠成，當孩子成熟後，一教就會，但未成熟前，花了很多心力雖然比別人早一點學會，但是人家以後一樣會，好像有一點冤枉錢的感覺。我聽了很高興，父母終於體會到我們一直說的教育孩子要順其發展，揠苗助長是沒有用的，反而讓孩子犧牲了童年。補習只有在孩子跟不上時才需要，根本不需要在暑假中把下學期的功課先教了，因為這會剝奪學生學習的樂趣，孩子發現上學原來是炒冷飯、重複做已經會的東西，會覺得很無趣，就會想東張西望去找有趣的東西，很多被老師認為是注意力缺失、過動兒的孩子，送到醫院來鑑定後才發現他們是對所學的東西沒有興趣，上課在熬時間，因為無興趣，所以注意力會游離到樹上唱歌的鳥、地上爬的蟲、天上飄過的白雲……，鐘聲一響立刻衝出去搶籃球或搶鞦韆。二十一世紀父母最大的迷思是為了不要讓孩子輸在起跑點上，反而輸掉孩子的一生，因為當孩子對學習沒有熱忱時，他熬到大學畢業學業告一段落後，便從此不再摸書本，在資訊爆炸的現在，不吸收新知的人怎麼有競爭的

本錢？這不是輸掉了孩子的一生？

　　現在有很多實驗都顯示只有主動學習才能促使神經的連接，才能長出新的神經元。有一個實驗是將同一窩的老鼠分成三組，一組給牠一個用腳踩到上面就會轉的圓輪，圓輪後面有一條電線將老鼠跑步的哩程記錄在電腦中；另一組是共軛組（yoked），即牠與實驗組的老鼠是配對的，實驗組老鼠主動玩多少哩的風輪，共軛組的老鼠就得被動運動那麼多哩，要讓老鼠被動的運動沒有什麼好方法，唯一方式就是把牠丟到水裡，牠為了要求生，只好不斷的往前游，直到彼岸，他們運動是被動的，是為了怕淹死只好不停的動。實驗者用這個方式讓兩組老鼠運動的量一模一樣多，只不過一組是主動的，另一組是被動的。在三個月後，實驗者讓兩組老鼠都去走水迷宮，所謂水迷宮是一個啤酒桶鋸成兩半，裡面的水染色成不透明，使不見底。在終點處放一平臺，如果老鼠學會水迷宮，牠會很快找到平臺，蹲上去時水正好在牠下巴之處，牠不會淹死，若是找不到平臺，體力消耗掉了，老鼠就會沈到底死亡，實驗結果發現實驗組的老鼠學的較快，而且在學會水迷宮後，換個方向下水時，牠可以調整牠大腦中的認知地圖，很快的轉變方向，往平臺游去，共軛組的學習速度比實驗組的慢，好不容易學會了，一旦改變下水方向時，立刻驚慌失措，因為原來應該在的平臺不見了，牠不會依照實驗牆上的燈光或裝飾去辨別方位。最主要是當把兩組老鼠都犧牲掉，解剖牠們的大腦時，實驗組皮質神經元連接的很密，而共軛組與控制組的皮質神經元一樣稀疏，但是共軛組因為有游泳，牠小腦的神經連接比較密。這個實驗清楚的看出主動與被動學習的大腦神經上的差別，現已有無數實驗顯示主動學習促使神經連接而被動的學習不會。我們在教導孩子時一定要讓他心中想要學，這個學習才會有效，孔子說「諄諄善誘」真是非常有道理，可惜現代人都太忙，常常是丟給孩子一本書叫他自己去看，沒有時間去引發他的動機。最近報上說臺灣閱讀素養表現差，在四十五個參與國家中，排名二十二，為興趣而課外閱讀則是排名最後，我們的學生閱讀不是為了興趣而是為了交報告，不但學習是負擔，連應該是快樂的閱讀也變成苦差事，前面說過不是主動的學習不能促使神經的連結，因此，雖然寫了讀書心得、讀書報告，這個讀書對孩子並沒有幫助。

「重量不重質」、「要績效」、「要成果」是臺灣目前最大的迷思，因為教育是潛移默化的歷程，無法立竿見影，以目前推動閱讀的方式，我們會有一本本裝訂漂亮的成果報告，但是對學生語文能力的實質提升沒有什麼幫助。

　　父母的另一個迷思是不相信自己孩子的能力而寧可相信算命的指紋測驗。先不說指紋無法預測腦紋，一個是胚胎四個月時出現，另一個是胚胎七個月時出現，我們沒有看到任何科學的證據支持指紋與腦紋的關係，就說父母願意去相信算命的這個心態就非常可議。「造命者天，立命者我」，我們知道大腦是先天和後天交互作用的產物，不論孩子的基因如何，後天至少占一半的影響力，「後天」不就是父母為孩子打造的成長環境嗎？為什麼我們不把測指紋的錢拿來買書唸給孩子聽，陪伴孩子成長，反而要去找算命的，萬一算出來孩子不聰明，難道是把他棄養嗎？對孩子，我們是相信一分耕耘、一分收穫，要怎麼收先得怎麼栽，不去實質深耕孩子的心田而去求別人嘴中的聰明保證，那才是捨本逐末。就算是天才，他要成功，還是一分天才九分努力，與其算他聰不聰明，不如教他做人做事腳踏實地，一步一腳印，一定會成功。投機取巧一時可能高飛，但沒有實質支撐，氣一漏光就會掉下來。在現代的社會，大家講求創造力，實驗已發現，有創造力的人並不是最聰明的人，他的聰明智慧只要過門檻，跟一般人一樣就可以了，但是他要有寬廣的背景知識，人只有在做他精熟的東西中才會有創造發明出來。一個成功的人也是，他只要有過門檻的智慧，他的毅力、人脈、人際關係決定他的成功。這跟他的大腦皮紋沒什麼關係，跟他從小所學的紀律、敬業精神和積極的態度有關。美國著名的癌症研究者佛克曼醫生（Moses Judah Folkman）要申請進入一家最有名的醫院做住院醫生時，要經過兩段口試，早上的口試老師問了他非常細的問題，他不知道答案，考完出來後很沮喪，覺得自己沒希望了，在中午休息時，他就到哈佛圖書館去把這些問題找出來讀，他沒有想到下午第二階段的口試，老師問的問題跟早上一模一樣，他是唯一利用中午時間去找答案的人，所以他被錄取了。老師說「做醫生不怕不知道答案，只怕不會自己去找答案」。人本來就不可能什麼都會，俗語說「學海無涯，唯勤是岸」，只有會主動找尋答

案的人才是好的醫生，也才是會成功的人。佛克曼醫生把他的這個精神歸功於他的父母，因為他來自猶太家庭，父母很注重孩子的教育，父親不怕孩子不知道答案，卻注重他們有沒有能力找出答案，我們可以說他父母的教養方式成功了，因為這種求知精神讓佛克曼打入美國頂尖的一流學校，奠定他的成功之路。所以父母與其花錢去做各種不必要的測驗，還不如像佛克曼父母一樣，在晚餐桌上，一邊吃飯一邊教孩子在外面世界生存之道。

　　至於用左手啓發右腦，更是沒有科學根據，因為兩個大腦半球是相互往來的很密切的，不但相互報告自己的工作情還相互校正對方的失誤（fine tune），對於大腦側化在前面大腦與人生中已有詳細說明在此不贅言，反倒是父母對孩子的態度影響孩子的一生，前面說過如果用欣賞的眼光來看孩子，一定看到他的長處，如果每天挑孩子毛病，批評他，諷刺他，羞辱他，會對孩子造成不可逆轉的心靈與神經的傷害。很多科學家認為大腦的活動就像小孩子在玩黏土一樣，我們做的每一件事都會影響黏土的形狀，法國的神經學家帕斯科－李昂（Alvaro Pascual-Leone）說「外表的相似性不代表它是一模一樣的東西」，如果先把黏土搓成正方形，再把它搓成圓形，最後，又把它搓成正方形，雖然都是正方形，但是新的正方形分子排列不一樣了。也就是說，同樣行為，不同時間做，用到不同的神經迴路，一個心理上有問題的學生，即使被治癒了，這個治癒永遠不可能使病人回復到他未發病之前。所以大人對孩子講話不可以不小心，正常的教訓規過都可以，但是不可以傷孩子的自尊心，不可羞辱孩子。最近哈佛大學醫學院的Martin Teicher教授發現童年的受虐（包括身體和語言暴力以及忽略）都會影響大腦的發展和功能，他比較了51個受虐兒和97個正常兒童，發現受虐兒在連接左右半球的胼胝體比較少，小腦蚓部的血流量少，受虐兒的情緒不穩定，自殺念頭比一般人高四到五倍。加州大學聖地牙哥校區的Murray Stein比較22個受虐女性和21個正常人也發現，受虐者左邊管記憶的海馬迴少5%；耶魯大學的 Douglas Bremner和Dennis Charney比較12個男性和5個女性的受虐兒發現右邊的海馬迴比正常人少13%，不但如此，加州大學的Fucks等人1996年的樹猴實驗也發現長期的心理壓力會引起海馬迴CA3 pyramidal細

胞的萎縮，一個受虐兒進入幼稚園時就可以顯現出問題，因為他無法建立穩定的友情，他總是把別人的表情和動作解釋為威脅而做出自衛的行為，但是這個威脅在真實界根本不存在。治癒之道是去強化他其他部位的大腦來補償，就好像要改正一個孩子的行為不是去改正它，而是創造出一個你可以接受的行為去取代你不要的行為。猴子實驗發現早期的不安全感會使猴子衝動過度反應，跟別的猴子打架的次數比別人多。

1947年，Bowlby的調查發現在有六歲以下孩子的家庭中，12%的母親在外工作，1997年這個比例跳到64%。研究發現一個被大人忽略，在沒有愛的家庭長大的孩子比較冷淡，拒人於千里之外，但是最大問題還是在他們長大後無法形成正常的人際關係，他們可能會交很多女朋友，但是都無法更進一步形成夫妻關係，若是運氣好結了婚，最後還是會離婚，因為他們無法真正關心配偶，總是保持三步以外的冷漠態度，他們如果有了小孩也不會是疼愛孩子的好父母，他們會盡做父母的責任，提供衣、食，但是缺乏愛的能力。早期的不幸經驗剝奪了這些孩子做為人最珍貴的禮物－情。所以父母給孩子最寶貴的禮物是安全感，保護孩子，在他需要你時，陪伴他，在他失敗時鼓勵他。在教養上沒有任何一個忠告比做你孩子心目中的神更重要了，你若能保持孩子心目中神的地位，讓孩子永遠覺得你可以依靠，你了解他，可以聽他說話、為他排難解紛，你只要做到這一步親子關係就沒有問題了，有事他會找你商量，他會信服你，敬仰你，這個尊敬會使他安然渡過青春風暴期不會找你麻煩。

前面說過，孩子的大腦像個黏土，它有可塑性，它也會使壞習慣一直繼續下去，到最後積習難改。父母對已成的壞習慣該怎麼辦呢？

我們的基因給了我們一致性和重複性，帕斯科－李昂說可塑性的大腦就像冬天去滑雪，山上積滿雪，雪的一致性就像基因一樣是先天註定的，當我們坐雪橇滑下來時，我們可以操縱雪撬使它朝我們心中想要的方向走，我們就在積雪的山上開闢了一條路，這條路的形成有許多因素在內，包括山坡的斜度、石頭的分布，但是第二次再坐雪橇下來時，你就知道路是怎麼一回事了，你多多少少會循著上次的路，它不會是完全相同的路，但也不會差的太遠，如果你整個下午都在滑雪，最後你會有

一條路是用了很多次的，其他是用的很少次的，你創造出一條大路出來，你很難不走這條大路，現在這條大路不再是基因決定的了。

這條大路就是我們的習慣，假如壞行為沒有馬上改，形成壞習慣後就很難改掉了，所以品格教育是在小的時候最重要，在一條路已經鋪好後，雖然還是有可能跳出這條路去走另外一條，但是會很困難，已經建好的路走起來會非常快速，它會非常有效率的引導雪橇滑下山，要走另外一條路除非有路障擋住了下滑的速度，我們才有可能跳出來，改變方向。下面這個實驗說明了改變一條既有的道路是可能的，但必須先設路障。

歐洲有個盲人的住宿學校，校長要求新進老師要先矇住眼睛一個禮拜，以親身體驗盲人的生活。一週之內，老師對聲音和觸覺的敏銳度就增加了，他們可以憑著摩托車引擎的聲音知道是哪個牌子的摩托車，或是憑回音聽出有無路障。但是一週後取下眼罩時，這些老師都有一陣子失去方向感，帕斯科－李昂用TMS（穿顱磁刺激儀）來找出他們大腦地圖，他發現幾天之內大腦就重新組織它自己了，視覺皮質兩天之內就開始處理聽覺和觸覺的訊息。不過要做到這一步需要絕對的黑暗，只要有任何光進來，視覺皮質就會去處理光而不去處理聽覺或觸覺的訊息，這個絕對的黑暗便是路障，使大腦從原有的習慣中跳開，它才有可能去注意到別的可能性。大腦地圖是非常有競爭性的，眼罩一拿掉，十二至二十四小時內，視覺皮質便不再對聽覺或觸覺做反應了。

但是兩天之內便發生改變未免太快了一些，那種感覺就像新墳未乾寡婦便已嫁人，除非他們已經事先有聯絡的、安排好，不然不會這麼快，帕斯科－里昂在實驗室中把神經元放在生長液中，發現神經一天頂多長一公釐，他認為能夠這麼快改變一定是這些神經連接本來就存在了，他才發現原來大腦快速重組是常態而不是例外，大腦能夠這麼快重組是它的各部位不是先天就承諾去處理某感官的訊息，它們是可以因應需求去做很多不同的事，大腦地圖中核心的神經元是承諾去做某個作業的，但是它週邊跟別的功能地圖接界的神經元承諾性就沒有那麼高，他們會因此地無大腦工作的需求而去從事邊界另一邊的工作。這是1987年諾貝爾生醫獎得主艾德曼（Gerald Edelman）的神經元團體選擇理論，

他說任何大腦活動都是由最能幹的神經元團體得標，也就是說「能者多勞」，誰能夠最有效的去處理某個情境之下的某個感官送上來的訊息，這件事就由它去做。人在學習一個新技術時，可以徵召原來負責其他單位活動的神經元來幫忙，工作完後，這些神經元便歸位，若是幫忙的人做的很好，借調後別人就不放他回去，久而久之，他就慢慢變成處理這件事的核心工作人員了。所以，每一個思想、每一個想像、每一個動作都會改變大腦微層次的結構，我們的確是過去所有經驗的總和，為人父母者怎能不謹慎小心的以身作則、做榜樣給孩子看呢？

另一個例子是大腦的視覺功能本來是基因決定的，病人視覺皮質中風後雖然眼睛是好的，就看不見了，而且這種主要功能（primary）的喪失，復健是沒有用的，但是後天文化仍然可以與基因交互改變基因所設定的功能。

在泰國與緬甸之間的公海中住了一種海上吉卜賽人叫蘇祿（Sulu）人，他們以船為家住在海面上，以採集干貝、珍珠、海參等為生。他們的孩子還不會走路先會游泳，而且可以不戴任何潛水鏡潛到三十呎深的海底去採集微小東西。他們可以降低自己的心跳，使潛水時間延長到我們一般人的兩倍，他們的眼睛可以清楚的看見海底的東西而不受到水的折射率的影響。我們一般人在水裡看東西會有視角的偏差，因為空氣的折射率與水的折射率不同，人的眼球構造應該都是一樣的，它是千百萬年來演化的結果。瑞典的科學家吉士林（Anna Gislen）發現蘇祿族的孩子可以控制他們晶體和瞳孔的大小，他們可以縮小瞳孔22%，我們的瞳孔是天生的反應，由大腦神經系統控制的，而他們竟然可以操控由神經所控制的東西，這真是驚人。吉士林後來教瑞典的小孩收縮他們的瞳孔，成功的使他們在海底也可以看的清楚，這大概是證明腦有那麼多的可塑性最好的例子，連我們原先以為是先天設定的東西都能因為後天文化的需求而加以改變，這是為什麼Ernst Smith會說「假如一個孩子沒有教好，那是老師沒有教對（If the learner has not learn, the teacher has not taught.）」，天下真的沒有不可教的孩子，就看你怎麼去教他罷了。有一句英文的話非常的好：A hundred years from now, it will not matter what my bank account was, the sort of house I lived in, the kind of car I drove, but the world may be different because I was important in the life of a child.不要說一百年以後沒有人記得你有多少錢、住什麼樣的房子、開什麼樣的汽車，人一過世，一年以後就沒有人記得了（陽明大學中有一座蔣總統的銅像，有一天我問一位學生「這是誰？」他毫不猶疑的回答「王陽明」，令我大吃一驚，反問他「王陽明穿中山裝嗎？」蔣總統是1975年逝世的，叱吒風雲四分之三世紀的人，才死二十年，就已被人遺忘了），但是孩子心智的啓發是不能用錢去衡量的，當我們開啓了一個孩子的心智，我們不知什麼時候這孩子會發明癌症新藥或阿茲海默症新藥，改變了全世界，這世界因這孩子而不一樣，這孩子因我們而不一樣，這就是教育的眞諦，它使我們無怨無悔去扮好老師和父母的角色。

CH 3

人性與倫理

（程樹德）

一、現代行為研究之興起

自古以來，人們對周遭動物的行為，即抱有很深的興趣，蟲鳴鳥叫，它們想表達什麼心思呢？狗對主人凝視，他又想訴何衷腸呢？古人傳說，孔子女婿公冶長就解鳥語，為此得了個死獐子，但因對鵲背信，被鵲害入縲絏之中，對這傳說，先儒屢斥為不經，但表達出來人的夢想，多麼盼望與鳥獸交談。

古希臘的大哲學家亞里斯多德也對動物行為著迷，他不知冬天燕子跑到何處去了，因為看見它們多以葦為巢，所以猜想燕子在池塘底泥內冬眠。

到了十九世紀博物學家達爾文不但提出演化與天擇，也對動物行為之研究大有貢獻，他首要名著《物種原始》的第七章專談「本能」，在當時這「本能」一詞，指動物的自然行為，他又有一書，叫「人及動物情緒的表達」，專門探討動物表現情緒的方式及其演化意義，但達爾文對行為的興趣，不曾被當代人所欣賞及體會，接續的研究少，算是衰歇了五十年之久。

到1930年代，歐洲的勞倫茲（Konrad Lorenz）及丁伯根（Niko Tinbergen）逐步創立了歐洲動物行為學派（Ethology），他們希望長期觀察動物在大自然中的行為，予以紀錄，發掘其經常出現的行為模式，再創造假設，進行實驗，以了解這種行為模式有何目的，勞倫茲喜歡飼養鳥獸，從其長期與鳥獸互動，有一些重要發現，故他強調這種功夫，主張「知道你的動物！」（It pays to know your animal！）

雖然美國的學界初期不甚重視這學派，但在他二位與馮弗里希（Karl von Frisch）（以發現蜜蜂舞蹈的秘密出名）於1972年獲得諾貝爾獎後，兩學派從衝突逐漸融合，塑造當今行為研究的現貌。

到底美國當時比較心理學派是何主張呢？歐洲學者大都是動物學家，沿襲歐洲的博物學家傳統，深深尊重「演化」之觀念，因此對各種動物之各式行為有興趣，而美國學者不在乎那麼多動物，只希望專注於用老鼠及鴿子，以發現行為普遍的定律，並將之延伸應用到人類身上。

　　所以美派學者在實驗室設計嚴密控制之實驗，不但有實驗組也有控制組，更有數量化之實驗結果，因之很看不慣歐洲學派學者只觀察而不控制環境，認爲不符合科學之要求。

　　由於方法不同，居然也注重不同的觀點，美派心理學家注重環境，因此認爲動物行爲能被學習所改變，甚至認爲只要施以適當的獎勵或懲罰，可以在人或動物身上，創造出不曾自然表現的行爲組合，例如訓練鴿子打乒乓球及拉小車，而當時名聲顯赫的哈佛大學行爲學派心理學家史金納（B. F. Skinner）甚至宣稱，若把酒鬼的兒子，依他的建議予以教育，就能培養出律師或醫生。

　　反之歐洲行爲學家認爲演化該能塑造高度制式的行爲，稱之爲「內生行爲」或「本能」，不太能接受「學習」改造行爲的可能性。

　　正因兩種思潮相互激盪，因之行爲不可改變的看法漸被歐洲學派所揚棄，但美國派也漸漸接受，許多行爲確有固定模式不可改造，以下提個例子，說明行爲的發展，同受遺傳及環境的影響。

　　恆河猴一般是很怕蛇的，見到蛇時，會發生聲音警告同伴，甚至小心地接近，看它個仔細，但不敢靠太近。

　　到底這種行爲是天生還是學來的呢？蘇姍・米內卡（Susan Mineka）設計了一個實驗來驗證，她先用透明塑膠版做一個沒有頂蓋的方盒子，裡面可以放蛇，而盒子一邊的平板上，可以承載一些食物，猴子若從另一邊想拿到食物，必須伸手越過蛇的上方空間，但蛇沒辦法攻擊它。

　　有了這盒子，米內卡就拿實驗室豢養的小恆河猴來試驗之，餓猴看食物，就想吃，它若怕蛇，就不太敢伸手過去，結果是沒教過的小猴全無懼意，但若讓小猴看見另一隻猴表現恐懼，縱使這只是錄影帶上的大猴表演，下次小猴即表現恐懼，這表示猴怕蛇，乃經「社會學習」而來。

　　但情況不是那麼簡單，若在給小猴看錄影帶時，把影片中的蛇，換成一束花，而讓小猴看另一隻猴怕花，則小猴觀後，怕不怕花呢？

　　結果小猴並不怕花，這表示縱使有學習的機會，沒有「天生」的恐懼傾向，小猴也學不會怕花。

從這實驗，可見歐美兩學派觀點均有部分道理，恆河猴的基因遺產中，可能灌入了「怕細長動物」的天生傾向，但必須經「社會學習」也即是同類生物的傳授，才能讓恐懼成形，而猴的神經中，並沒有「怕花朵」的天生傾向，所以縱使有成猴示範之，也學不會。

現代對行為的看法，有一套精細的假設及論述，請看下節之說明。

二、行為是怎樣發展出來的

丁伯根和勞倫茲看到鷿海鷗輕啄其父母喙的尖端，其父母即會從嗉囊裡吐出部分消化的魚蝦餵它，小鷿鳥即貪婪的吞下，他們猜想鷿鳥該能認得父母整個身體形狀吧，但用紙版切個鳥頭形狀，只要喙上的紅點仍存在，就能引起鷿鳥啄紅點的行為，若只存鳥喙，沒有喙以外的頭部，仍能有九成的點啄率，若在鉛筆尖端貼上鮮明的條帶，雛鳥更熱心的啄之，似乎雛鳥只注意喙形及紅點，其他一概忽視。

他倆做了另一實驗，指出一些簡單刺激，就可以引發複雜行為，若從孵卵的雁鵝腹下，移出一個卵至半公尺之外，母鵝會伸頸向前，用扁扁的鵝嘴下顎壓住卵，慢慢將之滾回腹下，其次，他們只要給她任何略似卵的東西，母鵝都會毫不猶豫地將之滾入腹下，甚至若在半途之中，這物被人伸手拿走，母鵝的滾球動作仍會持續下去，直到完成。

丁勞二人於是認為，卵或類似卵的圓物體，給母鵝一個視覺信號，信號進入腦中的控制中心後，即發出伸頸取卵的動作，中途縱使物體已經不見了，整個程序仍然要依序做完，取消不得。

這兩組實驗記載在丁伯根1951年的《本能之研究》（The Study of Instinct）一書中，歐洲早期的行為學家對這種「本能」特別有興趣，因此將之定義為：「一種行為模式，縱使動物在之前，從沒遇見誘發之訊號，但第一次遇見這訊號，便能表現完整有功能的行為。」雛鳥啄母鳥喙上之紅點，嬰兒吸奶及母鵝取卵，都算是本能。

勞倫茲特別把「本能」稱之為「固定行動模式」（Fixed Action Pattern），原始德文之意義為「遺傳下來的協調動作」，把啟動行為的訊號稱之為「符號刺激」（Sign Stimulus）或「釋放子」

（Releaser），而把整個神經線路稱為「內在釋放機制」（Innate Releasing mechanism）。

這樣一個簡單的假設，已略有一些解釋能力，能說明動物一些傻乎乎、頑固或執著的行為，例如澳洲有一種黃色大甲蟲，雄蟲常被看到，試著與黃啤酒罐或黃色電話線警告牌交配，蟾蜍常抱著膠鞋的大腳指，試著交配，在這兩種動物神經系統裡，能刺激出交配行為的符號，可能即是「任何黃色物體」，或「黑色軟物」。在大自然中，黃色物體不多，簡單信號可能即足，不一定會弄錯。

在這種單純假設之下，是否能解釋部分人類的行為呢？新生嬰兒吸乳，是明顯的「本能」行為，而人類色情影片及雜誌氾濫，也堪稱為利用「釋放訊號」之一例吧！釋放男性性慾的視覺信號，可能是裸女，或是光滑之皮膚，或是某種肉體曲線，但不管是何種信號，真人實境方式是釋放慾望之正確時機，現代文明使得雜誌及影片也能放送這種信號，便能挑動男人情慾，花錢買之看之，可以說這些行業破解了「釋放行為之密碼」，並利用之，以此壓榨男人的錢財。

但單純的「固定行為模式」並不能當所有行為的範本，因為行為一旦從身體發動，常要依對象的相應行為而變動，例如獵狗追兔子，狗要不停偵知兔子的位置並改變方向，才能追得上，狗不會傻到直撲兔子的最初位置，固定行為模式不能隨對象或情境變化，雖然讓人看了，甚覺可笑，依然有其功能。

例如「求偶」行為的要求之一，是讓被追求的對方鑑定，是否為同種，若一項求偶行為表現得不典型，是否即被對象判為異種，而拒絕與之交配呢？所以科學家觀察金眼鴨雄性求偶時的摔頭後仰動作（Head tossing），其平均速率是一點二九秒，平均誤差只有零點零八秒，即95%摔頭動作皆在一點一三秒至一點四五秒之間，似乎這動作賦有鑑別同種的功能，是以在「天擇」作用下，使動作之差異很小。

除了這一個可能的限制外，行為在個體身上的發育，畢竟要與環境的訊號互動，然後才能順利達成這行為的目的，就以蜜蜂群內的工蜂為例，當它剛孵化時，第一個工作是清潔蜂巢，其次它可以給蜂的幼蟲餵蜜，再來就給工蜂分送食物，以及整理儲藏花粉，一直要到三週大，才

離巢收集花蜜及花粉，這分工現象，是由那些因素所決定呢？

這一系列分工現象，是否由內在基因的順序啓動而產生呢？拜現在微陣列晶片技術之賜，工蜂腦中基因活躍與否，可以測定，當護士期工蜂與覓食期工蜂的腦子被取出，然後測定其基因的表現，可發現約有兩千個基因，在這兩期的表現頗不同，其中有十七個基因特別不同。

但導致基因表現的不同，又有何內在因素呢？昆蟲學家很早就發現蜂胸部有一個內分泌腺，叫咽側腺（Corpora allata），它可分泌青春荷爾蒙（Juvenile hormone），當護士期的工蜂體內，此荷爾蒙濃度低，但覓食期工蜂體內濃度高，爲知道它的功能，用手術切除這腺體，可延緩工蜂進入覓食期之時間，而若年輕工蜂接受荷爾蒙注射，則會早熟出外覓食。從這現象觀之，似乎可以假設，蜂體內環境自有一個定時的裝置，可以控制咽側腺體分泌荷爾蒙的量，而由其量，間接控制神經細胞內各基因的表現，再由基因所表現之蛋白質的多寡，導致行爲改變，像一個自動機器，不受外在環境的影響。

但這個假設很快就破滅了，當研究者取同樣年齡的幼年工蜂一齊組成一個新蜂巢時，分工現象依然產生，有些工蜂持續當護士，不變成覓食蜂，但有些工蜂則提早兩週，即可出外覓食，可見社會環境能影響工蜂行爲發育進度。

那麼工蜂間互動是否重要呢？老工蜂是否抑制護士蜂的變化呢？於是研究者在新蜂巢內加入些覓食期工蜂，可發現這些工蜂越多，原護士期工蜂越不提早轉變爲覓食蜂。

接著更發現，老工蜂與年輕工蜂的互動，很是緊要，老工蜂把花蜜暫存在消化系統分枝出的一個囊裡，這囊也藏有化學品乙基油酸，當覓食工蜂回巢吐出花蜜時，巢內的護士蜂該會接觸之，這乙基油酸有延緩行爲轉變之效。

是以巢內若有老些的覓食工蜂，則可經由它們所分泌的費若蒙（Pheromone），抑制年輕工蜂的成熟，達成分工合作的整體效果，而若覓食者減少，費若蒙功效減少而荷爾蒙功效增強了，促進工蜂擔起覓食之角色。

在這種行爲發展之中，不易有「固定行動模式」出現，這一系列行

為轉換，必須由外部環境資訊之輸入，影響內在環境的節奏，套一句俗語，即基因與環境互動，方產生有利生存的行為。

若在行為發育過程，要由環境供應某種訊號，方能完成行為的目的，而這訊號又不是固定的，像前述的「符號刺激」（Sign Stimulus）或釋放子（Releaser），則這行為就涉及不同種類的「學習」，簡單的學習，如認識自己的母親，小鵝初孵時，就接納附近會動會叫的生物為媽媽，而人類嬰兒剛出生幾個小時之內，便會用眼跟著像臉的東西，這天生的行為傾向，該是腦內的神經聯結，在剛出生的時候，可以達到的某種狀態，隨著小鵝或小嬰兒的成長，對母親的認識更加清晰更加固定，即能分辨出自己的母親與其它個體的差別，同時對非母親產生恐懼或逃避行為。

另一種學習，則是讓某種訊號與食物聯結在一起，這對動物生存是很重要的，大老鼠（Rat）怎樣辨認眼前東西是否可食呢？它可以聞其他老鼠的嘴部，知道別鼠在吃何物，再依據其氣味而選擇，它也可觀察其他鼠在何處進食，而選鼠氣較旺的地點進食，它也可少量試食不熟悉的食物，待身體沒有不適後，再大量進食，這種學習，也是讓大老鼠的先天行為傾向（嗅別鼠吃何物），配合上環境訊號（食物），共同完成一項進食的行為。

另一種略複雜行為，例如鳥唱歌，則需向同類長者學習，這就叫「社會學習」，但它仍是內在行為傾向與環境刺激的互動，蒼頭燕雀（Chaffinch）雄性會唱歌，但若人工孵育雛鳥，讓它沒機會聽到年長雄鳥唱歌，則雛鳥長到八個月大時，也會開始唱歌，雖與野生鳥所唱大不同，但其長度、頻率、分節皆相似，只是細節不一樣，若人養的雛鳥出生後幾週內，聽到一次野生雄鳥的歌唱，則八個月後此鳥就能唱出與之極接近的細節，似乎雛鳥能深深記憶這一次聽歌經驗，雖事隔多月，仍能在試唱時，以之為範本，一再改進。

這種行為的發育，又顯示內在神經聯絡，先有個雛形，再經由外來信號，使此行為更加精確，內在環境及外在環境互動，缺一不可。

行為學派的心理學家認為外在刺激若與另一刺激相連，則動物能學習這新的外在刺激，這就是所謂「古典制約學習」，例如敲鈴後拿食物

給狗吃，如此多遍後，敲鈴後縱使不拿出食物，狗唾液腺還是會分泌唾液。這個實驗讓人以為，只要時間緊接在一起，任何信號都可引發「古典制約」的學習。

但這麼一個單純的假設，也遭實驗無情的打擊，葛西亞（Garcia J.）讓大白鼠吃或喝特殊口味的食物，然後照它X光，使它感到體內不適（噁心），那之後大白鼠再也不碰這類食物或飲料，另外讓它聽一個叮噹聲或見某種光，隨即電它一下，則大白鼠也很快學會躲起來，但若將叮噹聲與體內不適擺在一起，或把特殊食物與電　放一起，則大白鼠怎樣都學不會兩者的關聯，不管被電　多少次，它還是要吃這特殊食物，不管身體再不舒服，也不會與叮噹聲連在一起。

這個實驗明白指出，縱使是單純的古典制約式學習，外來信號要與一項行為聯結在一起，必須看它內在環境是否允許，若沒有先前存在的神經線路，則制約學習也不可能，大白鼠的祖先是挪威大鼠，它體內的不適較易從飲食有毒物質而來，因此一旦吃了令它不舒服之物，鼠容易學會，而外來的聲音或光影，代表外來的天敵，易引起外傷，因此也易學會聲音與電　的關係，它的演化過程中，較不易碰見聲光與腹痛噁心的關聯，所以再怎樣訓練也學不會。

這實驗明白表示，沒有基因所預先構築的神經線路或生理環境，則學習並不可能，唯有演化過程中，讓行為預留與外在刺激互動的可能性，否則行為就沒有那麼多的彈性，但許許多多行為在發育過程中，也必須有彈性，方能適合動物當時所處的環境，使行為一旦表達，即得到預定功能。

歐洲動物行為學家初期所描寫的「固定行動模式」確有解釋能力，但不能用在所有行為之上，反之行為學派的「學習」理論，也受到很多限制，動物的基因及演化史，決定動物能否學習，鴿子雖能打乒乓球，但與人一起生長的黑猩猩幼兒，再怎麼教它，依然學不來人的語言。

三、從「行為研究」到探討人性

第二節已粗略地描繪了科學家們近年對動物行為的發展過程的研究

成果，所提出來的理論，是「遺傳與環境互動論」，也即經由個體的神經系統依照基因藍圖逐步建構，加上環境的刺激，使得行為發展成熟，達成生存或生殖的某些目的，依據行動與環境互動量的多寡，某些行為可以是單純的「固定行動模式」，而有些行為需要學習，方能完成。

因為人類對自我之關切，常重於對動物或對他人，因此多希望對人有更深的了解，例如學者易中天即認為，所謂人才，即對人事有深刻的掌握，他談曹操謀士郭嘉時說：「我們已經不難看出郭嘉為甚麼能料事如神了。原因很簡單，那就是他把人家琢磨透了。他看透了袁紹，看透了呂布，看透了孫策，看透了劉表，也看透了袁尚和袁譚，這才敢迭出險招。也難怪曹操說郭嘉：『見時事兵事，過絕於人。』其實時事也好，兵事也好，說穿了都是人事。只有精于人事，才能明于時事和兵事啊！」（出自品三國）

人事當然並非人類知識之全部，而智謀也不止於推測人的行動，但在人群間博奕對局時，瞭解對手舉動確極重要，因此「人性」即為極多人關切，也是近來科學家研究的對象，但「人性」如何定義呢？

依照維基百科全書，現在的「人性」（Human Nature）一辭撰稿者說：「是一組包括思想及行動的心理特徵，這一組特徵乃所有正常人類共有，與研究人性有關的科學，包括社會學、社會生物學以及心理學，而心理學內『演化心理學』及『發育心理學』特別有關，另外哲學家及神學家也曾研究人性。」

「共同心理特徵」可算是多數人能接受的人性定義，是以學者布朗（Donald E. Brown）曾寫過一書《人類共有特性》（Human Universals），列出近四百種人類共有的特殊行為。

現代學者威爾森（E. O. Wilson）是點燃當今科學界研究人性興趣的關鍵性人物，他於1977年發表「論人性」，及設法用演化生物學觀點，解剖出人類共同心理特徵的起因，後來又在《融通：知識的統一》書中建議，讓各科科學家合作探索人性，他將人性定義為一組心理發育模式，既受基因影響，也受非基因但能遺傳之因素影響（Epigenetic factors），例如他說文化現象，諸如儀式、藝術等，雖非人性的一部分，但是人性的產物，對藝術的賞析，也是人性一部分，他認為宗教，

亂倫禁忌，侵略性等皆可用「化約論」的方法予以研究。

既然人類共通性如此重要，何以千百年來經哲學家神學家及科學家之研究，仍然少有共同意見，無法寫成「人性教本」應市？何以揣摩人的行為，仍然是古代謀士如陳平、賈詡、郭嘉、諸葛亮等的特長？

第一個明顯的原因，即是人類行為的變異極大，有「義士不忘在溝渠，勇士不忘喪其元」的俠，也有聞風而逃、聞戰鼓慄的戰士，有忠孝的典型，也有弒父的個例，不易找到共同性。

第二明顯的原因，是同理心有所限制，一個人縱使能體會別人在某一簡單情境下的情緒，如痛苦或快樂，但通常難以知悉別人過往經驗以及切身利害之算計，因此難以猜測出別人將有何種思考及行動，而何以人無法將自身處於別人的立場，進而做衡量呢？我們可以試想，人在不同性別、身分、地位、職業，其所面臨的環境該有大不同，因之而產生的反應也不同，雖然其生存生殖的基本條件利益不變，臺灣現流行的諺語「換了屁股，就換了腦袋」，很傳神的顯示，別人面臨的環境，並不易推測得知。

第三個明顯的原因，該是構成「固定行動模式」的那部分人性，或者太粗淺，而無進一步探究之必要，例如飢則求食，渴則求飲，飽暖思淫，反之非「固定行動模式」的部分，確為有趣，但有極大變異，不易猜測。

第四個原因，該是人的思考，或心理傾向（Predisposition）雖是人性一部分，但沒表達為可見之行動，所以難知。縱使人性難知，但純粹為了求知，或為了其應用價值，諸如為教育治安或經濟政治博奕，皆有必要用現代科學知識，試著來了解人的共同心理特徵，及其千變萬化的行動。

四、與性有關的人性

現代的心理學有一支，試著利用演化眼光，分析人的行為，這就稱為「演化心理學」，它算是研究「人性」的領域之一，它的研究方法之一，即是以問卷調查蒐集人的態度，再與演化的邏輯推論比對。

　　前已提過，情緒、態度雖然沒有表達而爲行動，但已足以造成後果，例如慾望驅迫人去做一件事，但道德感抑制之，使人不做壞事，因之也可算是「有後果」的行爲，所以縱使沒有行動，情緒、態度、慾望等內在衝動，依然是合理的研究對象。

　　有性生殖是目前人類唯一的繁殖之道，所以天擇必然施予人類及其祖先長久的選擇，以是是否會產生很多的「心理傾向」或「遺傳的固定行爲模式」，以促進生殖成功呢？達爾文早就觀察到「性選擇」的現象，但明確提出雌雄生殖邏輯不同，倒是1950年的英國學者貝特曼（Angus J. Bateman）。

　　他認爲雌雄各自所生的生殖細胞（或稱精子或稱卵子，但都統稱爲配子）既然有了專業分工的現象，也即卵子富含營養，體型大且不會運動，而精子除了染色體外，不帶其他營養，但有強的運動力，因而雌所造卵不能太多，且要妥予保護，雄所造精子可以多些，且需積極尋求與卵結合，這種卵子靜而大，精子動而小的態勢，存於許多動物之中。

　　到了哺乳類動物，保護這些珍貴配子的附帶適應更多了些，卵子一旦受精，即留在雌體內發育，發育時又供應它母體的養分，因之雌性所投資於生殖上的時間及資源更多，但相反地！雄性的投資，不過是幾毫升的精子，也不負懷孕之責。

　　貝特曼因此推論，既然雌性以大量資源投資於此，而她所需求於雄性的，不過是一顆良好的精子，所以雌性得謹慎矜持且精挑細選，以擇一可以供應較佳精子的交配對象，而且一個對象即已足夠，但雄性既然投資極少，他倒可以積極獲得許多交配對象，方能增加生殖機會，因此貝特曼認爲，雌會仔細挑雄，多雄的交配對象不怎麼影響雌的後代數目，但雄性若增加配偶數，即可大幅增加後代。

　　翻開人類歷史，男性有權力時，確能大增其妻妾數目，例如晉武帝，後宮將近萬人，其他如漢靈帝，吳歸命候等人也甚有名，但女性有權時，如武則天，配偶仍很少，幾位而已，表示人在縱情肆欲時，男女差別仍然存在。

　　而男女所能得到子女數，亦有極大差別，歷史上最多子女的人是摩洛哥的嗜血皇帝莫雷‧依士美（Moulay Ismail），他有八百八十八個有

記錄的後代，而最多子女的婦女，則是十九世紀墨斯科一女，每次皆生三胞胎，共生六十九人。

縱有歷史上的極端記錄，帝王的實際后妃數目仍遠低於最高值，似可察見文化上及生理上仍有各種限制，使權力極大的男性難以盡性，反之若觀察古今有文獻可徵的社會，實際仍以一夫一妻爲最普遍，一夫多妻爲少數，吾人可以假設，慾望雖然驅動人去行動，但由於人是社會性動物，他行動的可能性即受到他所能支配物質的多寡，與他互動的人們之支持或反對，而受各式各樣的限制或改造，歷史上所出現的極端狀態，當能建立此種「人性傾向」最大發揮下的極限，不易再跨越了。

既然人類社會大多數配偶仍然是一夫一妻制，則男人這尋找多重交配對象的傾向，是否造成一些「婚外情」或「私通」的現象呢？這「婚外情」的邏輯，對男性而言，如果他多找到婚外交配機會，可能多些子女，而且可由另一位未曾察覺妻子偷情的法定父親來撫養，減低自行照顧的辛勞，而對女性而言，情夫可能比丈夫更帥更有錢更羅曼蒂克，可提供金錢、情感、欲望等不同層面的資源，因此也是有價值的。

最早在科學上獲得人類婚外情普遍存在的證據，來自一個意想不到的研究，美國某著名的醫學科學家，在1940年代後期，想研究血型的遺傳模式，便到某著名醫院的產房，蒐集一千位剛出生的嬰兒血液，以及其父母血液，然後再定個別血型，依孟德爾遺傳律分析。

令他吃驚的，是有一成嬰兒的血型分子既不屬父也不屬母，明顯來自另一個男人，由於1940年代美國社會遠較今日爲保守，尤其是性方面的禁忌多，故這位科學家一直不敢公布這研究，直到數十年後才敢告訴同儕，但這時已然有好些個研究出爐，指出英、美出生嬰兒約5%-30%是婚外情而來。

在動物群體裡，一夫一妻且長期共同居住，人與一些鳥類頗爲相似，反不像其他大猿類，因此觀察這些鳥類的行爲，可以對人類行爲有些啓示，第一個早期研究，是觀察美國德州的豬島（Hog Island）上的大藍鷺及大白鷺，雄鳥建巢後努力吸引過往雌鳥，待雌鳥也同意交配及產卵後，雄鳥居然趁雌鳥覓食時，向過往不知情的雌鳥求偶，若此時原配回巢，就把新雌趕走。

另一個在密西西比州的研究，是關於當地的小藍鷺，婚外情狀況比前例嚴重，因巢巢相鄰，所以雄鳥覓食時，隔鄰雄鳥便過來求偶，雌鳥本來拒絕，過一陣子也就不抵抗了，交配次數甚至多於婚內交配，但每次交配只有八秒鐘，而婚內合法交配則有十二秒鐘。

第一種情況，大白鷺雄鳥的行為，還可以解釋為「離婚保險」，怕原配雌鳥一去不復返，便在巢中順便勾引一些路過的雌鳥，而在第二研究例子中，小藍鷺已經確保他當父親的權力，但又想去侵奪鄰居的父權，真是占盡便宜。

這一種生殖邏輯的確也可以適用人類社會的一夫一妻制度，而且證據指出，有5%-30%的嬰兒非法定的父親所生，因之人類婚外情事常發生之事，而人演化出何種心理傾向來因應呢？

嫉妒是一種情緒，一旦點燃起來，就可能驅動人去行動，以消除嫉妒的起因，男人為保護播種的權力，對配偶與別位男人的互動，特別敏感，以防止他們發生交配行為，這種避免戴綠帽的心態，該是相當普遍的，女人也有相似情緒，傳說唐太宗賜侯君集美女，侯夫人寧願飲毒以死反對的故事，正說明「吃醋」是存在的。

各種古代文化中的反通姦法律，也可反映在這些社會中，保護男性生殖權的用意，這些法律定義通姦與否，要參照女方的婚姻地位，女方必須是已結婚的，才算通姦，而與男方的婚姻狀況無涉，另外此罪受害人，是女方的合法丈夫，因此法律規定受害人，可以訴請賠償，甚或允許當場激烈的報復，例如打殺姦夫淫婦，甚至到了今天，英美法官對於這種情況下的殺人行為，仍常處以較低刑罰，甚至予以無罪開釋。

有些文化中，男人也用較直接的方法來保護父權，例如求婚的男方，常要求女方是處女，以避免被別人播種，而女方父母也極注重女兒守身如玉，以免降低她的市場價值，又例如中國社會要求婦女貞節，對男人反沒有類似要求，地中海沿岸國家也有「榮恥」信條，以女性的婚外情為恥，構成對男性榮譽的挑戰。

而更極端的以文化表現「性嫉妒」情緒事例，則為歐洲中古時代的貞操帶，其鑰匙由出征的男人拿走，而今日仍有二十三個國家，由非洲到沙烏地阿拉伯至印尼，男人縫起女人大陰唇，使留極小縫排泄，也阻

止了交配，或割除婦女陰蒂或大部分外陰部，使婦女興趣降低，視之為痛苦、污穢或羞恥。

這些均可視為男人為了消解「性嫉妒」的情緒，經由文化而產生的不同措施，但縱使此種防止配偶婚外情的情緒普遍及強烈存在，卻並非無可遏抑，歐美在性解放時代的「換妻俱樂部」該為事實，雖然僅限於極少數人，則表示部分男人，為追求更多個性的對象，居然可以壓抑「性嫉妒」，人性之可變，是否也可見其一斑呢？

另外我們也可以觀察到，男人尋求許多交配對象的心理傾向，與防止自己配偶與人交配之情緒，常常在同一個人身上展現，但若以「己所不欲，勿施於人」的標準來檢驗，或是以一個外在的「正義」原則來衡量，兩種情緒該互不相容，這就可以提示另一個人的心理特徵，即各種情緒的出現，可能依情境而獨立產生，並沒有一個中央理智檢驗中心，以比較兩種想法是否互相矛盾，而應該壓制其中之一，這種相互矛盾的心理傾向並存，頗多事例，以後隨機提出。

人類近代社會，既然大致以一夫一妻形式存在，則男擇女以及女擇男，也就有存在的必要性，因為男人在沒有巨大權力或財富之前，畢竟要受限於環境，只能娶一妻，而女人可能面臨更受文化所限制的處境，其選擇配偶之權都不一定能掌握於自己手中，是以會演化出男選女及女選男的特殊眼光嗎？

男選女的眼光之一，可以從「系列多妻制」看出端倪，這乃是男人因喪偶或外遇離婚而娶第二、三位妻子之意，財經社會地位較高的男人，續妻時，「慕少艾」心理容易浮現，例如現代名人梁實秋、李敖、楊振寧、馬悅然等人，都能娶到年齡差距不小的女人，美國一位富人自誇三十年換一妻，而每次妻子初嫁時皆只有二十多歲。

這種「娶少艾」心理傾向，演化心理學家因生殖力與以解釋予以解釋，青春期以後，至三十多歲，是女性最健康最有生殖力的時期，男性擇偶若偏重此期女性，則容易生產後代，密西根大學心理學家巴士，用問卷調查許多社會之中，男性之擇偶偏好，也證明這一點，目前躍上大眾媒體的花邊新聞，少男娶老妻，一則正好反證這種事例稀少，另也指出縱有「慕少艾」的心理傾向，仍能以其他因素的考量，予以壓制，這

也符合英國聖安德魯大學動物行為學家史累特（Peter Slayter）所說的一句不太像科學的話：「基因影響所有事，但不決定任何事」。

另一項男性擇偶的條件是「美麗」，這在許多對大學生的問卷調查中，很明確見到，男性要求女友外表吸引人的比例，遠高於女性要求男性配偶英俊的比例，而且有個持續了五十年的美國研究，從1939年到1989年，約每十年做一次調查，也發現男性極重視女生這一條件，而女生只認為俊男還不錯，但非重要條件。

這一項「美」的喜好，到底與生殖有何關係呢？有個理論認為發育均衡代表身體健康，而臉部左右均衡對稱，常使人覺得比較美，另一項理論，認為婀娜的身材，尤其是腰圍為臀圍70％左右，最有吸引力，這比例不但指出這女尚未懷孕，而且指出她青春期內分泌系統活動早，且結婚後較易懷孕，而另一項醫學統計也指示，腰臀比例是婦女長期健康的指標，腰臀比例低的婦女，得高血壓、糖尿病、心臟病、中風、膽囊疾病等的比例較低，「美麗」及「婀娜多姿」是否真與生育及健康有關，當然未成定論，但男性著迷於這身體特徵，又似乎是普遍且持久。

至於女生的擇偶條件為何？前面的分析，指出女人該為其卵子找個好精子，但除了精子之外，人類胚胎長期的發育，嬰兒出生之後，更長的依賴期，均需有人幫忙及帶回食物，所以若女人不謹慎的選擇，則其生殖事業將不易完成呢！

想想看遠古狩獵採集時代的女人，若她不慎擇偶，則面臨被男人打、沒有食物、生病、孩子被虐待、被男人拋棄的命運，相反地，如果她選擇正確，則不但有較多食物、保護、而且子女也受更好照顧及教育，所以女性擇偶謹慎，該是她較佳的生殖策略。

但今日性較為解放的社會中，這種女性「謹慎擇偶」的傾向，似乎不見於一部分女性中，臺灣近年未婚懷孕少女日多，每年生下嬰兒之比例，冠亞洲各社會，明顯指出，前述擇偶心態，並沒遍及所有女性，也同時顯示各種教育機制，如家庭、學校或社會，若沒積極教導少女，則她們難有理智的抉擇。

而如何選擇男性，以得到食物、住屋、照料及對子女的教養呢？諸多特徵可看出男性是否可能帶來這些資源，例如：很有財富、社會地位

高、教育程度高、成熟的年齡、野心大、工作勤奮、可靠穩定、脾氣投
合、身材高大、身體健康、聰明等等，以上條件均可以指示，未來的配
偶有可能帶來資源。

家裡富有或出身豪門，常是一些拜金女要求的第一條件，這其實風
險頗大，男人與其財富沒有持久關係，小開好賭，可能一夜輸光家財，
天災與人禍也可摧毀祖業，因之男性目前的財產，遠不如其未來的財產
可靠。

財產以外的其他條件，如健康、聰明、勤奮，該比現有金錢佳，較
可帶來未來穩定的財貨及時間，但縱使男人有這些條件，能保證他未來
能完全投注於這一特別女人及她子女嗎？這真是難以預期的，很多女人
因此要求「承諾」，要求男人發下誓言，必然將所有賺來的錢，及工作
以外剩餘時間，完全投注於妻子及子女。

語言承諾遠不如書面契約，但契約仍然只是一張紙，容易一撕而
破，如何從承諾中，見到一絲真信號，表示承諾不跳票，這就是文人所
歌頌的「愛情」。

雖然「愛」沒有實物，無法測量，但這觀念在人類各種文化中廣
泛存在，例如人類學家簡科維亞科（Willian Jankowiak）研究世界上
一百六十八種不同文化之記錄，發現約有90%，有羅曼蒂克的愛，而其
餘約10%文獻不足徵，似乎關於「愛」的思想，情緒或行動，可以由人
的敘述及行為中得到肯定。

愛的行動由於表達給別人，可以客觀的認定，因此巴士曾要加州大
學及密西根大學之學生指出，何種行動算是愛的表現，他們認為「承
諾」最重要，而表達承諾之誠意，有數項行為，其一是忠貞，縱使兩人
分隔兩地，仍忠於對方，這忠貞表示，性方面的資源，只開放給所愛的
一方，絕不給他人，另一是把財貨等資源，輸送給對方，例如買給女生
昂貴的禮物或鑽石，這意味男生確願輸送金錢，以建立長期關係，而第
三項行為是給對方以情感支持，如對方煩憂時陪伴在側，或傾聽對方的
問題，幫忙她解決之，所以這種「承諾」是輸送給對方自己的時間及精
力，不惜自己有所損失，而最後一項行為，則是生小孩，常由女方表
示，想為男生生個小孩，則這種承諾的確很大，不止表示「傳宗接代」

上要互相合作，而且願意承擔極大的己方投資，如失去「市場價值」、負擔懷孕辛勞，甚至多年養育之苦。

　　因之大家公認的「愛」的行動，以表達「承諾」最重要，即向對方展現將性、財產、情感及遺傳的資源全部奉獻之決心，這個底牌果然能擊敗其他條件，以贏得女人芳心。

　　以問卷調查德州女子大學生，在一百項特徵中，女學生最強調的，即是未來丈夫必須對她有愛情，而另一項國際調查也確證，女人認為要有愛，才能結婚。

　　從以上分析，我們可以猜想，何以臺灣有如此多未婚少女懷孕的現象了，第一該是男生的軟硬兼施，第二該是少女被「愛」的情緒衝昏了頭，根本沒理智想像「性」以後產生的諸後果，精心算計的「拜金女」或更加高明的諮詢父母的乖乖女，比之這些少女，算是較能以理馭情的吧！

　　如果以上分析尚有道理，則老師們未雨綢繆，讓學生知道性的後果、愛之起因、以及擇偶之目的，是否有所助益呢？少女談戀愛及懷孕，常因家庭解組，父母無法提供管教、經驗及就學的資源，以致迫使少女從家庭以外，方能獲得金錢及感情的支援，也同時步入被「愛」所迷，進而發生性關係及懷孕之情境，這種「家庭解組」現象，不易由學校老師防範或修補，但深入的注意及關懷，仍有可能改變她所面臨的環境，本文一直強調行為乃由個人遺傳天賦與環境互動而逐漸產生，環境一旦改變，行為也可以改變。

　　人雖然是靈長類大猿之一種，與小黑猩猩（Bonobo）、黑猩猩（Chimpanzee）、大猩猩（Gorilla）關係最親近，但雌雄配對的方式大不相同，大猩猩很不成群，同常由一雄數雌及幼兒構成家庭，與其他家庭分占不同領域，因之兩雄相遇時，氣氛不佳，黑猩猩倒成群行動，由幾個成年雄性及幾位雌性組成，雌發情時，屁股變紅，招來許多雄性與之交配，但人類群體中，依然是一雄一雌組成固定家庭，這種社會組織略像獅子群或狼群，即多雄多雌共同組成一群，但在配偶之方式上，又不同於獅子或狼，反像海鷗或企鵝。

　　由於這種奇特的社會及家庭組織，人類有些奇特的性行為，例如女

性並沒有發情期，不會有發情期的紅臉或紅臀現象，也不知何時排卵，因之任何時間，亦即不分季節不分日夜，都有可能發生性行為，甚至此種行為主要非為生殖而做，多為快樂而行。

這些性質與黑猩猩雜交性行為不同之處，在於雄性專享它與配偶的交配權，因之較有把握確知他是這配偶所生嬰兒的父親，因而願花時間、精力及物質於這嬰兒身上。

有一假設試著解釋這諸多奇特的性行為，人類近兩三百萬年以來，智力需求增加，而腦神經細胞數目要大幅增加，但嬰兒頭太大的話，無法通過母親產道，其解決之道，便是在腦發育尚未完成時，便早些分娩，以致初生嬰兒依賴大人養育時間增長，如此重負，母親一個人難以肩挑，必須父親大量幫助，是以女生必須用「性」為誘餌，吸引男性長伴左右，幫忙育兒，也為了不讓男性偵知可受孕期，是以隱蔽排卵的外在徵像，更沒有發情期。

男人的父親是擇偶及生育賽局的勝利者，上溯千萬代皆是勝利者，女人上溯千萬代，其母親也是長勝者，「性」心理上有些固定傾向，應屬合理，但因應外界環境變化，而有不同的表現，這該是「性」方面的人性，迷人又難以預測之處。

五、群內的暴力傾向

要定義暴力頗不容易，若將暴力指涉為以物體傷害人類，則對寵愛動物的人而言，是很大的傷害，因為人對動物及植物受傷害都會深深同情，以及氣憤加害者，而語言的傷害能力，也能達到痛徹心扉的地步，但若要包含語言的責罵於暴力之中，老師父母如何拿捏其分際呢？有些小孩不在乎責罵，而有些小孩一受小責備，即行自戕，這表示行為後果之嚴重程度，與接受者的身心強韌度，均有關係。

為免在定義上受阻，暫將暴力限制為對同種動物產生死傷後果的行為，防止對方生殖之行為，當然等同於基因上殺死對方，但與一般觀念不符，故予排除。

勞倫茲曾提出「儀式化」一概念，以解釋同種動物之間的競爭，為

免產生死傷，降低了個體及同種之生存率，因此演化出儀式化的打鬥，以比身高身長，比叫聲大小，比頂頭之力量等等方式，來決定是誰獲勝，因之可以占有領域或贏得交配的權力，排除了對方相同的要求。

儀式化競爭的確存在，但未能涵蓋所有的競爭方式，使對手受傷或死亡，依然是常存的，甚至是更有效的，一旦殺死對方，它的肉可以吃掉，它的領域可予占領，它的配偶可以強占，這種邏輯雖然殘酷，但也有其道理，端視環境是否允許之。

例如虎蠑螈（Tiger Salamander）在發育過程之中，如果同一池塘內的幼螈很多，且幼螈年齡相差不小，以致體型差異略大，而且同一父母所生的兄弟姊妹在此池塘並不多，則其中個頭較大的幼螈，就變型為專吞同類的「暴力螈」，頭及口均變大，以便吞噬較小的同類。

這種專殘害同類的發育策略，大有其好處，它可以獲得高品質蛋白質，又能減少現在及未來的競爭對手，一舉數得，因此虎蠑螈就有兩套發育策略，若環境與以上所言不同，則幼螈以捕食小蟲小魚維生，與同類和平相處。

如鷺鷥與海鵝等鳥類，同窩小雛鳥間，有其競爭之處，這一般人稱之為「該隱」現象，在基督教的舊約聖經裡，該隱殺了兄弟亞伯，因而稱兄弟鬩牆為此名，研究白鷺的莫克（Douglas Mock）曾有下段描述：

「兄弟相鬥有很多形式，端視失敗者怎麼承認，而且多快的承認失敗，最簡單的打鬥，可見兩方優劣勢漸漸明顯，而敗方也不再反擊了；另一種鬥法，弱方反擊力道漸弱，最後被打也不報復了，只是蹲得低低的，這時勝方攻打力量強弱，就全看他自己歡喜了，有時追著啄敗方，敗方哀嚎，繞著巢逃，或則遮起頭臉，勝方也會叼起敗方的頭或頸，用力向下摜。敗方常被啄得禿頭，上面蓋了凝固血塊及鮮血。」

白鷺雛鳥剛孵出時，食物可能尚夠分配，因此沒有打鬥，但逐漸長大且食物不足時，便激烈打鬥，直至死亡。

在這種情況下，白鷺父母何以不干涉呢？干涉後豈不讓全窩雛鳥都能生存嗎？但我們得考慮這些孱弱的鳥，還必須與別窩白鷺鳥進行生存競爭，父母推出三四隻必然失敗的子女好呢？還是推出一隻勝算大的子女，從嚴酷的天擇邏輯，就可知何以小鳥父母並不干涉這兄弟相殘的慘

劇，甚至在孵卵時，讓卵間隔孵出，創造了這種兄弟間力量懸殊的情勢，天地不仁，以萬物為芻狗呢！

同窩兄弟之間，基因相似可能性很高，從完全相同到完全不同，端看分配父母染色體時的機率，因之平均相同機率是一半，即百分之五十，照理兄弟們間該互助互愛，但情境不佳時，食物不足，便使雛鳥開動另一種生存策略，打鬥至死。

人類兄弟相殘，情境亦多，如皇子之間爭奪皇位，可以互殺，雖以唐太宗的理智，也難逃這無可避免之邏輯，另父母留下很多遺產，也令兄弟反目，臺灣有一富人過世，後代爭產而不予下葬，曝棺多年。

殺嬰現象已發現在五六十種動物內在存在，而研究較詳細之例，則為雄獅殺嬰，一群獅子由一兩隻大公獅與數母獅小獅組成，小公獅成年後被逐出出生之群，成為浪人獅子，它必須一面生存一面練習打鬥技巧，以侵入別的獅群，趕走在位當權公獅，方有生殖權，為此它常與兄弟結伴，一起幹。

入主獅群後，若母獅仍在哺育幼獅，則母獅不發情，也不懷孕，這對當權公獅是極大障礙，因新王當權，平均不過三年，若不能大肆生育，待到被新公獅驅逐出群，豈不輸了生殖之競爭。

故公獅會趁母獅不注意時，咬死幼獅，此時公獅並不吃掉小獅屍體，可見其行為目的並非為食物，母獅長久投資一旦喪失，即可發情，為新王生殖後代。

動物行為難用人類道德標準予以衡量，公獅殺嬰，因其基因與公獅無關，母獅並不含恨與公獅算帳，也因這行為並不符合長期生存及生殖利益，人類既有道德感，是否能避免殺嬰呢？

西洋童話裡有白雪公主及灰姑娘，中國二十四孝裡有舜及閔子騫，都是小孩被繼母凌虐的故事，但有無事實根據呢？很多演化心理學家認為繼父或繼母對非親生子女，一定愛心不足，因此一對夫婦（Martin Daly & Margo Wilson）用美國人道協會所蒐集的虐童資料分析，發現在虐待至死的嚴重例子中，一親一繼父母家庭比之兩位親生父母家庭，殺嬰比例約高一百倍之多。

當然這是以出事家庭間互比之資料，有殺嬰事件之家庭仍然是所有

家庭中一很小之比例，一般繼父母雖然沒有表露出太多父母之愛，但顧及配偶之監視，不致使偏心擴大到殺人之境地，臺灣數年前轟動的「邱姓女童」人球案，是被母親同居男友所揍死，就含有數個「殺嬰」的主要特徵，即父母教育程度低、貧窮、酗酒或吸毒，施暴者為男人。

　　家庭該是和樂相處互助成長的場所，但基於各成員的個別生存及生殖利益，也會出現暴力現象，而暴力之施行者，似乎也依其內在心理傾向以及外在環境而表現其行為，從當老師的立場來觀之，若自己學生處於易爆發「暴力」之家庭，必須及早防範，消弭暴力於未發之時。

六、群間的暴力現象

　　戰爭與族群屠殺（Genocide），不絕於中外歷史，這是人性的一種特徵嗎？若是！則是否有改變的可能？若不是，則有何原因使其持續發生呢？

　　西元1994年發生於盧安達的大屠殺只是二十世紀發生的諸多大屠殺之一，從1950年以來涉及數千人至數百萬人死亡的大屠殺，即有二十起左右，而這尚只是最近五十年沒有世界大戰規模之衝突，只有地區性小衝突，而即在各國記者注視下所發生的，若反溯至二十世紀以前，當新聞報導不迅速不普及之時，所發生的因群體間略有不同所造成的屠殺，當不在少數。

　　盧安達之大屠殺經記者學者的研究，已有一些分析及敘述出現，現即依照戴蒙（J. Diamond）的敘述，簡介其歷史，盧安達及蒲隆地在被西方帝國殖民前，大致有兩個群體，即胡圖（Hutu）及圖齊（Tutsi）族，早期大致以職業而有所區別，胡圖人務農而圖齊人畜牧，據聞胡圖人先到盧安達及蒲隆地，是由西方及南方移入，而圖齊人略後到這兩地，是由東方及北方進入，有人說兩族人有一些體型的差別，胡圖人略矮、寬壯、較黑、扁鼻、厚唇及方下顎，而圖齊人略高、瘦細、略白膚、薄唇、窄顎，胡圖人占85％，而圖齊人約15％，西方帝國侵入之前，圖齊人有政治支配地位，因之德國於1897年進占，以及比利時於1916年取代德國之後，均認為圖齊人較像歐洲人而以之為統治代理，在

1930年代比利時殖民當局要求每人都帶身分證，而且註明是何種族，因之正式化且強化了以前的分野。

1962年兩國從比利時獨立時，胡圖人要推翻圖齊人的支配地位，兩國發生大規模殺戮，兩群互殺，在蒲隆地圖齊人仍保有支配地位，但1965及1970之兩次胡圖人反叛，依然殺了不少人，在盧安達胡圖人推翻圖齊人，在1963年殺了兩萬（或僅一萬人，數目不準確）人後建立胡圖人掌控之政權，但其後二十年，約百萬盧安達人逃亡到蒲隆地，其中大多為圖齊人，而部分圖齊人也反攻盧安達，造成更多報復性的屠殺，即胡圖人殺圖齊人，直到1973年胡圖將軍哈比阿里馬那（Habyarimana）發動政變，推翻原胡圖主導之政府，他採和平手段，不屠殺圖齊人，造成十五年的安定及繁榮。

但因盧安達人口密度本已極高，三倍於非洲第三高之奈及利亞，十倍於隔鄰之坦尚尼亞，1980年代末，乾旱及環境破壞（森林破壞、土壤流失及地力喪盡），再加上1989年咖啡及茶葉之國際價格大跌，導致經濟衰敗。

此時哈比將軍便以東北方圖齊人由蒲隆地侵入為藉口，大捉及捕殺反對它的胡圖人及圖齊人，以強化他自己派系的控制，這內戰又創造了百萬難民，難民營中青年飢餓又憤怒，多加入了民兵組織，到了1993年交戰各方在阿魯沙（Arusha）和談，協議政府權力由各方分配。

但哈比將軍一派的人並不滿，親它的商人偷偷買進了五十八萬一千柄斧頭，分配給胡圖人，準備殺圖齊人，而比哈比更極端的胡圖派系，也不滿哈比的寬容政策，因之也進口武器，訓練民兵，準備殺光圖齊人，此時蒲隆地政權大變，蒲隆地剛選出一個胡圖人總統，立即被極端派圖齊人殺了，導致在蒲國，兩方殺來殺去。

點燃火藥庫的一根火柴，是以兩顆飛彈方式出現，1994年4月6日晚上，哈比將軍與蒲隆地代理總統在坦尚尼亞會談後，同機返國，在機場上方被飛彈擊落，機上所有人都死了，這飛彈到底是由誰發射，到現在都不知，但很多派系都有殺它的動機。

一小時之內，胡圖內極端派系立即殺了胡圖總理及其他溫和派胡圖官僚，占領政府及電臺，開始屠殺那仍留在盧安達的兩百萬圖齊人。

　　先由胡圖軍中的極端分子以槍殺戮圖齊人，但這太沒效率了，因此他們組織平民胡圖人，用電臺廣播方式，號召胡圖人「殺盡所有蟑螂」，也要求圖齊人聚在一齊接受政府保護，而其實是聚而殺人，胡圖極端分子散發斧頭，要平民在街頭砍殺，甚至挨家挨戶找出倖存者殺之。

　　最大規模殺戮，發生在教堂、學校、醫院、政府機關等所謂安全地點，胡圖人包圍之，砍死或燒死避難的人，甚至盧安達天主教各級領袖，或沒保護圖齊人，或積極聚集圖齊人，然後轉交胡圖人殺光之，聯合國本有一小支駐軍，此時都撤走了，法國政府送去軍隊，卻偏袒政府這一方，美國拒絕介入。

　　經過六周的殺戮，約八十萬圖齊人，也即留在盧安達人數之75%，皆被殺死了，由圖齊人領導的叛軍，稱為盧安達愛國陣線，在屠殺開始後方才組織而成，但每到一地，即阻止了屠殺，到7月18日，愛國陣線完全勝利，平息了大屠殺，他號召盧安達人自視為盧安達人，而非胡圖人或圖齊人，鼓勵全國和諧統一，但陣線仍有懲罰性殺人，人數粗估為兩萬五千至六萬，愛國陣線成功統一後，仍有約兩百萬人（大多胡圖人）逃入臨國，而約七十五萬人（大多是圖齊人）原逃出，現又返回盧安達。

　　一般說法，把盧蒲二國的滅族屠殺描寫為，自私政客煽動既有的族群仇恨，但戴蒙認為不夠正確，他認為「人權觀察」組織所出版的書《別留活口—盧安達的滅族屠殺》較有道理，書中之總結說：「這次滅族大屠殺並非因人民之『部落仇恨』不可遏抑而爆發，這次大屠殺其實是現代精英集團為了保持他們繼續掌權，才煽動仇恨及恐懼，這一小群精英先煽惑人數多的群體對付人少的群體，以對抗國內的政治反對派，而當愛國陣線在戰場上及談判桌上節節勝利後，這幾個掌權者孤注一擲，把族群分裂策略，改變成滅族大屠殺，這幾個人相信滅絕殺光運動可以團結胡圖人於他們的領導旗幟之下，然後贏得內戰。」

　　大屠殺之內幕，可能有更驚人之處，盧安達內部還有一群人，叫吐瓦或侏儒人，只占人口1%，是社會底層，也沒任何政治權力，但在1994年也被屠殺，另外胡圖人中有三派系，其中一派系可能發射飛彈殺了哈比將軍，而愛國陣線內也有胡圖人，可見「仇恨」因素並不太重

要。

　　兩族人外貌並不好分，他們同說一種語言，住同一村子，上同校，上同一機關做事，且互相通婚，四分之一盧安達人同時有胡圖及圖齊的曾祖父，甚至傳說中的不同來源也甚可疑，可能由於職業區分，而被標上不同的族名，由於這極混合的狀態，創造了許多悲劇，在一九九四大屠殺期間，醫生殺死病人，病人也殺死醫生，老師殺學生，學生殺老師，鄰居殺鄰居，同事殺同事，有些胡圖人只殺某圖齊人，但保護了其他圖齊人，有些胡圖人爲保護自己的圖齊妻子及親戚朋友，而向殺人者行賄。

　　但到底是在何種狀況下，極端派的領袖能鼓動信徒，用最殘酷的方法殺死同一社會的人呢？在此我們只能以群體間衝突的起源來分析。

　　動物與人是否形成「群」，有很多種生態情況的考慮，昆蟲產卵後，可以不再照料它們而自行離開，母子之間的照料並不需要，到了哺乳類動物，爲了哺乳，母子必然相處一起一段時間，但其父親不一定在場，到了大猿這一支，大猩猩只形成家庭，但不形成更大之群體，而黑猩猩則有群體而無家庭，即母子關係密切，但父子關係不確定。

　　何以黑猩猩要形成這十多隻個體的小群體呢？有學者認爲食物分布的密度大有關係，若密度不高又是群聚式分布，則尋覓就需要功夫，互助就勝於單幹，於是結群好處大於獨居，但一旦結群必然需占一個勢力範圍，以資做爲獨占的覓食領域，因此群間就爲此而爭。

　　首先觀察到群間黑猩猩之鬥爭，是由珍古德的團隊所開始，他們在坦商尼亞的公比國家公園住下，用分發香蕉的方式，認識當地野生的黑猩猩，珍古德發現出現的黑猩猩相互間原本還和平互動，但幾年間形成兩個次群體，到1970年南北群正式分裂，南群叫卡哈馬（Kahama），北群叫卡西卡拉（Kasekala），兩群相遇時有些緊張，到了1973年兩群主腦的雄猩猩一見面，即互相叫嚷，試圖攻擊。

　　此時學者發現，每隔四天，黑猩猩群會有一小支，大約六隻雄性及兩隻雌性，組成一個巡邏隊，在他們領域的邊緣循行，當接近邊境時，猩猩們行爲很奇怪地改變了，他們停下來仔細聽對方領域有無猩猩，若聽到對方猩猩發出激動的警告聲，這方的猩猩們會互相擁抱互相

支持，然後若聽出對方群體個數較少，這方會衝過去追逐，直跑個半英哩，若發現對方勢大，又喧嘩逃回自己領域。

過一陣子，觀察人開始發現有猩猩被打死了，七周後又一隻猩猩受害，這次因有目擊者可以確定攻擊者是北群的四隻猩猩，他們看到受害者「狄」時，四隻猩猩明顯地很興奮，又尖叫又大吼，包圍了「狄」，狄試圖要逃上小樹，但枝折了，被拉下來，三隻雄猩猩在他身上又跳又撕又咬，攻擊整整二十分鐘之久，順便又逼迫一隻年輕雌猩加入其群，狄在兩月後仍瘸著腿，其後就消失不見了。

一個接一個南群的六隻大雄猩接續不見了，到1977年最後的少年雄猩也被打傷消失了，大約四年間，北群消滅了南群。

從此以後，同種動物間不會互相殘殺的神話被打破了，遠古社會高貴野蠻人的理論自然也是錯的，人與黑猩猩之分隔不過五至七百萬年時間，人的祖先似乎處於類似今日黑猩猩的生態環境，所以結群而鬥似乎也是人類祖先的狀態，而在更新世的這十萬年間，人類也似以小群（十數至數十人）方式行漁獵採集生活，像今日所存的林居部落，如此大小的群體在不均勻資源的土地上生存，難逃演化出群間互鬥的特質。

其實自古以來，有識之士早已發覺群間敵意，如西晉江統的《徙戎論》，深恐移居關內的夷狄發動叛變，就上書說「非我族類，其心必異」，而西歐人殖民世界後，甚至提出「白人負擔論」來解釋他們何以要奴役黃人及黑人，社會學家稱之為「我族中心主義」（Ethnocentrism），社會心理學家稱「內群」及「外群」（in-group & out-group），皆指這種敵視外群人的心態。

假設人有這種心理特徵，那麼它如何發展成深刻的敵意或殘暴的殺戮行為呢？幼兒時期語言，文化及生活習慣都讓他的自我意識逐漸浮現，但只是對熟習事物放心或感舒適，但對陌生事務只有好奇甚至恐懼，但初無仇視之意，直到受教育後，方習得該對之仇視及攻擊，正如同小恆河猴從父母學會對蛇恐懼及攻擊，而未學習前，並不會怕蛇也不會攻擊它。

如果這對比有道哩，則對外群的仇視，全可被創造出來，例如心理學家會把夏令營的少年分成兩隊，其一是老鷹隊，另一是響尾蛇隊，讓

他們競爭，沒幾天兩隊即互相仇視，不但互相偷襲營寨，也在餐廳大打群架，可見只要有挑撥，任何同質人群皆可予以分裂成兩個敵視團體。

相應於群間鬥爭的傾向，戰爭狀態能激發許多人特別的素質，其一是仇恨所能引發的快感，例如作家梅·沙頓在《人到七十》一書中說：「不幸的是，事實上，怨恨會使人的眼睛發亮，腎上腺素加速分泌，而愛卻沒能如此。當人們對他人充滿怒氣和怨恨時，那種感覺還挺好的。」另外希特勒在慕尼黑潦倒時，聽到德國參戰，他與群眾歡樂的聚集大廣場上，興奮地參戰。

另一項特質則是個人融解入群體的滿足感，例如參加第一次世界大戰的步兵雷馬克（E. M. Remarque），據自身經歷寫成「西線無戰爭」，他寫到與他同袍之間：

> 「我們面對面坐著，我們絕少交談，不過，我相信我們之間的溝通比一對戀人更親密。我們兩個人，生命中一閃即逝的火花，外面盡是黑夜和循環交替的死亡，我們坐著，感覺親如一體，甚至無須語言。
>
> 我不再是一閃即逝的火花，不再是黑夜中孤寂的身影，我屬於他們，他們屬於我，我們共同分享生命，比戀人更接近，以一種單純，艱辛的方式。」

這兩項特質，是平民參戰的心裡感覺，是興奮及滿足，而對精英而言，參戰好處更多，不但不死，且有極大利益，首先是軍火商，若無戰爭，商品無銷路，故極力創造戰爭，美國艾森豪總統既當過歐洲戰場最高統帥，又選上共和黨之總統，因之深刻知道，大企業與軍火商與國防官僚之間密切的利益結合，他稱之為軍工複合體（Military Industrial Complex），艾氏是極精明人物，或能抑制軍工複合體製造戰爭的慾望，但其後之總統受不了其誘惑，便極易把國家拖入戰爭深淵。

另一項對精英的好處，是參戰更使人理直氣壯，也可藉此奪取權利，在古帝王時代，君臣的利益即大不同，明末言官聲勢很大，常聯合反對媾和，崇禎皇帝由於內憂外患，偷偷派兵部尚書陳新甲與滿洲人

（後金）談和，希望有喘息時間先對付流寇，沒料私謀洩漏，言官群起陳賣國，崇禎只有殺新甲以平眾怒，終也亡國了。

若精英本身掌權，更能煽動群間仇恨以得巨大利益，盧安達大屠殺，可能導源於胡圖三大派系之一刻意的挑撥，以逃避經濟凋敝責任，及打敗別的派系，希特勒宣傳仇恨猶太人，不但麻醉很多人，也得以奪權，在現代選舉政治中，沒有任何政績而想逃避因貪瀆而下獄的無賴，也極力挑撥族群仇恨，以欺騙我群選民，達成繼續掌權之野心。

由於「群間鬥爭」可能造成的心理傾向不少，值得細細分析，為篇幅所限，只能指出，一旦仇恨情緒被挑起，即群內之公平、正義、惻隱、是非、辭讓之心皆被掩沒，把敵人看做「不是人」，沒有任何值得悲憫處，可以殺之姦之，而不需愧疚。

當教師的人，遇見社會瀰漫「仇恨外群」情緒時，該怎麼辦？首先可以對學生分析這項人類傾向，不可落入「販賣仇恨」的人之圈套，其次可勇敢站出來，揭穿販賣仇恨者的陰謀，否則社會逐漸陷入戰爭或屠殺的深淵，日子不遠。

當有下面三種想法出現此社會中時，就是戰爭的警訊，該採取強烈行動阻止這種思想蔓延：

(一)認為有個邪惡的敵國存在，如能打敗這個國家，世界更美好。

(二)認為如果採行動對付這敵人，可以讓大家活的更好、更光榮。

(三)認為不贊成發動聖戰的人是叛徒，賣國賊。

（以上引自雷山之《戰爭心理學》）

美國陷入阿富汗及伊拉克戰爭泥淖前，即明確可見這三種官方或媒體大肆宣傳的警訊，現在本社會是否有此三個充分的警訊，就待個人之理智判斷了。

七、道德的演化根源

達爾文提出演化的觀念，在當時雖然驚動社會一般人，認為是顛覆上帝的地位，例如屋斯特主教夫人，聽到《物種源始》一書後，驚言：「（人）從猿類變來的嗎！親愛的，讓我們希望這不是真的，但如果那

確是真的，要禱告上蒼，別讓太多人知道這事」，但在十年內英國的生物學界，尤其是其精英，都接受這個看法了，因為很多生物證據，不得不逼出這一個結論，但「天擇」一觀念較抽象，一直要七十年後即1930年代，才大致被歐美生物學界接受。

自然到底選擇甚麼呢？是群體？是種？還是個體呢？一般人直覺天擇的對象是個體，因為個體活下來，就可生殖，後代多又活下來，即可取代群體，而讓群體每一個體，都有某一個有助生存的優勢特徵。

但1960年代初，漢彌頓（William Hamilton）開始思考天擇單位是否只專注在個體上，個體縱使被天擇選出來了，但它生命有限，何能長存呢？能長久的該是比個體層級低的可遺傳單位，一代到一代，基本上只有遺傳物質傳下去，所以他認為，長久一點的天擇選擇單位，該是個別的基因，而非器官、個體、或群體，因它們存在時間太短，無法與基因相比較。

在1963年他發表了兩篇論文，主張基因是天擇單位，而因個體的親戚與之分享許多共同基因，所以個體如果犧牲一點利益，但只要這能造成親戚更多的利益，則對共有基因之能否遺傳下去，有更大的好處，例如一個人與他兄弟姊妹共有基因的機率是百分之五十，與堂表兄弟姊妹基因共有機率是八分之一，假若犧牲他個人生命但能挽救八個以上的堂表兄弟，則可能有更多共同基因可以因此傳遞下去，比個人生存更加有利，這個理論就叫「親族選擇」論，或叫「外延性適應性」，即若有個體特性能延展到親族，則這特性遺傳下去可能性，要高於只對個體好的特性。

這理論曾被早先數位演化學者所想到，但沒有用數學模式表達出來，使得漢彌頓得以發揚光大之，但有無實驗研究支持這理論呢？不少證據支持之，例如北美洲西部草原的貝爾丁地松鼠（Belding's Ground Squirrel）會警告同類天敵來了，它的天敵是天上的老鷹及地上的狼（Coyote），地松鼠的社會組織裡，雄鼠長大後即離巢，但雌鼠不離出生之巢，是以與同巢地松鼠有深厚的親戚關係，非母女即姨，非姊妹即兄弟（未離巢者），因此親族選擇理論預測發警告聲的，必是雌鼠而非雄鼠，因雄鼠所在之新巢，其同窩松鼠並無共同基因，看見天敵，自己

逃入地洞即可，死道友不死貧道，據觀察所得資訊，的確與理論相符。

　　既然如此多實驗及觀察支持，故「親族選擇」可解釋人為何愛自己子女及親戚，唯有愛之，才能讓他們幫忙傳遞自己的基因，由此觀之，實沒有太自私之人，縱使極度吝嗇的人，也不致於餓死自己子女吧，依照共享基因多少，而有差別的給予關照，乃人情之常，也符合這理論。

　　但人與許多動物對非親戚同類，也有友善行為，因此哈佛大學的崔佛斯（Robert Trivers）在1973年提出「相互利他」理論，在同一群內，縱使沒有任何親戚關係，但一個受者可能受益良多，甚至有生死之別，這種恩惠，在未來若受者回報施者，則兩個個體都能有多倍的報償。

　　崔佛斯同時提出一些條件，以保證「相互利他」的行為有效執行，動物必需要有足夠記憶力，以記得誰給了它恩惠，並於下次回報，它也得有足夠腦神經，以分辨及認識它的同伴，以便與施恩者互動，不再理會忘恩負義者。

　　要想從野外動物群內；觀察到是否有「相互利他」現象，是項大挑戰，學者維京生（Wilkinson）花了五年在中美洲哥斯大黎加觀察吸血蝙蝠，收集到了至今算是最佳的證據，吸血蝙蝠群居山洞內，每群十餘至數十隻，是超越家庭的大群組合，它們傍晚四散尋找食物，降落在牛羊馬身上吸血，牲畜們當然討厭蝙蝠，因此得逞機會難，尋尋覓覓連三晚若均吸不到血，就因體力消耗過鉅而可能餓死，相反的若狠狠吸飽血，也足可撐幾天，嚴苛的生態環境，創造了利他的條件。

　　同群蝙蝠若快餓死了，飽飲血液的同伴吐出些血餵之，於己損失不大，但可救同伴於必死之境，爾若那一天自己落入飢餓的狀況，也可期待同伴拯救。

　　維京生觀察了數十回餵血行為，剔除其中親子或兄弟相餵例子，仍有十數例，兩者沒親屬關係，可見這相互利他行為是存在的，但受者會回報嗎？維京生只好在實驗室內創造條件，讓一些蝙蝠餓，一些很飽，使餓者被施捨，下次把情況顛倒，使飽者餓而餓者飽，看有無回報，果然前次之受者，特別選施者餵食，表示蝙蝠還能記恩而回報。

　　這兩個理論指出，動物群中，幫助自己親戚或朋友，對自己生存大有好處，套句老子道德經上所說：「既以為人已愈有，既以與人已愈

多」，而俗諺「人不為己，天誅地滅」是全不對的，該改成「人盡為己，天誅地滅」。

演化理論重新建立了「利他」的存在邏輯，但在人的複雜情況下，是否仍有解釋能力呢？從古老的戰略研究，衍生了一個新學術領域；倒提供一項新視野，這就是「博奕理論」或「賽局理論」。

二次世界大戰結束，美蘇崛起為世界兩強，冷戰開始，如何猜測對方的合理行動，如何因應之，就成為美國這方智庫研究的題材，於是數學家如馮鈕曼等人，開始思考博奕，其中之一題目叫「囚徒困境」，是個假想狀況，但頗值得討論。

假設兩人犯下大案，相約互不吐實，但都被警察以小罪拘留，欲審問出大罪，檢察官誘以大利，若背叛，則可寬刑鼓勵，否則若堅不吐實，則以小案問罪，甲犯算計，若保守與同夥的約定，若同夥也守信，則獲小刑罰，但若同夥背叛，他逍遙法外，已則要受大刑，若背叛對方，都更為有利，因此以自己利益計算，沒有守信之理由，最好立刻背叛，而乙犯若基於相同推理，也立刻背叛。

是以這個「囚徒困境」揭示，如果兩人互動時出賣對方而已獲利，則怎能有一個「互信互利」的社會存在呢？讀者在此會譏笑蛋頭學者自己鑽牛角尖，像十九世紀一位物理學家說：「依照物理學原理，大黃蜂那麼胖大身軀，絕對飛不起來！」但大黃蜂依然嗡嗡的飛呢！表示蛋頭有多蠢。

但科學家總希望由簡單理論，看能否解釋複雜現象，這是設定「初起狀態」（Ab initio）導衍複雜性狀的一種研究模式，第一個理論，雖然可笑，但表示要引入其他條件，改造理論，方可漸進實況。

如果團體內成員不只互動一次，而是長期互動，結果怎樣？漢彌頓和政治學家艾索若（R. Axelrod）正好都在密西根大學，因此做了電腦模擬遊戲，讓每個玩家自訂一套行為準則，或永遠欺騙對方，或永遠誠心合作，縱使被欺騙也甘之如飴，讓各種準則互動多回，再計算何玩家得高分，表示它在此互動環境裡，最有生存優勢。

電腦互玩一陣後，出頭的是一種簡單行為模式，即「一報還一報」，它首先心存合作，衷心與任何對方合作共利，但若被詐欺，則下

次遇見之，必詐欺對方以示懲罰，再下次又不念舊惡，誠心合作。

在諸多程式中，「一報還一報」屢次勝利，讓政治學家及演化學家都十分驚奇，動物或人在群內互動：純粹善意合作會遇上詐欺者而吃虧，但一概不合作，又無合作的加乘好處，加上了「懲罰」，就可以強迫對方合作，否則它就要被「義憤」所處罰。

在人類社會中，懲罰以道德責備、俠義私劍、家法國法諸方式存在，它存在的根源，是否源於群體中個體互動，長久演化出一個「公平正義」的心裡傾向呢？最近刊登在「科學」雜誌的一篇研究指出，人若有自由選擇權，他比較願加入有「懲罰」的自願組織中，不願加入只有「鼓勵」沒有「懲罰」的組織，表示人願犧牲自己利益，以好好教訓不正義的詐欺者，的確，沒有「法」的社會，其解組是必然的。

在現代社會，人群極大，千百倍於遊獵的小部落，那麼相互利它現象是否降低重要性？我們觀察出來，在觀光景點，遊客特別易受商人欺騙，而住家附近小販卻不敢欺負常客，是否表示，若人將來不再見面，則易陷入「坑人」的心境，而若此人會回來報復，則不敢施詐。

間接回報理論認為，若人或動物樂於施惠，則有「聲譽」，雖不能從受惠者得到回報，但別人傾慕義行，樂於結交，對有聲譽的人也大有好處，漢朝朱家郭解得人仰望，季布一諾，勝於千金，都表示「聲望」在人類社會扮演重要角色，我們捐血後，常樂於展示捐血貼紙，不也是相似心理嗎？

從一九六三年開始的演化生物學小革命，已創造了一個典範，指出若把天擇單位降至基因，則父母愛、兄弟情、幫助同伴、濟助路人、正義之怒，懲罰詐欺等道德心裡及行為，都有其出現之邏輯，是人有這類情緒的理由。

八、中外的道德起源論

西方十分恐懼達爾文的「演化理論」，其中之一原因，在於道德戒律之來源，啟於上帝或耶和華等神祉，摩西在西奈山受上帝之十誡，以之宣示於自己族人，表示基督教把道德戒條歸之於上帝，上帝無所不

在，無所不能，祂記錄了人的善惡行為，以備他死後之審判，打入地獄或昇上天堂，這種觀念，余英時先生稱之為「價值的外在超越觀點」。

既然道德由上帝所頒下，若沒上帝，則來源斷絕，道德失去其權威後臺，還能執行嗎？還能支撐社會之和睦相處否？因此不止是神父牧師，一般虔信的基督徒，都要對「演化理論」口誅筆伐了。

但中國的道德來源，非由神賜，來自內心，而內心怎有道德根據呢？古代中國人把人間秩序和道德價值歸源於「帝」或「天」，所以有「不知不識，順帝之則」及「天生烝民，有物有則」的話，但子產及孔子之後，人分量重了，天分量輕了，因此又有「天道遠，人道邇」的說法，孔子主張「仁」，它內在於人性，但仍歸源頭於天，孔子說：「天生德於予」「知我者其天乎」。

孟子更明白的主張道德觀源於內心，在〈公孫丑〉篇上說：「無惻隱之心，非人也，無羞愧之心非人也……惻隱之心，仁之端也，羞惡之心，義之端也……人之有是四端也，猶其有四體也，有是四端而自謂不能者，自賊者也……」

孟子把這四種心理當做開端，當做身體之一部分，即表示生下來即有，只待培養充實，故說「苟能充之，足以保四海，苟不能充之，不足以事父母」。

《中庸》是《禮記》的一章，現代學者不認為它一定是子思所作，而至少經過秦初儒者修改，它開篇即說：「天命之謂性，率性之謂道，修道之謂教」，用白話說，上天把天理交付於人，形成了人的仁義禮智的品德，這就是人的性，按照天命決定的人性來行動，就合乎道哩，但仍然要修養自己才是「教」。

《中庸》清楚說明儒家的道德觀，即道德出自人心，人心來自天賦，但仍然要「修養」或「教化」才能接近道，余英時先生稱之為「內向的超越觀」。

內向超越觀與演化生物學所假設的道德起源，有頗大相似性，這並非讚揚古代學術一定偉大正確，只提醒讀者，古人的智慧觀察，可能有其真確性，不因典範轉移而失去其價值，一味仇視古代傳統之優處，只是使自己陷入野蠻而已。

九、近代西方道德論傳統

近代西方逐漸脫離基督教的神頒道德觀，霍布斯在其《巨靈》裡面設想原始社會是每個人對別人的戰爭，弱肉強食，必須有法的約束，才不致陷入此悲慘狀態，到十八世紀，啟蒙時代的盧騷思想浪漫，反而認為野蠻人有德行而文化使他墮落，這與老子思想「使民復結繩而用之」，有異曲同工之妙。

到了十九世紀演化思想興起，極力為達爾文辯護的赫胥黎在他的「天演論」，申述演化與道德思想，他認為道德思想並不源自天擇，所以自然過程可怕之處，人要努力反對之，他說：

「因此，若把宇宙拉到道德法庭之前予以審判，那麼宇宙必要被判罪譴責，人的良知（自我意識）要對大自然無視道德之處，反叛及對抗」。

他又說：「讓我們永遠了解，社會上道德之進步不在於模倣自然的過程，也非逃避之，而是在於與之抗爭」。

可見到了十九世紀末，演化學家如赫胥黎者，親見自然過程的殘酷血腥，希望用人的良心來對抗，而何以人有良心，何以它要與自然過程對抗，他並未回答。

到二十世紀末及二十一世紀初，觀點相當不同了，各種道德情緒，如「助人」「公義」「公平」「聲譽」等，都有了演化上的出現邏輯，但「屠殺」「仇恨」之情緒亦有其存在原因，至於由情緒外顯而成行為與否，則要由環境來與之互動。

十、從演化道德觀看品德教育

環境是那些？有文化的與物質的，文化傳統可幫助情緒、欲望、及動機循某個途徑發洩出來，是以中國人用紅燒方式吃一塊牛肉，而西洋人用火烤來製成牛排，只要生長於某一文化環境，則有現成的傳統文化指導所謂「人性」的表現。

　　人類文化為了群體生活，常限制人某些欲望的任意發揮，例如用婚姻制度規範交配時間，雙方家庭的適合程度，以及子女的養育青任，因此文化傳統中含有不少規律及限制，這是個人常呼之為鎖鍊及桎梏，並亟於打破的，一犬吠影百犬吠聲，打破限制的後果，不過造成多數人的災難而已。

　　因此懲罰是品德教育裡，不可或缺的環境刺激，讓孩子學到，情緒及欲望的表現，需依正軌而行，否則必受制約，如此才能教育出循規蹈矩的公民，中庸上說：「喜怒哀樂之未發，謂之中，發而皆中節，謂之知」，就是這意義。

　　不良環境如網路咖啡廳、酒家、電動遊樂場，皆供給不正常刺激，而色情文字或影片更是異常刺激，常引誘青少年發出不正常的反應，老師該防止學生進入及閱讀。

　　道德情操並非由外加到人身的桎梏教條，乃是個人生存的最佳指引，它發自內心，只要善予培養，是最有利於個人的，孟子說：「我喜養吾浩養之氣」，就這意思。

十一、結論

　　科學由假設推論及實驗構成；其對道德、人性的觀點是可以推翻且可以改變的，但傳統文化中道德教條深入人心，慣性極大，應該發揚它中庸的、仁愛的、顛撲不破的部分，畢竟這一部分是符合人性的，不易改變的。反之，那些會造成災禍的人性，如「群間相鬥」雖普遍存在，難以改變，也該施加教化，由精英領導，以避免惡劣人性之爆發，更不可販賣仇恨，引火焚身。

CH 4

人性塑造三部曲
——基因，環境，與文化

（周成功）

人性是什麼？中國人很早就注意到這個問題。大家最熟悉的就是孟子所持「性善」與荀子所言「性惡」兩派學說間的爭論！孟子以人皆有惻隱，羞惡，恭敬，是非之心而衍生出「人性本善」的結論，但荀子則以為人性本惡，而這些人性為善的特質都是後天學習得來的。就這一點來說，荀子的論證似乎比孟子來的周延，因為他已經把「人性」切割成先天形成與後天塑造二個部分。但人性形成的天生本質是什麼？而人性在後天塑造的過程中又會受到那些因素的影響？這二個問題的答案，我們還是必須回歸到近代生物學的基礎上，才容易對有一個全面的了解。

本文試圖從三個不同的層面來討論，人性在形成的過程中如何受到基因，環境與文化的影響。

首先我們必須承認「人」是生物世界中的一份子，我們和最簡單的單細胞生物─細菌使用同樣的遺傳密碼來儲存，傳遞與表達各自生命運作所需要的「遺傳資訊」。這表示現存生物世界中的所有物種，都是可能源自於一個共同的祖先。從這個「生命的源頭」算起到今天大約已有35億年之久。在這段漫長的時間裡，不同的「生命形式」經歷過無數的實驗與嘗試，而這些實驗嘗試的心得或是教訓至今仍存檔在每一個生命所攜帶的遺傳資訊中。遺傳資訊組成了決定我們每一個生物各種性狀的遺傳程式-基因，因此我們也可以說地球上生命演化的歷史經驗是刻印在我們每一個人所擁有的基因裡，這些基因影響著我們生命運作每一細微的步驟。但基因究竟是什麼？它又怎麼影響生命的運作呢？

生命最基本的單位就是細胞，每一個細胞都如同一個非常複雜的化學工廠，不斷地把外界的食物，經過一系列複雜的化學反應，將其中可利用的能量淬取出來，用以維持細胞內部能量的需求。這一個化學工廠中實際運作的每一個步驟，都是由蛋白質來執行的！所以，蛋白質不僅構成身體的組織，還負責細胞代謝食物中的有效能量，它是執行生命運作的主角。那麼細胞又是如何準確地製造它所需要的蛋白質呢？每一個蛋白質都是由一串特定的胺基酸排列組成，過去五十年中，生命科學中最重要的成就之一，就是了解了生命所攜帶的遺傳資訊如何決定蛋白質的結構與功能！

在生命遺傳過程中，DNA分子攜帶著我們身體所有的遺傳資訊且

遺傳資訊必須從上一代準確地傳到下一代。這個工作是如何完成的？一九五三年，英國劍橋大學的Watson和Crick發現了DNA分子的　螺旋結構。在這之前，我們已了解生物是透過DNA作爲遺傳資訊的載體（carrier），DNA如何儲存遺傳資訊？又如何自上一代傳到下一代？DNA的兩條長鏈分子透過中間特定的鹼基配對：G對C與T對A互相配對形成DNA的雙螺旋結構，DNA分子則利用這四個字母作爲遺傳密碼，將遺傳資訊儲存在DNA分子上鹼基配對的排列順序中。

了解DNA分子是透過鹼基配對來儲存遺傳資訊後，我們就可以了解爲什麼上一代的遺傳資訊可以很準確地傳到下一代。當遺傳資訊要從上一代傳到下一代時，DNA的分子必須要複製，在DNA複製的過程中。兩條長鏈的DNA分子首先打開，每一條DNA分子都可以當作模版，嚴格地依照AT、GC的配對關係，非常精確地合成出另一條與模板配對的DNA分子，而與模板分子纏繞形成一個新的儲存相同遺傳資訊的DNA雙螺旋。

DNA分子的結構解釋了遺傳資訊如何自上一代傳到下一代，DNA分子利用四個字母A、T、G、C的排序來儲存指揮生命運作的遺傳資訊，這和電腦利用0、1兩碼，透過機器語言的轉換來決定密碼意含的方式十分類似。DNA分子中所儲存的遺傳密碼決定了蛋白質的胺基酸排列順序，它指揮細胞製造出特定的蛋白質，執行特定的生物功能。細胞本身猶如電腦硬體，所有遺傳資訊儲存於DNA分子中組成了細胞核中的染色體。就好像指揮電腦運作的所有程式都儲存在電腦的硬碟中一樣，當細胞碰到一個特殊的環境刺激時，細胞立刻從染色體中擷取出特定的軟體來，細胞依照這個特定軟體去製造出一個特定的蛋白質，來應對當前環境的刺激。軟體本身是不會執行任何功能的，軟體一定要透過硬體的運作才能將軟體指令的功能發揮出來，這和電腦亦十分類似。而軟體本身的複製、維持、執行，都要依賴硬體運作才行。

基因決定了蛋白質的結構、功能，同時它也進一步決定了細胞的各種生物特徵。人類生命中所擁有的軟體程式遠比電腦複雜，約有2萬多個基因的遺傳資訊儲存在細胞核內的染色體中。這2萬多個小的軟體是由約有三十億個遺傳密碼組成。換句話說，當一個細胞分裂成兩個細胞時，儲存在細胞內這三十億個遺傳密碼就必須要複製一次，在複製（copy）

過程中會不會出錯？當然可能出錯！如果產生的錯誤不影響生命的基本運作過程，則可以忽略不計，但錯誤若會影響這個基因所指揮細胞製造出的蛋白質的結構和功能，那就會對這個生物產生嚴重的後果，就這就是基因的突變。例如，人體紅血球輸送氧氣的蛋白稱為「血紅素」，它有一個特定胺基酸的排列順序，當這個基因中有一個遺傳密碼於DNA複製時發生錯誤，這就會使製造出的血紅素蛋白發生一個胺基酸的誤置。這個胺基酸的誤置會導致紅血球的形狀從正常的甜甜圈變成扁長形，而使得紅血球在微血管中流動中容易被破壞，進而產生貧血。這是一個很嚴重的遺傳性疾病，叫作「鐮刀性貧血」，在非洲黑人族群中特別流行。另外基因也控制了從一個受精卵發育至成熟個體的過程，這中間如果出錯會如何？例如果蠅正常有眼、觸角等，但如果負責胚胎發育的基因出了錯，可能導致極端嚴重的缺失，像會使變種的果蠅在原應長觸角之地方長成一對腳來，這樣的果蠅當然是活不成。

　　對一群「正常」的人群來說，基因究竟影響了什麼樣的生命特質？首先我們要了解，每一個人所擁有的遺傳資訊都不完全相同。其間的差異大概在千分之三左右。所以我們每個人彼此之間大約都有幾百萬個遺傳密碼的差異，這些遺傳資訊的不同，決定了我們身高、體重、相貌、生病的型態等等。每個人所擁有的遺傳資訊不同，就好像每個人都有一個不同的身分證號碼，這個身分證號碼決定了每個人生命的特徵。中國人可很早就了解這一點，我們常說，有人冬天怕冷，有人夏天怕熱，是因為他們體質不同，什麼是體質？其實體質就是由每一個人所攜帶那一套獨一無二的遺傳資訊多樣性所決定。再說有人抽菸會得肺癌，有人抽了很多菸，到了七、八十歲也沒得肺癌，其間的差別可能就是體質不同，或是說所有的遺傳資訊不同。去了解每個人所擁有遺傳資訊的多樣性，如何影響各人的體質，可以說是未來生物醫學研究最重要的課題！

　　我們一出生，所擁有的遺傳資訊就已經固定了。而這些遺傳資訊又決定了我們的身體結構與它基本運作的模式。那麼基因就真的決定了我們的一切嗎？答案當然是否定的。尤其基因在指揮神經系統的建構過程中，對神經系統提供了一個開創無限可能性的特性，那就是「神經系統的可塑性」。

　　我們的行為以及認知活動完全仰賴神經系統的活動。神經系統接受外界的訊號，在系統內重組整合。再發出回應的訊號指揮身體動作。但是神經系統中這種訊號接收與回應的網路並非刻板地一成不變。它反而會隨著接收外界訊號的強弱或是繁簡而有所變更。現在有愈來愈多的例子顯示後天環境的刺激對神經系統的建構與運作會產生深遠的影響，甚至能克服因為基因缺失所造成神經活力的不足。下面我們用老鼠為例來說明基因與環境如何影響老鼠記憶／學習的能力。

　　所謂記憶或是學習，其實就是某種特殊神經活動模式的儲存與取用。神經系統究竟透過什麼樣的機制來儲存這種特殊的神經活動，一直是個重要的研究課題！為了要探討記憶的生理基礎，神經科學家發現了一個類似人類學習機制的實驗動物模式，簡單的說，我們如果用電擊刺激兔.子大腦的海馬區（hippocampus），會引起該處神經細胞的反應，反應的程度則與刺激的大小成比例。但是如果先突然地給兔子大腦海馬區一個短暫但密集的刺激，隔了一陣子之後，再給它一個單一的刺激，這時候得到的反應會遠較平時的反應為張烈。顯然兔子「記得」先前那個短暫但是密集的刺激，所以對接下來的刺激可以作出更強烈反應。這個現象稱之為「長期加程作用」（long term potentiation，簡稱LTP）。LTP的特徵與我們記憶／學習的方式十分類似，因為前次神經活動會修飾後來活動的強度，表示先前的經驗已經可以記錄在神經的連結網路中了。另一個支持LTP與動物記憶／學習有密切的關聯的證據就是。如果把老鼠腦中產生LTP的海馬區破壞的話，LTP的現象不見了，老鼠就會喪失學習的能力。

　　科學家怎麼去測量老鼠的學習／記憶能力呢？英國愛丁堡大學的Morris教授想出的一個簡單但又能夠定量的測試方法。他把老鼠丟在一個看不見底的污水池裡，水面下有一個平臺，只要老鼠游到平臺就可以休息。但是平臺看不見，所以老鼠必須利用周遭環境的記號來認定平臺的位置。正常老鼠只要反覆給他訓練，牠會慢慢記住平臺的方位，所以再被丟到水中很快就可以找到平臺。科學家利用基因敲除的技術將老鼠一個特定基因敲除後，發現這個基因被敲除的老鼠生活並無大礙，但它大腦中海馬區的神經已經完全無法產生LTP的反應了～同時他們發現這個

基因被敲掉的老鼠，空間辨識的學習能力也產生了很大的障礙。所以雖然不斷地被丟到水中，但老鼠老是無法「記得」先前找到水中平臺的那些經驗，所以永遠要花很長的時間才找到平臺！從這個實驗，我們可以了解基因的確對動物的神經活動可以產生重大的影響，而這些影響未必是維繫生命所必須的。因為這些老鼠仍然可以活的好好的！

但是這種基因對神經活動的影響是絕對的嗎？換言之，如果我遺傳到一個學習能力較差的基因，就天生注定笨的無可救藥了嗎？神經科學家告訴我們這也未必！因為當科學家把這個基因被敲壞的「笨老鼠」，一出生就飼養在一個配備各式玩具的環境中，長期在這樣充滿了喜悅刺激的環境中長大的老鼠，它們的學習能力又恢復到與正常老鼠同樣的水準。這樣一個簡單的實驗結果顯示，動物的神經系統是有相當程度的可塑性。如果能提供一個適當的環境，環境的刺激能夠重新塑造原先基因所設定的神經網路，進而改變這些動物的行為能力。

這種透過環境刺激來改變動物的行為的想法是否對人類也適用？我們雖然不能用人來作實驗，但是仔細比較生長在不同地理環境中的不同族群，我們往往會發現他們對客觀世界的認知也往往有極大的差異。這種在不同環境下成長的個人對客觀世界認知的差異究竟如何形成？是最近心理學上一重要的研究方向。一些最近的研究結果指出，不同文化背景下成長的個人會形成對客觀世界不同的認知。不同文化傳統的思維重點或價值取向不同，引導大家對外在世界有著不同面向的關注，這一點其實是很容易可以理解的。譬如說以中國儒家為代表的東方文化與希臘為代表的西方文化，在思維的重點上有極大的差異。而這個差異是否可以直接反應在東方與西方人在某些認知關點上的差異呢？我們先來看看東西文化在價值取向上究竟有那些基本的差異。

中國傳統文化的終極關懷是「人」，因此人生追求的目標是要透過個人內心道德的修為，達到「內聖外王」的境界。在天人合一的想法中，天其實代表的是宇宙真實的本體，人是屬於宇宙的一部分。中國人從來不認為天是一個與人對立的客體，而是已經內化成為「我」的一部分。這種「天人合一」的哲學思維讓我們對自然界的態度與西方人截然不同，對中國人來說自然帶給人的是心靈的愉悅與器物的應用，探尋自

然變化背後運作的原理或是抽象理念的推敲都是與「內聖外王」的終極價值無關的雕蟲小技。「君子」是不屑於專注探討這些課題的！相反地，西方從柏拉圖、亞里斯多德以降，外在世界永遠是一個被發現、描述與探索的客體。希臘人對於「確定性」莫明的迷戀，產出了無數純理性的推演與辯駁。這個希臘的文化傳統在整個人類文明的發展史上也是獨一無二的。二千多年前歐幾里得的《幾何原本》可說是集希臘文化中理性傳統之大成，書中所呈現對邏輯推理嚴謹的要求，拿到今天來看還是會讓我們嘆為觀止！我們同時也可以看到亞理斯多德所發展出系統化的邏輯推論在中國歷史上幾乎完全沒有出現過。這種思維的差異同時也反應在東西方的語言上。譬如說：中文缺少英文的時態，單獨的中文往往有多重的意義，非得在文章的段落中才能確定。英文中大牛、小牛、公牛、母牛的用字都不同，而我們只用一個牛字就涵蓋一切。這些差異其實都是可以追朔到前面所談到東西文化思維重點的不同而得到部分解釋。

因此文化傳統與地理環境會無形而微妙地影響一個人的思維與行為。這一點很容易以從我們到國外唸書時私下對來自世界其他各地的科學家所作的評論看出來。我們常會有這樣的說法：「印度人，不易深交！日本人，認真的可怕！美國人，笨得可愛！中國人，有些小聰明！」美國人的聰明才智真的不如我們嗎？當然不是！許多美國教授對問題分析的條理與解決方法的巧妙，常常叫人「嘆為觀止」或「拍案叫絕」。那麼大家普遍覺得中國人聰明，能「見人所未見」的想法究竟是怎麼回事？曾有人非常生動貼切地一語道破說：中國人常有一些鬼頭鬼腦的聰明！什麼是鬼頭鬼腦的聰明？

我們常說「科學研究是非常客觀，是沒有國界的！」。但東西方在文化思想的歷史發展上，其實有非常不同的路向。當科學家在這種不同的文化思想背景下成長，會不會影響他們對於客觀世界的認知？這裡要強調的是，我們不是說東西方的人是生活在二個不同的客觀世界裡！客觀世界當然只有一個，但是面對客觀世界，我們切入認知的面向和思考的方式會和西方人完全相同？還是我們會有一些自己的獨特的看法？

很早就有人從心理學的角度來探討這種文化差異對人的認知的影

響。一位發展心理學家曾比較中國與美國小孩對事務認知的差異。他在測驗卷上畫了三個圖：一隻雞、一頭牛和一堆青草，然後叫小孩把他們認為屬於同一類的二個圖連在一起。結果大部分的美國小孩是把牛和雞連在一起，而大部分的中國小孩則正好相反，把牛和青草連在一起！這個有趣的差異可以從東西方文化發展的不同中找到答案嗎？西方文明從希臘開始就非常重視怎麼把世界上的萬事萬物給予適當的歸類。因此雞和牛當然是屬同一類的東西，而與青草是不同的類別。相反地，在東方我們認識外在世界偏重於尋找不同事務間的關係。我們更熟悉牛吃青草這一個關係，因此它們應該連在一起！

　　這種東西方文化造成我們對客觀世界認知的差異不僅反應在小孩身上，密西根大學心理系的奈斯貝特（R.E. Nisbett）教授最近也作了一系列類似的測驗。他測驗的對象是來自大陸／日本／臺灣與美國本地的大學生，而連結的物件是文字而不是圖像。他用了「熊貓」、「猴子」和「香蕉」三個辭。結果大多數東方來的學生把「猴子」和「香蕉」連在一起，而美國學生則多半選了「熊貓」和「猴子」！另外的心理測驗，也清楚地反應了東西方文化背景如何影響人對世界的認知：譬如說中國學生常常把認知的物件和它的背景結合在一起，成為單一個認知的對象；而西方學生則把背景當成不相關的事務，排除在認知對象之外。從不同的角度對客觀世界去作深度的探討，當然會得到一些與西方人看到不同的知識，傳統文化透過影響我們認知的偏好進一步影響我們的行為，這也許是人性中後天成分一個重要的部分。

　　回到我們最初人性是什麼的問題，它顯然沒有一個簡單的答案。人性塑造的過程從出生起就沒有停止過。基因提供了一個硬體的架構，而環境與文化則不斷透過「神經系統的可塑性」，添加、調整、修正這個硬體運作的指揮系統。當先天與後天之間的互動無時無刻地不在進行著，那麼先天與後天對人性的影響誰輕？誰重？不就成了一個永遠無法得到定論的爭議嗎？

　　我想在中國古老的智慧其實已經給了這個問題一個答案。孔老夫子說：「食色性也」，不就是指出人性中天生的生物層面，在這個層面中競爭食物與繁殖後代是每一個生物個體的本性，本無善惡是非可言。但

是當人類形成了文明的社會以後，社會的和諧運作成了一個超越生物性的目標。，這時候孔老夫子再說了一句：「克己復禮」。就很清楚地告訴我們，我們必須要壓抑內心深處生物本性的流竄而回歸到「禮」的規範才是「作人」需要努力之處。而教化或是教育成了唯一的手段。也只有確實掌握「食色性也」與「克己復禮」這二句話的意涵，我們才能找到「教育」在人性塑造過程中所應該扮演角色！

CH 5

從賽局理論看
人性與品格教育

（黃光雄）

一、導言：品格是一種幻象嗎？

英文的「品格」（character）源於希臘文Charassein——意思是在石材或金屬上鑄印的標記。而在通常的用法，品格指一個人關於道德行為的人格特質。例如Ryan and Bohlin（1999: 5）認為人在超過幼童階段之後都會表現出可被預測的行為方式，而好的品格與知善（knowing the good）、愛善（loving the good）、行善（doing the good）有關。但是這種人格特質觀點被境遇主義者（situationist）批評犯了「基本歸因謬誤」（Fundamental error of attribution）——過度相信行為者的個人特質是行為發生的原因，而忽略了情境或其他因素所可能扮演的角色（見Doris 2002, Doris and Stich 2005, Fleming 2006）！普林斯頓大學哲學系教授Gary Harman（2000）更明白地指出：「假如不存在品格這回事，就不存在品格建立這回事。」很多教育學者以及品格教育的推動者也承認「品格」很難定義。而針對缺乏明確定義的觀念，我們很難分析其因果關係。有學者認為好的品格包含知善（knowing the good）、愛善（loving the good）、行善（doing the good）。經濟學家和賽局學者曾經花過不少力氣從慈善（benevolence）或利他心（altruism）的角度談人性中的善，所以以下先借用一般賽局理論課本裡會提到的一些簡單遊戲做為進一步探索人性與品格教育的引子。

二、四個簡單的兩人遊戲

(一)膽小鬼遊戲（Game of Chicken）

你和另一個人分別開車並且朝向對方直衝——比一般的飆車族更猛！在還沒有對撞之前，兩方各自可以選擇「向前衝」或是「閃開」。只要有一人朝旁邊閃開就可以讓兩個人都活下來。（我們假設要閃開的一方都知道要往自己的右邊閃）。但是在遊戲之後，向前直衝的一方成為同伴中的英雄，閃開的一方則會被同伴當膽小鬼嘲笑。因為每個人有

「向前衝」和「閃開」兩個選擇，所以有四種可能的結果。每一個人對這四種結果的好惡依序是：1.自己是英雄但是對方是膽小鬼，2.兩個人一樣膽小（但是都活著），3.自己是膽小鬼但是對方是英雄，4.自己成了死掉的英雄（但對方也一樣）。如果是你，你會如何選擇？如果你是旁觀者，你猜結果會是哪一種情況？

(二)最後通牒遊戲（The Ultimatum Game）

這個遊戲有一筆獎金（＄100）要分給兩個玩家。兩個人分別被指定扮演提議人（proposer）和回應者（responder）的角色。遊戲規則是：首先由提議人建議如何分配這一筆獎金，再由回應者決定接受建議或拒絕。如果回應者拒絕提議人的建議，則兩人都拿不到錢！如果您是提議人，您會建議怎麼分？

如果您是第回應者，您如何決定要接受或拒絕？

(三)囚犯困境（Prisoners' Dilemma）

這個遊戲的兩個玩家的角色是銀行搶犯——他們在合夥搶劫銀行並且藏好　款之後，被警方以非法持有武器的罪名逮捕。警方並沒有切實的證據證明這兩人就是銀行搶犯，所以對兩人隔離偵訊。每一個人都只有招供和不招供的兩個選擇。對每一個人而言，最理想的情形是同伴不招供但自己招供——因為自己將成為唯一的污點證人而可以免刑。其次是兩人都不招供，兩人都只會因為非法持有武器而獲判較輕的罪刑。再其次是兩人都招供，兩人都會因為結夥搶劫而獲判較重的罪刑。最差的情況是自己不招供但同伴招供：自己除了結夥搶劫之外又因為欺騙警方加重刑罰！如果你玩這個遊戲，你會選招供或不招供？

(四)信任遊戲（Game of Trust）

首先考慮一個囚犯困境的變型。這個遊戲和囚犯困境唯一不同的地方是：警方依序偵訊兩人，較晚接受偵訊的人可以看到另一人是否有招供。每個人一樣只能選招供或不招供。但是如果先被偵訊的人已經招供，後被偵訊的人已經不用做選擇了（在確定對方已經招供的情況下，

自己還不招供只會讓自己被關得更久）。兩個人在行搶前應該會先約好被抓到以後不要招供。所以第一個被偵訊的人的招供與不招供分別相當於「信任同伴」與「不信任同伴」。如果他選擇信任同伴，則較晚被偵訊的人可以選擇「守信」（不招供）或「不守信」（招供）。但是如果先被偵訊的人選擇不信任同伴，則較晚被偵訊的人就沒有守信或不守信的選擇了。在三個可能發生的最後結果之中，對先被偵訊的人而言，最理想的是「信任同伴且同伴守信」，其次是「不信任同伴」，最糟的則是「信任同伴但同伴不守信」！但對後被偵訊的人而言，最理想的是「同伴信任但自己不守信」，其次是「同伴信任且自己守信」，最糟的則是「同伴不信任」！如果你先被偵訊，你會招供或不招供？如果你後被偵訊，你會怎麼選招供或不招供？

　　我們可以修改上面這個信任遊戲，讓信任和守信變成有程度之別。遊戲一開始先分給兩人各$100。第一位玩家（扮演投資人）先選擇要投資$100其中的多少（$x）給第二位玩家（扮演企業家）。這筆投資會在第二位玩家手上變成3倍（$3x）。再由第二位玩家決定要把本利和（$3x）之中的多少交給第一位玩家。如果您是第一位玩家（投資人），您會投資多少？如果您是第二位玩家（企業家），您打算把$3x之中的多少交還給投資人？

三、賽局理論：一個不完整的簡介

(一)賽局理論的意義與用途

　　賽局理論的英文是game theory，所以有些人把它翻成遊戲理論。前述的簡單遊戲其實是大部分賽局理論教科書都會提到的賽局例子。玩這些遊戲的人在決定如何做選擇的時候應該要思考對方如何做選擇。但是對方在做選擇時，也應該要考慮自己會如何做選擇。賽局理論就是用來研究這些人與人之間「策略性互動行為」（strategic interaction）的分析工具。雖然賽局理論起初的發展來自於數學家的貢獻，但後來被廣泛地應用在社會科學的各個學門，特別是經濟學與政治學。從經濟學的角

度，社會科學理論分析的用途在解釋、預測和改變人的行為。既然賽局理論的分析對象是策略互動行為，我們可以說賽局理論的用處在解釋、預測和改變策略互動行為。以前述的簡單遊戲為例，賽局理論用處包括：解釋「為什麼你應該做某一個選擇」或者「為什麼我們看到遊戲的最後發生了某一種結果而不是另一種結果」、預測某一個遊戲「比較可能發生哪一種結果」、建議「如何修改遊戲規則才可以讓遊戲的結果有所不同」。

(二)賽局理論的方法

如果要應用賽局理論分析現實世界中的問題，我們可以依照以下的三個步驟進行：

1. 描述有哪些玩家（參賽者）（player）以及每一個玩家所能選擇的策略（strategy）。
2. 描述在各策略組合（strategy profile）之下每一個行動者所能得到的報酬（payoff）。
3. 分析哪一個策略組合最可能發生（稱這個策略組合為均衡（equilibrium））。

為了介紹第三步的分析，我們先談怎樣算作均衡。一個較強的均衡觀念是「優勢策略均衡」（Dominant Strategy Equilibrium）。其定義為：一個「每一位玩家都選擇其優勢策略」的策略組合！而一位玩家的優勢策略（Dominant Strategy）是：不論其他玩家所選擇的策略為何，對該玩家最有利的策略。但是優勢策略均衡比較不容易存在。較常用的均衡觀念是「納許均衡」（Nash Equilibrium）。其定義為：一個「對每一位玩家而言，只要其他玩家不改選別的策略，他也不會改選別的策略」的策略組合！

為了尋找均衡，我們可以用表格或圖型而不只是文字的方法彙整這些遊戲規則。這兩種方法分別稱作「策略型式」（strategic form）和「擴展型式」（extensive form）。一個賽局的策略型式將各種策略組合畫成「報酬矩陣」（payoff matrix），擴展型式（extensive form）則將各種策略以及策略組合畫成「賽局樹」（game tree）。後者較適用於描

繪玩家行動有先後順序或多期之賽局。

下圖是以策略型式（strategic form）的報酬矩陣（payoff matrix）來描述甲乙兩個玩家各只有兩個策略的賽局。甲的兩個策略是「上」和「下」，乙的兩個策略則是「左」和「右」。中間畫了對角線的方格表示甲和乙各選了一個策略之後兩人分別得到的報酬（左下三角形裡的數字V是甲之報酬，右上三角形裡的數字W是乙之報酬）。

乙的報酬　甲的報酬		乙的策略	
		左	右
甲的策略	上	$W_{上左}$　　$V_{上左}$	$W_{上右}$　　$V_{上右}$
	下	$W_{下左}$　　$V_{下左}$	$W_{下右}$　　$V_{下右}$

圖1　兩人兩策略的策略型式賽局

我們可以利用報酬矩陣裡報酬的相對大小去尋找之前所說的優勢策略均衡和Nash均衡。如果要找優勢策略均衡，必須先找每一個人的優勢策略。舉例而言，「『下』是甲的優勢策略」的條件是$V_{下左} > V_{上左}$且$V_{下右} > V_{上右}$。如果「『下』是甲的優勢策略」而且「『右』是乙的優勢策略」（$W_{上右} > W_{上左}$且$W_{下右} > W_{下左}$），則「甲選『下』而乙選『右』」是一個優勢策略均衡。至於Nash均衡的條件是「只要其他玩家不改選別的策略，沒有玩家會改選別的策略」。所以，「甲選『下』而乙選『左』」是一個Nash均衡的條件是$V_{下左} > V_{上左}$且$W_{下左} > W_{下右}$。

(三)對一些簡單的二人賽局的分析

1.膽小鬼遊戲

我們先設定一個玩家在以下四種狀況的報酬分別是2, 0, -1, -3：(1)自己是英雄但是對方是膽小鬼，(2)兩個人一樣膽小（但是都活著），(3)自己是膽小鬼但是對方是英雄，(4)自己成了死掉的英雄（但對方也一樣）。

A的滿足感	B的滿足感	B的選擇	
		轉彎	向前衝
A的選擇	轉彎	0 / 0	0 / 2 / −1
	向前衝	−1 / 2	−3 / −3

圖2　膽小鬼賽局

　　按照之前對均衡的定義，我們可以發現這個賽局沒有優勢策略均衡但是有兩個Nash均衡：「A選擇轉彎（上列），B選擇向前衝（右欄）」以及「A選擇向前衝（下列），B選擇轉彎（左欄）」！右上有陰影方格的兩個數字代表第一個Nash均衡之下兩人的報酬。左下有陰影方格則是第二個Nash均衡的結果。

2.最後通牒遊戲

　　這個遊戲和膽小鬼遊戲有一個很大的差別：兩個玩家先後而不是同時做選擇！因為玩家出招有先後順序，所以我們用擴展型式的賽局樹來呈現這個賽局。為了方便說明起見，假設要分配的固定金額是$100，提議人最多只能拿$99（至少要留$1給回應人）。此外，假設遊戲規定金額的分配必需是整數。圖中的賽局樹用A和B分別代表提議人和第回應人。賽局樹的根是A——代表A先行動。從A節點延伸出來的最上面一個箭頭「提議1, 99」是他最慷慨的策略：提供對方$99而自己只留$1。最下面一個箭頭「提議99, 1」是他最吝嗇的策略：提供對方$1而自己留下$99。在兩個極端之間還有97種選擇。為簡便起見，用中間的一個箭頭代表這些介於兩個極端的策略：建議第一人得到x，第二人得到100−x。在A提議把x分給B之後，Bx節點和其後的兩個箭頭代表B在接受和拒絕之間的選擇。最右邊的兩個數字分別代表A和B的報酬。例如最上面的1, 99表示在A提議自己拿$99而留$1給回應人而B也接受的情況下，A和B的報酬分別是1和99。之下的0, 0表示不論A提議為何，只要B拒絕，A和B的報酬都是。

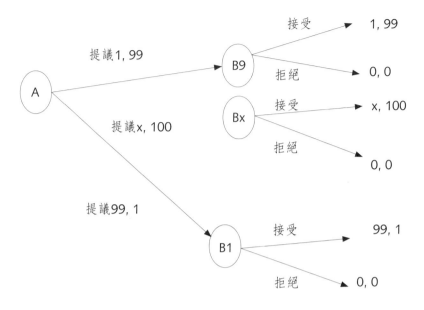

提議1, 99

提議x, 100

提議99, 1

B9　接受 ► 1, 99
　　　拒絕 ► 0, 0

Bx　接受 ► x, 100
　　　拒絕 ► 0, 0

B1　接受 ► 99, 1
　　　拒絕 ► 0, 0

圖3　最後通牒賽局

　　A有99種分配方式可以提議，所以A有99個可以選擇的策略。B的策略則是要指定在每一個提議之後接受或拒絕。這個賽局有很多個Nash均衡——例如：「B接受（z, 100－z）以及對自己更有利的分配但拒絕所有其他提議」而「A提議（z, 100－z）的分配」。但在這麼多個Nash均衡之中哪一個最有可能發生呢？有一個對Nash均衡加以修正的觀念：「子賽局完美Nash均衡」（Subgame-Perfect Nash Equilibrium）——這樣的均衡除了滿足原本Nash均衡的條件，同時也是每一個子賽局的Nash均衡。所謂子賽局是以原來賽局樹中某一個節點作爲根的樹，換言之是假設在到達該節點之路徑已經被選擇之後，從該節點開始的賽局。所以最後通牒遊戲的子賽局完美Nash均衡是A選（99, 1）的分配而且B接受這樣的分配——因爲不論A提議怎麼分，B（從任一個B節點當作根的子賽局）都應該要接受提議。用逆推法（Backward induction）倒回來想A的選擇：既然B一定要接受提議，應該提議分給自己最多的分配！

3.囚犯困境

　　用A和B代表囚犯困境的兩個玩家。如果每個玩家的報酬就是負的被

關的年數。爲了強調每一個理性的玩家在做選擇時考慮自己而不是對方的報酬，假設A的四個由低而高的報酬是－30，－20，－10, 0而B的四個由高而低的報酬是0，－1，－8，－10。下表顯示A和B的四種策略組合之下的報酬。而在擴展型式的賽局樹中，兩個B的節點被一個虛線圈圈所包圍。用賽局理論的術語，這兩個B節點屬於同一個資訊集（information set）——代表B在做選擇時並不知道A選的究竟是不招供還是招供。

A的報酬 ＼ B的報酬		B的選擇	
		不（合作招供）	招供（不合作）
A的選擇	不招供（合作）	－10　－1	－30　0
	招供（不合作）	0　－10	－20　－8

圖4　囚犯困境賽局（策略型式）

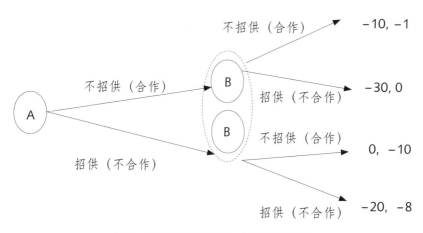

圖5　囚犯困境賽局（擴展型式）

從以上的圖表可以看到：A之優勢策略是招供，B之優勢策略也是招供。所以這個賽局的優勢策略均衡爲：「A選擇招供，B也選擇招供」。這也是這個賽局的唯一Nash均衡。

　　因為均衡時存在著另一種對兩人都更好但達不到的結果，所以囚犯困境常被用於解釋為何「對雙方都有好處的機會卻不能被實現」。如果「兩人都選合作（不招供）對雙方都是好事（勝過兩人都選不合作），但是被出賣的一方會比雙方都不合作的情況還慘，而背叛者所得到的則更勝於互相合作」，則結果將是雙方都選擇不要合作。對一個同時行動的兩人賽局而言，只要每一方的報酬都滿足這種大小關係：自己不合作但對方選合作（誘惑Temptation）＞互相合作的（獎勵Reward）＞兩方都選不合作時所受（處罰Punishment）＞自己選合作但對方不合作（Sucker's payoff），這賽局就叫作囚犯困境。

　　值得注意與思考的問題是：互相合作一定是好事嗎？一般人可能覺得囚犯困境之下雙方不會合作的均衡是一個很悲觀的結論。但是對警方和可能被搶的銀行而言，囚犯不合作卻常常反而是一件好事！以兩家加油站的價格競爭為例（如下圖），合作代表維持高價，而不合作代表用低價爭取顧客。如果兩家加油站都維持高價（互相合作），則吃虧的是消費者。反過來如果兩家加油站不能互相合作，則消費者可以占到便宜。

A的利潤 　 B的利潤		B的價格	
		高（合作）	低（不合作）
A的選擇	高（合作）	200　　　200	300　　－50
	低（不合作）	－50　300	0　　　　0

圖6　雙占市場（Duopoly）的價格競爭（囚犯困境的應用）

四、一些賽局實驗結果

　　以上用賽局理論的分析對幾個簡單賽局結果的推測是否符合真實世界之中的人的行為呢？經濟學家和心理學家利用實驗的方法回答這問

題。在實驗的方法上，有很多學者採用近年興起的的「腦神經經濟學」
（Neuroeconomics）——利用腦造影（Brain imaging）技術研究觀察決
策者腦部的生理變化。因為這些實驗結果不斷地更新與累積，以下只作
選擇性的介紹。

(一)最後通牒賽局實驗

在大部分實驗之中，大多數提議者通常建議比較接近50—50的分
配。如果提議者建議太低，回應者經常會拒絕！雖然建議的分配比率和
拒絕的比率在每一個實驗有不同的結果，但是都不太符合原本賽局理論
所推測的結果（提議者提出讓自己獲得最多的分配，而回應者接受任何
的建議）。Heinrich et al.（2004）對15個比較單純的社會（部落）的
研究則設法進一步解釋為何人們會對相同的實驗有不同的反應。Sanfey
et al.（2003）用功能性磁共振儀（fMRI）掃描受試者（回應者）的腦
部活動。他們發現：如果第一人提出較不平均的分配，右前腦島（right
anterior insula）（與負面情緒相關）和前扣帶腦皮質（anterior cingulate
cortex ACC）（和認知的衝突有關）的活動都增強！。而接受較不均建
議的回應者的後側前額葉皮質（dorsolateral prefrontal cortex, DLPFC）
（規劃與執行的功能有關）活動較強，表示這些人的理性計算戰勝了情
緒的反應。

(二)囚犯困境實驗

大部分的囚犯困境實驗的結果都是有些人選合作，有些人選不合作
——和理論所預期的不合作均衡不相符。東吳大學經濟系的樊沁萍教授
（Fan 2001）於1995年以及1996年曾經進行囚犯困境的實驗。有趣的
是：實驗的對象是196位臺北市民權國小的學生（總計465人次）。受試
者會在實驗後得到相當於實驗報酬的福利社禮券。她的實驗結果發現：
（不同年級的學生）年紀愈大，選合作比率愈高！此外，她對一些班級
比較道德說教的效果：先進行十期實驗，然後由她進行簡短的道德演
講，再進行十期實驗。結果發現，道德說教之後選合作的比率上升！

另外，Rilling et al.（2002）曾利用fMRI觀察36位囚犯困境遊戲的女

性受試者。發現互相合作者的前腹紋狀體（anteroventral striatum）——與快樂有關的腦區——最活躍！

(三)信任賽局實驗

McCabe et al.（2001）的賽局實驗進行了「人對人」和「人對電腦」的信任遊戲。在那些選擇合作的玩家之中，前額葉腦皮層（prefrontal cortex）在「人對人」的時候比「人對電腦」更爲活躍。而前額葉腦皮層被認爲和理解他人的想法有關。

五、從賽局實驗結果看善惡之別

針對實驗結果不符理論預測的情況，有人認爲人並不會進行賽局理論的推理過程一樣複雜的計算，有人則認爲人並不只考慮自己的物質享受。以囚犯困境爲例，假如每一個玩家除了自己被關的年數以外也考慮到對方被關的年數，很可能就會選擇不招供。有些學者則修正理論以考慮人在「自利」以外的動機。其中最常被討論的一個動機是「公平」（fairness）。這些學者用以下的方法描述人對於公平的需求：當我得到的好處比你多的時候，你得到的好處的增加會增加我的滿足；當你得到的好處比我多的時候，你得到的好處的增加會增加我的痛苦！

這樣的理論雖然可以符合很多看到的實驗結果，但也引發了進一步的問題。首先，公平的分配要如何界定？而公平的動機是否也阻礙了一些對雙方都有利的合作機會？而這種來自於相對於別人享受的滿足感是不是不可改變的天性呢？有沒有可能（讓人）做到「不在乎比人少，只怕比別人多」？

六、反覆囚犯困境（Iterated Prisoners' Dilemma）的電腦競賽與模擬

如果囚犯困境不只玩一次而是反覆進行，兩個玩家是否還是都會招供？密西根大學政治系的Robert Axelrod在1979年公開徵求電腦程式參

加囚犯困境舉辦反覆囚犯困境（Iterated Prisoners' Dilemma）的競賽，每一個參加的程式要和所有其他的程式重複玩200回。最後的排名以總分計算。結果在參賽的14個程式中，Anatol Rapoport的以牙還牙（Tit-For-Tat）策略累積分數最高。這個策略的程式設定在第一回總是先選合作，此後每一回所出的招和對手上一回相同。雖然在面對某一個敵對程式的200回之中，以牙還牙的積分不見得會比對方高，但是累積和13個對手的總分之後以牙還牙是冠軍。其他學者在後續的研究指出，以牙還牙在其他不同規則的比賽中通常不能獲勝。

事實上，如果囚犯困境重覆的次數有限而且固定，就沒有人應該爲了考量將來的信譽而選擇合作。這個結論可以由「逆推法」（Backward Induction）推演而得：如果已經知道末日，則末日的前一天就不合作，則末日的前兩天就不合作……所以從一開始就該選擇不合作！

一個比較有意思的研究是Congleton and Vanberg（1996）的電腦模擬——比反覆的囚犯困境多了一個「不和你玩」的選擇。相應於現實世界中不欺騙別人但也不讓自己受騙的策略，他們提出一種「謹慎道德」（Prudent Morality）的策略——自己選擇合作，但拒絕和曾選不合作的策略玩。模擬的結果，「以牙還牙」還是勝過永遠選合作的「天眞道德」，但這兩者都比不上「謹慎道德」！而這種「謹慎道德」的精神其實很接近「害人之心不可有，防人之心不可無」。

七、演化賽局論的侷限與啓示

演化賽局論（evolutionary game theory）原本是生物學家借用賽局理論的方法探討生物的演化問題，和前面所討論的賽局理論略有不同。之前的討論都是假設人會理性地思考與計算，從而選出對自己有利的策略。演化賽局論的出發點則是假設：玩賽局的是一個不會思考的基因，而得到報酬的高低會影響到這個策略的繁衍。演化賽局論的核心觀念是演化穩定策略（Evolutionary Stable Strategy）（ESS）——除了滿足Nash均衡的條件之外，繁衍的結果不會被突變策略入侵。以下考慮一個演化生物學家Maynard Smith所想出來的「鷹鴿賽局」（Hawk Dove

Game）。這賽局有點類似之前的膽小鬼遊戲——鷹的策略代表向前直衝，鴿的策略代表向旁閃開。如果演化穩定（族群中的鷹鴿比例不變）則鷹和鴿的報酬應該相等。用h代表鷹之比例，則可以這樣求解鷹的比例：$(1-h)\times 2+h\times(-3)=(1-h)\times 0+h\times(-1)$而得到$h=1/4$。

　　有些演化生物學家用這樣的方法談生物的道德行為。因為演化的單位是基因而不是生物體，所以演化的力量會使有助於基因繁衍卻不利於生物體的行為得以通過篩選。這樣的說法可以解釋親屬之間有天生的利他心。但是值得思考的問題是：「自己人和自己人合作而排擠別人」是否理想？

八、從賽局理論看教育的實行

　　雖然以上所談的是一般的賽局理論，但我們也可以用賽局理論的方法來思考品格教育的實行。除了教育推動者和教育施行者之間有賽局之外，教師和學生之間也有賽局。關於前者，我們可以從芝加哥大學經濟系教授Steven Levitt（2005）的《蘋果橘子經濟學》得到一些啟示。書中描述了一個他關於教師作弊的研究。在芝加哥教育局實行重賞學生成績優異的中小學教師的政策之後，學生考試（統一命題）的成績突飛猛進！Levitt推想：若教師要在很短的時間得到很大的作弊效果，應該要竄改少數難題的學生答案（很多人答錯）。如果檢查電腦答案卡，應該可以發現很多學生同時答對較難題目。結果芝加哥教育局突襲式重考（改為由督學監考）之後果然發現這些班級的成績大幅降低。這個例子提醒教育改革的推動者在政策設計上應該小心思考實行時所可能遭遇的問題。

　　至於教師和學生之間的賽局，Clayson, Frost, and Sheffet（2006）的實證研究可以提供一些啟發。他們以實際資料檢驗教師給分與學生對教師的教學評鑑之間的關係。研究結果發現：學生會對在學期中提高他成績的老師回報比較高的教學評鑑。他們的研究很仔細的使用個別學生的資料以釐清這種「回報效果」（reciprocity effect）與「寬鬆效果」（leniency effect）（指教師給全班給分寬鬆）的不同。如果教育改革的

推動者不能認清教師和學生之間的賽局，則立意良善的計畫可能導致不良的後果。此外，這個研究也示範了如何在推動計畫之初構思事後評估的標準。

《蘋果橘子經濟學》書中還談到：美國在1990年代開始犯罪率下降，可以歸因於1973年美國最高法院判決禁止墮胎的法律違憲。這個法律上的改變減少了相當多如果被生下來會缺乏雙親關愛的小孩。而經過十多年後，容易犯罪的青少年人數減少，所以使得美國犯罪率降低。除了雙親關愛對子女教養的重要之外，這個研究也顯示有些變革要經過很長的時間才會看到效果。

另外，演化賽局理論也有一個間接的啓示。因爲演化的關鍵之一是突變，而人類社會文化中的突變來自創新。這些實驗性的創新做法可能出自於刻意推敲的想法，也可能來自於不經意的發現。成效好的策略會在篩選的過程中存活並被模仿而得到繁衍。如果所有教育改革的推動都是經由統一規劃設計而實行，創新突變就無法發生。而鼓勵創新實驗則可能會得到意外的成效。

參考文獻

Clayson, Dennis E., Taggart F. Frost, and Mary Jane Sheffet (2006) "Grades and the Student Evaluation of Instruction: A Test of the Reciprocity Effect." *Academy of Management Learning and Education*, 5(1): 52-65.

Doris, John (2002) *Lack of Character: Personality and Moral Behavior*. Cambridge, UK: Cambridge University Press.

Doris, John and Stich, S. (2005) "As a Matter of Fact: Empirical Perspectives on Ethics," in F. Jackson and M. Smith (eds.), *The Oxford Handbook of Contemporary Philosophy*. Oxford, UK: Oxford University Press, 2005.

Fan, Chinn-Ping (2001) "Teaching Children Cooperation-An Application of Experimental Game Theory." *Journal of Economic Behavior and Organization*, 41(): 191-209.

Fleming, Diana (2006) "Character of Virtue: Answering the Situationist Challenge to Virtue Ethics." *Ratio*, 19(1): 24-42.

Harman, Gilbert (2000) "The Nonexistence of Character Traits." *Proceedings of the Aristotelian Society*, 100(2): 223-225.

Henrich, Joseph , Robert Boyd, Samuel Bowles, Colin Camerer, Ernst Fehr, and Herbert Gintis (eds.) (2004) *Foundations of Human Sociality: Economic Experiments and Ethnographic Evidence from Fifteen Small-Scale Societies*. Oxford, UK: Oxford University Press.

Levitt, Steven D. and Stephen J. Dubner (2005) *Freakonomics: A Rogue Economist Explores the Hidden Side of Everything*. Harper Collins.

McCabe, Kevin, Daniel Houser, Lee Ryan, Vernon Smith, and Theodore Trouard (2001) "A functional imaging study of cooperation in two-person reciprocal exchange." *PNAS*, 98(20):11832-11835.

Pritchard, Ivor (1988) "Character Education: Research Prospects and Problems." *American Journal of Education*, 469-495.

Rilling, James K., David A. Gutman, Thorsten R. Zeh, Giuseppe Pagnoni, Gregory S. Berns, and Clinton D. Kilts (2002) "A Neural Basis for Social Cooperation." *Neuron*, 35: 395-495.

Ryan, Kevin and Karen E. Bohlin (1999) *Building Characters in Schools: Practical Ways to Bring Moral Instruction to Life*. San Francisco, CA: Jossey-Bass Publishes.

Sanfey, Alan G., Jamese K. Rilling, Jessica A. Aronson, Leigh E. Nystrom, and Jonathan D. Cohen (2003) "The neural basis of economic decision-making in the ultimatum game." *Science*, 300(13):1755-1758.

CH 6

形塑價值觀，
從認識大腦做起

（吳嫻）

這是一個積極對大腦進行探索的時代，似乎所有和人類有關的科學新知，都與大腦脫離不了關係。不僅在重要的科學期刊中，和大腦相關的內容占據相當大的篇幅，連翻開比較一般性、包羅萬象的報章雜誌，也不時可以讀到幫助我們揭開大腦神秘面紗的尖端研究成果。透過神經科學、心理學、生物學、資訊科學等各個領域中的專家共同努力，我們已經知道大腦不只具有維持生命現象的各種功能，更控制了人類所有外顯和內隱的認知歷程，即使是價值觀的塑造也不例外。以下，我們將先舉幾個例子，說明大腦神經元的運作如何導致視覺錯覺的產生、支持高層抽象的概念；在對大腦無所不包的功能有了基礎的認識之後，再進一步說明神經系統的運作如何支持並幫助我們學習社會常規和建立價值觀。

一、大腦：一切心智活動的主宰

　　隨著實驗儀器的進步，我們對於大腦這個主宰一切心智活動的器官，已能透過即時、詳細的觀察和測量，而有更多的了解和認識；關於大腦各個區域如何分工合作，支持人類的視覺、聽覺、觸覺、嗅覺、味覺等各種感官經驗，以及協調身體各個部位的肌肉，進而做出或簡單或複雜的動作和反應，我們也掌握了精確的知識和原則。舉例來說，研究視覺的科學家已很清楚的知道大腦的枕葉（即位於後腦杓位置的大腦皮質區）是負責處理視覺訊息的重鎮，在視野中不同位置的視覺刺激，分別由位於枕葉上不同位置、相對應的神經元負責處理。另外，我們也知道同一個視覺刺激材料的不同特徵（例如：顏色、形狀、運動方向），是由分布在枕葉上不同區域的神經元各自負責，最後再整合成一個完整的物體、形成我們主觀覺知到的視覺訊息。這些神經元的運作，遵循一定的法則，而這些法則通常都是在演化的過程中經過考驗篩選後保留下來、有利於我們這個物種存活的機制。

　　由於科學家的努力，我們對於視覺系統處理訊息的方式，已有相當深入的了解。根據這些知識，許多日常生活中不時遭遇到的幻覺，或是魔術師慣常使用以迷惑觀眾的手法，都可以被神經元據以運作的生理機

制加以解釋，而不再顯得神秘。讓我們舉例說明，看看神經元的「側向抑制」功能如何影響人類的知覺：有兩個灰色方塊，分別被白色和黑色的背景包圍；如果我說這兩個灰色方塊「灰的程度」一模一樣，一般人都會很驚訝，因為被白色背景包圍的灰色方塊明明就比被黑色背景包圍的灰色方塊來的暗。然而，當我們用紙將白色和黑色的背景遮住時，這兩個灰色方塊就真顯得一般灰了，表示我們並不是在圖形上動了手腳。

以往人們總是相信「眼見為真」，但像上面這樣的例子，似乎告訴我們即使親眼看見的事情，也未必就是千真萬確的事實；究竟視覺系統的哪些作用，會製造這些假象？而這些會造成錯覺的神經機制，又有什麼演化上的價值呢？如同前一段中所提示的，這個例子中的錯覺，可以用「側向抑制」這個普遍存在於神經系統中的原則加以解釋。當一個神經元接收到某一種它所偏好的刺激時，便會導致該神經元進入激發狀態；因此，當視網膜上某一個特定區域接受到光的刺激時，負責處理該區域的訊息、偏好這種刺激形式的視覺神經便會獲得激發。基於同樣的道理，當我們的手指頭被針刺了一下，在皮膚上負責掌管指尖的訊息、偏好處理不同壓力刺激的觸覺神經，也會進入激發狀態。當一個神經元獲得激發時，它不僅會傳達某特定刺激出現的訊息，還會壓抑鄰近神經元的活化，也就是會抑制在其兩側之神經元的活動。在上面的例子中，因為白色背景部分的光線刺激強度很大，造成負責處理該區域的神經元有很強的激發，同時也大大的抑制了鄰近區域負責處理灰色方塊之神經元的活化，導致我們接收到較少來自灰色方塊的訊號，並將之解釋呈被白色背景包圍的灰色方塊本身比較灰暗。相反的，因為黑色背景部分的光線刺激強度很小，造成負責處理該區域的神經元有較低的激發，因此它的側向抑制功能便較弱，導致大部分來自灰色方塊的訊號仍能被我們接收到，便顯得被黑色背景包圍的灰色方塊本身比較明亮。

以上所介紹的錯覺，可以透過視覺神經系統的基本運作法則，將表面上神秘、不符合科學原理的現象合理化，不需要以幻象、鬼神作祟等無法驗證的說法來強加解釋。相類似的例子俯拾皆是，不侷限於視覺的領域，甚至也不只發生在知覺的層次；像是以往認為屬於心靈範疇、非常主觀的情緒、推理、語言、記憶等認知功能，都可以透過大腦的運作

來加以說明。而一些看似靈異的現象，例如鬼壓床、靈魂出竅、前世經驗等，我們也都可以對其形成的原因，提出科學的解釋。可惜的是，一般民眾未必有足夠的科學知識來判斷不同說法的真偽，對大腦運作的了解又十分有限，導致坊間怪力亂神之說興盛，迷信、似是而非的論調從未消失。因此，在了解大腦運作和價值觀建立的關聯之前，讓我們先對一些高層認知能力的生理機制作一簡單的介紹，並檢視這些神經系統發生病變時會引發的異常行為。

二、心病？腦病！

在很長的一段時間裡，於臨床經驗中大量接觸各類型病人的神經科醫生，就已經發現大腦的運作和各項認知功能之間有很密切的關係；不同區位的腦部創傷，往往導致不同型態的認知障礙。如果病人大腦中的頂葉受傷，無論造成腦傷的原因是中風、車禍、腫瘤、還是外部撞擊（例如：槍傷），這類的病人容易表現出「視覺忽略（Visual Neglect）」的現象，也就是會忽略掉和受傷的腦半球不同邊之視野中的物體和影像。舉例來說，一個右側頂葉受傷的病人，可能早上起床梳洗時會只刮右半臉的鬍子，而忽略掉左半臉；在早餐桌上，他也可能只注意到自己餐盤的右半邊，必須由家人將餐盤旋轉一百八十度之後，這個病人才會注意到在餐盤另一邊、原本忽略掉的食物。患有「視覺忽略」的病人，雖然報告不出視野中一半的物體，好像視而不見，但有些證據指出這些視覺刺激仍進入這些病人的意識層次，獲得相當程度的處理。在1988年時，由研究者馬歇爾（John Marshall）和海利根（Peter Halligan）兩位教授報告的一位患有左側視覺忽略的病患，就是這樣的個案。當研究者將一個左邊窗戶著火之房子的圖片呈現給這位病患看時，這個病人知道這是一間屋子，卻會忽略左側窗戶冒出的火苗；當研究者再呈現另外一間沒有著火之屋子的圖片，這位病人也覺得兩張圖片是一模一樣的。然而，當研究者強迫這位病人在兩間屋子中選一間去住、並且每次都改變兩張圖片的呈現位置時，這位病人在十七次的選擇之中，有十四次會選沒有著火的房子。這樣的實驗結果，表示儘管這位病人沒

有覺知到兩個不同圖片在視覺上的差異，但當要從中挑選一個刺激時，他並非隨機亂選，很可能是根據不在意識範圍之內的訊息來決定其偏好的。

在以上的實驗中，為了確定病人了解著火的窗戶所代表的意義，研究者也呈現右邊窗戶著火的圖片給這個病人看，並要求他判斷這個屋子和一個沒有著火的屋子是否相同，以及他要選哪一個房子去住。實驗的結果非常清楚：當著火的窗戶出現在病人的右視野中，也就是他不會忽略的那一側時，病人馬上就發現這兩間房子和沒有著火的房子是不一樣的；當被問及要住在哪一間房子時，他的反應「當然是沒有著火的那間」。像這樣的腦傷個案，顯示視覺系統的訊息和我們所能覺察到的意識層次，在功能上是可加以分離的；了解了造成這種現象的生理機制之後，我們再也不會誤將病人的行為都當成是精神異常的結果，而能試圖找出造成其腦神經病變的真正原因。

讓我們再舉一個大腦功能的病變造成高層認知障礙的例子：「他人之手症候群（Alien-hand Syndrome）」（或稱「異手症」）。一般人都知道，我們的大腦有兩個半球，而左右手的動作分別是由對側腦半球的動作皮質區所負責掌管的。由於兩個腦半球的訊息可以透過胼胝體（Corpus Callosum）互相溝通，所以不會有兩隻手各行其是、各自為政的情形。然而，如果胼胝體出現了病變，或是以手術的方式加以切斷，則分別由兩個腦半球所控制的左右手，就可能各作各的、甚至打起架來了。通常這種情形，會展現在由較不強勢的腦半球所控制的手做出不受意志控制的行為，例如一隻手想要扣鈕釦，而另一隻手卻將剛扣好的鈕釦一個個解開；由於雙手不聽自己意志的使喚，好像別人的手一樣，因此這種疾病便叫做「他人之手症候群」。在生理知識貧乏的情況下，當我們看到一個人的兩隻手互相干擾、各有主意時，最直接的解釋是這個人著魔或者被鬼神附身了；但是一旦了解造成這種異常行為的生理機制，此一病症的神秘面紗便被揭開，鬼神作怪的說法也就不攻自破了。

三、腦中的「自由意志」和「自由抑制」

　　以上所說明的現象，在在顯示大腦是人類一切行為的主宰，舉凡個人的感官經驗、言行舉止，都深受神經系統的影響。認知神經科學是一們新興的學科，其最重要的宗旨，便在於釐清大腦運作的生理機制，和各種認知行為之間的關係。儘管作為一個學術領域，認知神經科學尚非常年輕、只有將近三十年的歷史，但得力於大量研究人才的投入和實驗工具的日新月異，這方面研究已在不算長的時間珠迅速累積了許多重要的研究成果，也提供了相當豐富的實徵證據，驗證以往認為屬於心靈範疇的抽象概念（例如：記憶、人格、情緒），其實都有相對應的神經機制。具體的來說，大腦中特定神經元的運作，會導致曾經經歷過的事件形成記憶、對高層認知功能造成影響、決定我們的喜好和情緒反應、並左右未來的決策。然而，心存懷疑的人可能仍然會問：大腦這個器官的運作，是否可以超越僅僅是對外界的刺激形成詮釋和做出反應的功能，進而支持主動意念的產生？換句話說，「為善作惡，存乎一念之間」的那一個關鍵意念，是大腦中神經元激發的產物嗎？

　　欲探討決定抽象概念（包括道德觀）的生理機制，是否僅消極的對出現於外界的物理刺激作一被動的詮釋，或是這些神經元也可以解釋自由意志的運作、支持主動行為的產生，是一個很不容易的挑戰。畢竟每個人的意念複雜而各不相同，要由科學家為自由意志提供一個合理的操作型定義，幾乎是一項不可能的任務。然而，如果我們將問題簡化，只討論開始執行一個簡單動作（例如移動手指）所需的自由意志，或許可以透過實驗的方式，得到進一步了解「動心起念」之生理機制的線索。關於這一方面的研究，早期的證據來自生前任教於柏克萊大學、今年剛過世的李畢（Benjamin Libet）教授發表於1982年的實驗。在這個旨在探討啟動自主手部動作之生理訊號的研究中，李畢教授在受試者的手臂上貼了一個小小的電極，用以測量受試者的手指實際移動的時間。受試者被要求不定時的移動自己的右手食指，同時眼睛還要盯著一個指針不停轉動的計時器，並記下在自己想要移動手指的自由意志發生時，指

針所指向的刻度。在這些儀器之外，受試者的頭皮上也貼了一個電極，用以同時記錄下受試者腦中控制手指動作的神經元激發的時間點。

　　李畢教授所做的研究，目的在於回答一個簡單的問題：在我們的認知系統裡面，有沒有一個負責發號司令去移動手指的意志中樞（即所謂的靈魂、心智、或是超我），其所下達的指令導致負責移動手指的動作神經元激發，進而引起食指的移動？如果有這樣一個凌駕於大腦的生理基礎之上的行為主宰，那麼受試者所報告中的自由意志產生時間，應該早於控制手指運動、可被腦電波儀記錄到的生理訊號，更早於肌肉實際上收縮、造成食指移動的時間。反之，如果受試者所感受到、想要移動手指的自由意志，其實也是某些生理機制運作下的產物，那麼實際上導致右手食指移動的運動神經元激發的生理訊號，可能會早於受試者所報告出的自由意志所產生的時間；受試者誤以為自己的自由意志完全控制了手指移動的時間，其實只是覺察到此一導致手指移動的生理衝動，並將感受到這個衝動的時間報告出來罷了。依循上述的推論過程，李畢教授的實驗結果大出一般人的意料：貼在頭皮上的電極，最先偵測到大腦運動皮質區神經元的激發，緊接著受試者才報告出自己想要移動手指的「自由意志」，再經過了約五分之一秒的時間之後，貼在受試者手臂上的電極，才記錄到肌肉收縮所導致的手指移動。這樣的研究結果，表示受試者的大腦已經準備並開始指揮受試者去移動手指，當這個生理訊號的強度累積到一定的能量時，受試者才意識到自己的這個意念，然後肌肉才執行收縮的指令，手指進而有所移動。

　　李畢教授的研究結果，間接推翻了超脫大腦之自由意志的存在。但是我們不禁要問：如果受試者想要移動手指的意念，不是完全出於自己意志的掌控，那麼這個念頭又是打哪兒來的呢？我們是否可以在大腦之中找到一個區域或是一組神經元，其活化、激發的狀態，決定了我們何時想要移動自己的手指，而非只是被動的接受指令、執行動作？為了回答以上這些問題，一組在倫敦牛津大學的研究者，承續李畢教授的實驗，配合可以即時觀察到大腦不同區域血流量（即表示該區域神經元活化程度）的核磁共振腦造影技術，試圖找到在上述的實驗派典中，負責指揮手指開始移動的生理機制。這組研究者非常聰明的利用了「當我們

把注意力放在指揮手指運動的自由意志上時，負責產生自由意志的神經元，將會有較高的活化」這個原則，發現受試者在特別注意何時產生動手指的自由意志時，位於額葉「前輔助運動區（pre-supplementary motor area）」的神經元，會比受試者在特別注意何時真正開始移動手指時，呈現較高的激發狀態。也就是說，大腦中的前輔助運動區和產生特定動作的意志有很密切的關係。

　　李畢教授的實驗結果，和後續的腦造影研究，直接挑戰了「意念（發生在前）導致行動（產生在後）」的想法，反而支持自由意志不是一個完全操之在己的抽象概念。更精確一點的來說，這些研究並不是要否定自由意志的存在，而是要指出：即使是抽象如自由意志這樣的概念，也不是一個脫離大腦功能而獨立存在的認知能力；自由意志的產生，有其生理基礎，也遵循神經系統運作的法則。有些人也許要質疑：這種「生物決定論」的說法，是否太過消極、將一切對自己行為應負的責任都推給並非完全受我們意志控制的大腦？另外，將這樣的想法推到極致，豈不是否定了人有「擇善固執」、棄惡揚善的可能？

　　儘管李畢教授發現我們以為來自內心、自發的「自由意志」，其實產生於大腦神經元開始運作之後，但他並未完全否定個人的「選擇」可以決定我們的外顯行為；相反的，李畢教授更加肯定每一個人應該為自己的行為負責，因為我們都有「自由抑制」的能力和機會。讓我們回想一下李畢教授的研究結果：在受試者感受到自己準備好要移動手指之後，大約經過了五分之一秒的時間，我們手部的肌肉才開始收縮、開始執行動作。如果此時受試者決定不要移動手指，則神經元可以傳達一個抑制之前執行動作之指令的新指示，那麼受試者的手指也就不會移動了。五分之一秒的時間，在一般人的眼中看來很短，但以大腦運作和神經元傳導的速度來說，已是非常充裕的時間，可以及時阻止之前已準備要進行的動作。也正是因為在我們動心起念和真正做出動作之間，有這段短暫的時間差，我們才得以控制住自己的衝動，不在極度憤怒或激動的情況下，做出會讓自己後悔的舉動。

　　關於「自由意志」和「自由抑制」的一系列研究，雖然並非以探討倫理道德的生理機制為主要問題核心，但所得到的實驗結果，卻和我們

了解合宜社會行為的產生息息相關。合乎倫理道德的行為，便是在某個特定的社會情境中合宜的社會行為；而要控制個人的行為、以符合一般人所接受的規範，並克制自己不適當的衝動，「自我抑制」的能力便扮演一個關鍵角色。如果我們想想自己在日常生活中會遭遇到的情境，並不難發現「自我抑制」的能力似乎比「自由意志」更常被使用到，也更影響到我們是否能循規蹈矩、展現出合宜的行為。舉幾個實際的例子來說：當我們早上開車上班時，之所以能在斑馬線前放慢速度、甚至停下車來禮讓過馬路的行人，是因為我們能克制想要一路狂飆、趕快到達公司的衝動；當我們在公司和主管討論公事有相左的意見時，之所以能虛心受教、不惡言相向，是因為我們根據情勢做出判斷，知道意氣用事對自己沒有好處，因而能按捺住和主管爭執的衝動；當我們在家中遇到兒女吵鬧不休時，之所以能心平氣和的好好教導子女，而非動輒出手打罵，也是因為我們能壓抑直接的情緒反應，以較為溫和的方式達到管教的目的。

四、價值觀淪喪的邊緣人：生理因素？

我們不僅從日常生活中的例子，可以輕易發現「自我抑制」的機制和產生合宜的社會行為間有密切的關係，在嚴重破壞社會常規、作奸犯科的重刑犯身上，我們也可以找到「自我抑制」能力不彰導致易蹈法網的證據。陽明大學神經科學研究所的洪蘭教授和中央大學認知神經科學研究所的阮啟宏教授，共同指導研究生陳巧雲同學，探討重刑犯的注意力功能中，是否有抑制功能的缺陷。由於有不少的罪犯來自問題家庭，或是資源貧乏、社經水準低落的階層，一般社會大眾傾向將犯人的罪行和成為團體中害群之馬的原因，歸咎於社會和家庭因素。然而，同樣處於不利環境中的個人，卻並非人人都會有社會適應不良、做出違背一般社會常規的行為。同時，近年來的研究也顯示：犯有重大罪行、有反社會傾向的犯人，可能有異於常人的生理結構和神經機制，使得他們先天就有較高犯罪風險的特徵，在後天不良的環境中更容易被誘發，導致重大的破壞社會常規的行為。

　　基於上述的想法，由洪蘭教授所率領的研究團隊，針對衝動型的暴力犯（即以徒手、棍棒等殘忍的方式，置他人於死地，並在法官考量各種主、客觀因素之後，仍被判刑十五年以上的犯人），以實驗方式探討其注意力機制的運作，並根據來自其腦波的生理訊號，推論他們是否在衝突的情境中特別無法控制自己的行為。研究結果顯示：比起其他被判較輕刑罰的犯人（如煙毒犯、票據犯）和一般的大學生來說，這些衝動型犯人的確在抑制自己不符合作業要求的按鍵反應上，有較差的控制能力；而此一較薄弱的自我抑制能力，也反映在根據腦電波儀所測量得到的生理訊號之上。換句話說，由於不能有效的控制、壓抑自己心中不適當的意念，這些犯人比一般人更容易因衝動而產生暴力行為，進而犯下重大的罪行。這樣的實徵證據，呼應了李畢教授的想法，強調「自我抑制」的能力是個體能夠循規蹈矩的重要關鍵，也點出了此一功能的個別差異有其生理基礎，能在具體可測量的腦波活動上展現出來。

　　當我們強調倫理道德的觀念也是奠基於大腦的運作之上時，並不是要藉此為犯人脫罪，將這些個人的不當行為都推給自由意志無法完全控制的生理衝動；即使罪犯宣稱他們的一切行為都是因為抑制能力的損傷才發生的，也不能以此為藉口、將對自己行為應負的責任自其肩上移除。然而，如果我們希望針對重大的罪行加以矯治、甚至能在事前預防其出現，勢必要真切的了解這些違背社會常規的行為其背後的成因，才能對症下藥，達到預期的效果。從來自認知神經科學的資料，科學家們已經清楚得體認到：不合宜之社會行為，往往不只是劣質社會環境中的產物，生理上的某種缺陷也會導致、促進這些行為的發生。

五、模仿：有樣學樣的大腦

　　在大腦運作的法則中，除了產生自由意志的機制和價值觀的建立息息相關之外，我們如何習得一切的技能、知識（包括社會常規），也影響價值觀如何傳達、以及如何的價值觀會被建立。俗話有云：「上樑不正下樑歪」，也常聽說「有樣學樣」，這些說法都強調環境中可供學習效法的對象，對於下一代的行為，具有舉足輕重的份量。透過發展心理

學的研究，科學家們早就知道模仿是最原始的學習形式；這項能力不只是在人類的身上可以觀察得到，也展現在許多其他物種的行為裡。剛出生不久的小嬰兒，就會模仿所見到成人的表情；養在實驗室中的黑猩猩，也會模仿人類實驗者的表情和動作。即使沒有經過長時間的學習過程，在小孩子的身上也很容易就可以觀察到透過模仿所造成的行為改變：在史丹佛大學任教的心理學家，早在四十多年前便已提出研究報告，指出學齡前、三到六歲的孩童，在看過數分鐘、內含成人攻擊充氣玩具內容的短片之後，在被單獨留在一個陌生的環境以導致相當程度的焦慮時，會比其他看不具有攻擊內容之影片的孩童，更容易展現出較高的暴力傾向，並有模仿影片中的攻擊充氣玩具的行為。更令人憂心的是：這些看過具有攻擊充氣玩具內容之影片的孩童，不只是照本宣科的模仿影片中的攻擊行為，也推陳出新的展現出更多的其他攻擊玩具的行為，表示「舉一反三」的能力在這些我們所不樂見的行為模式上，亦會造成影響。儘管這個研究的結果發表於多年之前，但其結果證諸今日校園中動輒傳出的暴力事件，似乎正說明充斥在各種媒體、電玩遊戲中的暴力成分，被學童照單全收並加以「發揚光大」，導致各種校園問題層出不窮。由於透過模仿所造成的學習，往往是在不知不覺的情況下達到潛移默化的效果，因此也難怪孟母要三遷，只為了提供一個良好的成長環境給下一代。

　　儘管利用模仿所達到的學習效果，強調環境對於行為的影響，但這個學習過程仍必須透過改變具有可塑性的大腦來達成。「用盡廢退」是神經元運作的基本特性，也就是說常常一同激發的神經元，其間的訊號傳導和連結便會被加強；常常使用到的神經網路，也會越用越有效率，更容易被激發。反過來說，如果兩個神經元的激發沒有相關，彼此的運作獨立，則其間的連結也就會慢慢消失、不復存在。基於這個重要的法則，學習的過程便是要建立起刺激和反應之間的正確連結，「熟能生巧」也是這個道理。在神經科學所累積的研究成果中，關於經驗影響、改變大腦之運作的例子不勝枚舉，比方說盲人的枕葉皮質區，在長期未接受視覺刺激的情況下，會逐漸變成觸覺區的領域、在這些盲人以手代眼探索外界時，產生神經元的活化。再舉一個例子：每個人的大腦顳葉

皮質區中，都有對於人臉辨識特別敏感的一個區域，而位於此區中的神經元，在一般人身上似乎也對其他的視覺材料不太有反應，只專心負責處理「臉孔」這個對個體生存攸關重大的刺激類別。一個有趣的發現是：鳥類專家在看到不同的鳥類照片時，這個原本被認為只負責辨識人臉的區域，也會有較高的神經元活化現象；相類似的，汽車專家在看到不同廠牌、和人臉特徵相差甚多的汽車照片時，也會激發這個區域的神經元。像這些後天經驗改變神經系統之運作的證據，在在說明了大腦的可塑性，也再次強調所有的學習和行為改變，其背後的生理機制都有相對應的變化。

六、「己所不欲，勿施於人」的生理基礎

關於模仿學習的神經生理基礎，在此值得特別介紹一個近十年來引起許多科學家關注的研究方向，那就是對於「鏡像神經元（Mirror Neurons）」的探討。這方面的報告，最早始於以猴子為實驗對象的電生理研究：如同前面所述，神經科學家們早就知道大腦的不同區域分工合作、各司其職，在運動皮質區的神經元便負責準備並執行各種肢體動作。然而，一群在義大利、以Rizzolatti為首的研究者發現，某些在執行一個特定動作會有較高活化的神經元，在見到別的猴子或是實驗者做出該特定動作時，也會產生較高的激發。換句話說，這些「鏡像神經元」在見到他人的行為時，會好像照鏡子一般的、也預演如果個體自己執行該行為時會有的生理反應。相類似的模仿機制，利用腦造影的技術，也可以在人類的大腦之中觀察到。這些研究結果，為心理學家早就報告出的「觀察學習」提供了生理層次的解釋，也再次驗證了在環境之中、可供模仿的對象的確可以透過改變大腦的連結而達到形塑行為的效果。如果我們希望下一代能夠建立正確的價值觀，就應該要提供他們一個能夠「見賢思齊」的環境。

儘管在各個社會中，合乎倫理道德的行為可能因為所處的時代、文化，而有所不同，但有一些基本的原則，則是舉世皆然、放諸四海皆準。在西方文化中，有所謂的黃金法則（Golden Rule: Treat others as you would like to be treated.），相同的概念在不同宗教的戒條、經典中也都找的到，即古人所說之「己所不欲，勿施於人」。這個法則之所以在不同的種族、社會脈絡中都獲得認同，除了它符合廣被接受的「公平互惠」原則，甚至被認為是一切人權的基礎，也很可能和人類都共有的「鏡像神經元」運作有關。在和疼痛有關的研究之中，科學家發現：當我們自己的身體感受到疼痛時，某些特定神經元會活化；重要的是，同一組神經元在看到他人受苦的照片時，也會有相當程度的激發。這個對疼痛敏感的鏡像神經元系統，使我們能夠設身處地的感受到他人的知覺和情緒；而這種感同身受的能力，也為我們的行為提供了重要的指標，使我們能夠盡量避免造成他人之痛苦。在某些人的大腦之中，這種同理心機制的運作並不正常，這樣的缺陷往往導致自閉症等對社會情境、他人反應不敏感的行為障礙；在了解了這些異常行為的真正成因之後，我們才有可能尋求預防、治療這些疾病的解決之道。

七、結語

　　科學的進展一日千里，我們對於大腦功能的探索，更是如此。在認知神經科學短短的歷史裡，大腦運作的生理機制被仔細的研究、驗證；具體如感官經驗、肢體動作，抽象如自由意志、自我控制，科學家們都在腦中找到相對應的神經元活動加以解釋。儘管道德觀念的建立，是一個持續在社會中進行、長期累積的過程；然而，就如同其他的學習歷程，外在環境所傳達的價值觀也必須透過改變具有極大可塑性的大腦來完成。我們只有在確切的認識大腦之後，才能配合人類與生俱來的生物本能，掌握學習的原則，創造有利的社會環境，以最有效的方式，達到塑造正確價值觀的目的。

CH 7

通「情」達「理」的大腦：道德推理和道德情感的生理基礎

（吳嫻）

我們每天都要面對許多選擇，也要做出不同決策，像是早餐吃什麼、是否帶雨傘出門、要不要闖紅燈去趕公車、遇見跌倒的老伯伯要不要扶他一把。面對這些情境時，多數人都可以快速做出決定，也不覺得這些決定背後有什麼不同的意義。事實上，以上所提及的這些選擇，有些是個人的喜好、和他人無涉，有些則牽涉到和他人的互動，一般社會大眾對這樣的行為有一個價值上的判斷和喜惡。這些可被評定對錯、會對團體中人際互動形成或好或壞之影響的種種行為，便是倫理道德的範疇。畢竟人是有社會性的動物，絕大部分的人都無法離群索居、脫離團體獨自生活，因此了解並遵守符合他人期待的遊戲規則，成為個人生命能自在開展的基本條件，也是一個社會能維持安定和諧的重要基石。

關於合乎普世價值的行為準則如何在不同文明中衍生而來，以及哪些舉止符合眾人心中的倫理道德，在哲學家、社會學家、甚至宗教家的悠久學術探索中，已有相當多的討論和思辨；在近代的科學研究中，儘管心理學家已開始關注到這方面的議題，然而這個傳統上被認為「唯心」的領域，似乎和生理結構無涉、沒有神經科學家置喙的餘地。這樣的想法，在過去二十年間已面臨嚴苛的挑戰；得力於大量研究人才的投入和尖端研究設備的發展，科學家們對大腦的認識，已有長足的進步。不論是具體的感官經驗、肢體動作，或是抽象的高層認知能力（如情緒、記憶、語言、性格），其背後的神經機制都已被科學家的理論所驗證；這些知識的累積，促成了認知神經科學這個學門的誕生和成長。這個以研究人類各種認知功能和其背後生理機制為職志的領域，探討的範圍包括各種不同的人類行為，對於在社會生活中扮演舉足輕重角色的道德推理和道德情感，自然也深感興趣。

在接下來的文章中，我們將先提出來自動物行為的證據，說明符合倫理道德（例如：利他、合作）的表現，並不為人類所獨有。換句話說，儘管倫理道德所規範的是個體間互動的行為準則，但這些觀念卻未必完全是經由後天在環境中學習而來。因為在其他物種身上也可以見到善行的雛形，所以科學家們相信道德感這個概念，也和其他的生理機能一樣，是演化而來、有其神經基礎。承續這樣的看法，我們將一一檢視來自認知神經科學的證據，從腦部受傷的病人所展現出的行為障礙，和

正常人在面對兩難的道德情境時大腦的活化狀況，來說明腦部運作和倫理道德之間的密切關係。

一、人之異於禽獸者，幾希

根據演化論的想法，生物的各種功能，均是在物競天擇、適者生存的壓力之下所演化出並保留下來的特徵，人類的所有認知能力如此，倫理道德的觀念和利他行為當然也不例外。然而，這些對他人有好處的行為，未必能增加個體基因存活下來的機會，為何不同的物種仍然展現出許多互助、利他的行為呢？關於這個演化論所面對的質疑，學者提出了「直接互惠（direct reciprocity）」的概念，作為可能的解釋：從事利他行為儘管要付出代價，但若其結果極可能為個體帶來直接的好處，那麼對以求生存為最高指導原則、必須斤斤計較的生意來說，也不失為一個划算的買賣。比如說，有血緣關係的個體會互相幫助，以增加這個家庭之基因傳承下去的機會；打同一個娘胎生出來的老鼠會彼此分享食物，也是同樣的道理。

在人類社會中，因為「直接互惠」而存在的互助行為比比皆是，必且不只發生於有血緣關係的個體之間。以往在民間盛行的「互助會」，便是一個很好的例子：通常開始召集一個自助會的「會頭」，是急需一大筆現金、手邊又沒錢的人。這個會頭找來一群親朋好友（彼此未必有血緣關係）提供現金，並按月攤還本金加上利息。這群願意參加這個互助會的人，大部分不是本著助人於危難之中的想法；他們除了基於和會頭的個人情誼，以及可獲得的微薄利息之外，主要是著眼於自己一旦需要一筆現金應急時，也可以標下這個互助會，即使沒有這樣緊急的狀況，這些付出的金錢也一定有回收的一天。在今日社會中，由於會頭「倒會」捲款潛逃的例子時有所聞，因此這種形式的互助行為已不再盛行，因為當「直接互惠」的條件並不總是被滿足（即參加互助會的個人未必總是能在未來受惠於這個制度）時，個體互助的意願就大大降低了。

「直接互惠」這個說法，可以解釋在回報總是可預期、一定會發生

的情況下所產生的互助、利他行為，但卻難以解釋人們為何會無私、不求回報的幫助不認識的人，儘管對方有朝一日能有所回饋的機率微乎其微。像捐錢救助因南亞海嘯、九二一震災而流離失所的難民，或是在死後捐贈器官給有需要的病人，縱然從事這些善行的人本身享受不到做這些好事所帶來的好處，願意慷慨付出的仍大有人在。為了說明這種似乎為人類所獨有的、無私的利他行為，有些學者進一步提出「間接互惠（indirect reciprocity）」的理論。根據這個理論，個人的善行義舉雖然可能導致眼前財物、精力上的損失，然而熱心助人的好名聲（或是見死不救的壞名聲），會在團體之中傳開，個體的行為也會被團體中的其他成員所評斷。因此幫助他人可以說是一種累積個人聲望的投資：如果一個人平時造橋鋪路、嘉惠鄉里，當他遭遇危難時，別人自然願意伸出援手；反之，如果一個人總是自掃門前雪，那麼當他需要幫助時，別人可能便相應不理了。

　　「間接互惠」的理論，似乎暗示著合乎倫理道德的行為，都是個人經過縝密計算、深謀遠慮之後才有的表現。然而，其他以較原始形式所展現的利他行為，並非只能在號稱萬物之靈的人類身上觀察到。一組在瑞士的研究者所發表的最新研究報告就顯示：從母老鼠的身上，也可以觀察到這種不計較個體私利、為團體其他成員付出的無私舉動。在這個實驗中，研究者將兩隻母老鼠放在緊緊相鄰的兩個籠子裡，並設計了一種產生飼料的裝置，如果其中一隻老鼠拉動了這個裝置，雖然對牠本身並沒有任何好處，但另一隻老鼠將會得到食物。在經過八個星期的練習、老鼠學會了拉動裝置所造成的後果之後，研究者發現：在接下來的五天實驗期當中，如果一隻老鼠的伙伴拉動製造飼料的裝置，使牠獲得食物，那麼這隻老鼠在第六天和一個全新的伙伴配對時，也會愛屋及烏、推己及人的為這個新伙伴製造食物。相反的，如果這隻老鼠的伙伴在實驗期當中都沒有拉動製造食物的裝置，那麼這隻老鼠在第六天遇到新伙伴時，也就冷漠以待，有較少幫助伙伴獲得飼料的行為。這種在動物身上所觀察到的行為模式，和人類的表現不謀而合：研究者透過實驗的方式，發現不知情的受試者在公共電話的退幣孔中撿到錢時，會比沒有撿到錢的受試者更願意幫助他人撿起掉落在地上的報紙。這些有趣的

實驗，說明了不論是擁有簡單大腦的老鼠或是複雜大腦的人類，在經歷了適當的鼓勵和其他個體的善意對待之後，都可以有樣學樣的展現出無私的利他行爲。這樣的現象，很可能是因爲這種行爲模式能爲團體的生存帶來最大的利益，因此支持這種行爲模式的基因就被保存下來，終究成爲人類互助合作、與人爲善的生理基礎。

如果在動物界所觀察到的善良意念和行爲，是一個演化來的特徵，而倫理道德的概念，也是大腦所掌管的功能之一，那麼在這個神經系統中，究竟哪一個大腦區位和道德觀的發展和形成最有直接的關係？大腦的活動又是如何支持、影響倫理道德的判斷和實踐？要回答這些問題，我們擁有的一個線索是在演化進程中最晚出現的大腦額葉。大腦的這個部分，在越高等的動物腦中，占據越大的比例，間接顯示這個部分神經元的運作，可能和高等動物身上才見到的複雜認知能力有關。以下，就讓我們進一步說明大腦額葉之於道德觀的重要性。

二、道德的主宰：大腦前額葉

早在科技進步到可以即時偵測大腦的運作之前，神經科醫生就已經從腦傷病人的身上，觀察到認知功能和腦中不同區位之間的關係。舉例來說，因爲中風、車禍等原因造成頭部受創的病患，如果其受傷區域在左半腦額葉的布洛卡區（Broca's area），通常在產生口語時會出現障礙，而在左半腦顳葉威尼奇區（Wernicke's area）有損傷的病人，則通常對理解口語感到相當困難；這些病人被統稱爲患有失語症。在這些臨床觀察到的個案當中，有些病人的腦部創傷，造成其遵守倫理道德方面的缺陷和障礙；而在這些報告裡，又以一位美國鐵路工人Phineas Gage的案例最爲有名，不僅在當時引起相當廣泛的討論，並啓發了許多後續的研究。

在1848年9月13日，美國新英格蘭區的一位鐵路工人Phineas Gage，在工作時因一意外的爆炸，被一長109公分、直徑有3公分粗的鐵棍，自其左頰下方穿入其頭部的前方；因爆炸的力道太強，那根鐵棍打穿了Gage的頭，再自頭頂飛出。在這個可怕的意外之後，Gage不只奇蹟

式的生還，更令人驚訝的是他的一般認知功能似乎毫無受到影響。Gage的智商、記憶、語言、動作、知覺等能力，均和受傷之前相若，並未出現障礙。然而，在他身邊的人很快就發現到這個意外所留下的後遺症：Gage由一個社會適應良好、勤快負責的年輕人，變成了一個善變、對他人漠不關心、不負責任的人。因為不在乎他人的眼光和感受，他在公眾場合常會出現不合宜的行為；因為總是未完成別人交代的事情，Gage很快的便丟了工作，一直到去世前都沒有一個穩定的工作。儘管Gage沒有因這個意外而喪命，在他周遭的人都覺得原來他們所認識的Gage雖生猶死，因為「他已經完全變了一個人」。

根據Gage在腦傷之後的行為，以及利用尖端電腦和影像科技重建他當時因鐵棍穿刺所受傷的腦中部位，研究者推論：大腦前額葉負責計畫和執行合乎時宜、符合社會期待之行為，而此一能力正是了解倫理道德、遵守社會規範的基礎。換句話說，位於大腦額葉之神經元的正常運作，和表現出適當、合乎道德標準的行為，關係非常密切。有人可能會質疑：從單一病人的表現，是否可以得到適用於所有人身上的通則？然而繼Gage之後，也有其他前額葉受傷的病人，被報告出有類似的異常行為。例如：兩名自幼便有前額葉腦傷的病患，雖然仍有正常的智能、認知發展，但他們從小便出現許多違背生活常規的行為，像是說謊、順手牽羊、不交作業、不注重個人衛生。當師長對於他們的這些不當行為要加以管教時，這兩個病人也都不害怕師長的懲罰，很令人頭痛。隨著年紀漸長，這兩個病人的各種偏差行為也變本加厲，包括未婚生子、積欠大筆信用卡債務，但他們對這些問題從來不思解決，也從來不會對自己所犯的錯感到後悔或有罪惡感。值得注意的是，這兩個病人都來自正常的中產階級家庭，父母均有大專學歷，其他手足也發展得相當健康，可見他們無法正常發展出道德感來指引自己的行為，並不是受到環境的影響，應是肇因於幼年時的前額葉腦傷。

除了以上所介紹的這些單一個案，大規模的研究也支持大腦前額葉的運作對於倫理道德的影響至為重大。在美國國家衛生院作研究的葛夫曼教授（Jordan Grafman），在調查了279位因為越戰而受到腦傷的退伍士兵之後，發現受傷部位在前額葉的士兵，比其他大腦部位受傷的士兵

更容易有暴力的傾向，也有更多的攻擊行爲。另外，瑞恩教授（Adrian Raine）以被診斷爲具有反社會人格的病人爲研究對象，也發現他們大腦前額葉的灰質比一般人少，反映出的是這個部位有較少的神經細胞。同時，這些病患在做道德判斷、推理作業時，大腦前額葉的活動量也比正常人來的低。根據以上的說明，我們不難推想：要區分身爲萬物之靈的人類和其他物種，高層、複雜的社會常規、倫理道德，是一項重要的指標，而在大腦演化歷史中最晚出現的前額葉，很可能便是負責、支持這些認知歷程的生理結構。

　　儘管科學家已提供了相當多的實徵證據，來闡釋各種抽象的認知能力（包括道德觀）背後的神經機制，以說明所有意念和行爲的產生，都有其生理基礎，但我們在此也必須強調，這並不是要否定後天環境對於認知功能、社會行爲的影響。讓我們用一個實例來表明這個立場：一位出生於富有家庭的西班牙男子，當他二十一歲時（西元1937年），正值西班牙內戰，一晚被迫跳窗逃命，卻不幸墜落、並被柵欄的一根鐵棍尖端刺穿了他的頭部前端。無獨有偶的，這位西班牙男子和我們前面介紹過的Gage一樣幸運，並沒有在這場意外中送命；儘管這根鐵棍的尖端使他左右兩腦的前額葉和左眼球遭受損傷，這位病人在經過醫療之後，一般的認知能力、智力等功能，都恢復到意外發生之前的水準。

　　如同Gage和其他大腦前額葉受傷的個案，這位西班牙病人在運籌帷幄、負責協調其他基本認知功能的執行能力上，出現典型的障礙。他沒辦法擬定切合實際的目標、規劃適切的步驟來達到最終目的，也缺乏動機，無法自己開始、持續、並完成一個計畫。然而，儘管這位病人的前額葉也遭受到嚴重的損傷，他卻沒有和Gage以及其他個案一樣展現出反社會的想法和行爲。這位病人在意外發生之後，與青梅竹馬的對象結婚，並育有子女，過著正常的家庭生活，安享晚年到八十多歲。研究者認爲這個個案能夠在生理機制有重大缺陷時，還擁有相對正常的人生，應該要歸功於這位病人的家庭和社會支持系統非常健全，提供了一個資源豐富並充滿體諒、善意的環境，因此其認知障礙不至於影響到他的家庭和工作。透過以上的這些證據，我們希望說明的是：倫理道德感的形成和運作，並非只是環境、教化的產物；在我們的大腦之中，有一個專

司這些歷程的生理機制，其功能的正常與否，會決定我們的社會行為，也包括倫理道德的實踐。然而，大腦的運作並不是唯一會影響到認知歷程的因素，後天的環境也扮演著相輔相成的角色。只有在清楚的了解決定道德觀的種種原因，和它們彼此之間的交互作用之後，我們才能提供最好的學習環境，並找出傳遞、教導合宜行為準則的最佳方法。

三、兩難的道德困境

　　讓我們先來看看以下這個例子：假設你正站在一條鐵軌分叉到兩條支線的交會處，發現有一輛火車從不遠處疾駛而來。如果火車按照既定的軌道行進，將駛上左邊的支線；不巧的是有五個不知火車就要開到的工人，正在鐵軌上工作。你此時可以什麼也不作，任那五個工人命喪輪下，或是你可以調整就在你身旁的扳手，讓火車開上右邊的支線。叫人為難的是，右邊的鐵軌上也有一個工人在工作，你必須決定要不要改變火車的軌道，讓一個人或是五個人犧牲。如果是你，你會怎麼作？

　　讓我們再來假設另外一個非常相似的情境：仍然是有一列火車疾駛而來，按照既定軌道，那輛火車會壓死不知大難臨頭的五個鐵路工人。此時你正和另一個人站在一座跨越軌道上方的橋上，你可以選擇什麼也不作，任那五個工人命喪輪下，或是你可以把你身旁的人推到橋下的鐵軌上，阻止火車繼續前進（讓我們假設「自己跳到鐵軌上阻止火車前進、捨己救人」不是選項之一）。你必須決定要不要奮力一推，讓一個人或是五個人犧牲。如果是你，你會怎麼作？

　　以上所列舉的情境的確令人進退維谷，很難快速的做出一個決定。好在類似的道德困境，不常出現在我們的日常生活中，這只是哲學家們用來研究形成道德判斷之準則的一些假設情境而已。如果你的反應和大多數人一樣，那麼在第一個情況下你會選擇調整扳手，但在第二個情境中你卻不會選擇推身旁的人去阻止火車前進。哲學家所關心的焦點，或許在於辯論這種情況下作什麼樣的抉擇才是正確的，而認知科學家感興趣的問題，則在於彰顯道德決策的不一致：基於理性的判斷，我們應該在兩種情境下都會選擇「犧牲一人的性命來救五個人」或是「我不能造

成任何人喪生，所以袖手旁觀」，然而這並不符合大部分人實際做出的決策。究竟是什麼原因造成不一致的道德判斷呢？

　　我們在道德困境中不一致的選擇，正好呼應了不同哲學家對於倫理道德的成因所提出的兩種可能解釋。柏拉圖（Plato）和康德（Immanuel Kant）等人認爲，人類之所以能夠擇善棄惡，乃是利用理性思維去探究出對的行爲，就如同我們在「計算」出五條性命比一條性命重要之後所做的道德判斷。另一方面，休謨（David Hume）和史密斯（Adam Smith）等人則認爲，支持驅使道德行爲的動力，乃是道德直覺，是面臨抉擇時的立即情緒反應，而非深思熟慮之後的結果。即使我們的理性告訴自己救五個人比救一個人重要，但心中強烈的道德情感卻阻止我們親手做出加害他人的動作。

　　承襲哲學家的不同想法，心理學家對於倫理道德所提出的理論，也大致可分爲強調理性和感性的兩派。皮亞傑（Piaget）和柯爾堡（Kohlberg）認爲，道德感和其他認知推理能力（如：抽象思考、後設認知）相輔相成，因此兩者的發展也表現出相類似的時程和階段性。不同於這樣的想法，近二、三十年來的社會心理學家，如霍夫曼（Martin Hoffman）和海德（Jonathan Haidt）等人，開始重視同理心（empathy）在道德決策中所扮演的角色。透過上面所舉的例子，我們不難發現：不同學者的看法可能都對，也就是說道德推理和道德情感對於道德判斷同樣重要，只是這兩種機制發揮較大影響力的時機不同。當所面對的情境不引發強烈的情緒反應時，我們可以根據理性選擇，並做出會帶來最佳結果的行爲；但當所執行的行爲會和我們的情感相衝突時，感性似乎便會超越理智，主宰我們的行動。奠基於這些理論，認知神經科學家更要進一步追問：在道德判斷中發揮不同作用的兩種認知歷程，是否也是由大腦中兩套不同的生理機制所支持？這些相對應的「道德推理中心」和「道德情感中心」，只在作和倫理道德有關的判斷時才參與運作嗎？它們和我們所擁有的其他認知功能有何關聯？

四、通情達理的道德腦

　　透過以上的介紹，我們知道在某些情境下人們可以根據理性來作道德判斷，但當情緒也介入這個決策過程時，似乎道德情感便會凌駕於推理所得的結果之上，主宰我們的選擇。為了了解這兩種抗衡的力量，是否涉及大腦中不同區位之神經元的運作，和其他的認知功能又有何異同，研究者葛林（Joshua Greene）和他的同事利用功能性腦造影術，來測量一般人在對道德困境進行判斷時，腦中不同區位的帶氧血流量。此一技術可以即時偵測到腦中不同區域在同一時間所需要的帶氧血流量，也就是該區域所需要的養分，代表神經元的活化程度；藉由這樣的測量，我們可以推論具有高帶氧血流量的大腦區位，和受試者正在進行之認知作業所需要的能力，有非常密切的關係。

　　在這個重要的實驗之中，研究者發現：某些必須做出道德判斷的情境，可以僅根據理性做出決定，不太牽扯到感情層面，像是前面所提及調整鐵軌旁的扳手以改變火車走向、犧牲一人以救五條命的例子。另外，將路上撿來的錢據為已有（因為不會親身感受到掉錢者的焦急），或是投票支持自己的國家出兵攻打另一個國家（因為不會親眼見識到人民在戰爭中所受的摧殘），也是屬於這一類型的決策。在這些例子中，個人行為所帶來的不幸後果，並不切身，也不容易直接引發強烈的情緒，因此我們可以站在事不關己的角度，只利用理性考慮行為結果的利害得失。當道德推理在這些情境中運作，以幫助我們形成決策時，大腦前額葉的後側部分（dorso-lateral prefrontal cortex, BA46）和頂葉中的某特定區域（BA7/40），都可觀察到較高的活化狀態。有趣的是，這些區域同時也參與其他和道德無關的推理歷程；換句話說，在我們腦中負責回答謎題、解決生活中各項挑戰的神經網路，也參與道德推理的運作。

　　相較於上述所列的幾個道德困境，以下的例子便顯得截然不同：如果你是一位醫生，可以偷取一個病人身上的不同器官來救五個病人，你會怎麼做？如果你是一個猶太母親，和其他許多猶太同胞一起躲在地下

室中躲避納粹份子的追殺；此時你懷中的孩子開始哭鬧不休，極可能會引起外頭納粹份子的注意，而導致所有人的殺身之禍。你可以選擇任孩子繼續哭鬧，或是冒著悶死他的風險、摀住他的口鼻，你會怎麼做？這些情境，就像要推一個人到鐵軌上以解救其他五個人一般，雖然理性很清楚得指出一個損失較小的選擇，但我們在情緒上卻很難接受這樣的推理。當面對這些引發強烈道德情感的困境時，一般人通常較不根據負責解題的神經網路來做判斷，反倒是依賴掌控情緒的生理機制，也就是會隨著情緒強度高低而展現出不同活化程度的那些大腦區位（medial frontal gyrus (BA9/10), posterior cingulate gyrus (BA31), inferior parietal lobe (BA39), superior temporal sulcus）。

　　以上這些研究結果告訴我們，在面對道德困境時，就像要解決生活中的其他難題一樣，有時我們根據理性做判斷，有時則訴諸感性；這些處理歷程背後的生理機制，不分道德與否，都和腦中的推理系統和感情系統有關聯。在葛林一系列的研究之中，還有一些有趣的發現：有些人擅長用分析事理的方式來做出決策，有些人則容易感情用事、相信情緒所引發的直覺；這些個別差異，也反映在理性系統和感性系統的相對活化程度上。在上面所舉的、身為一個猶太母親的道德困境中，仍有些人會在天人交戰之後，選擇顧全大局、悶死自己的小孩來保全多數人的性命。做出這樣決定的人，其推理系統的腦部活動量就比其他依賴感性做判斷的人來得高。另外，不論是道德推理或道德感情的生理機制，都不只是對以文字描述的道德情境有反應；一張會引發同理心的照片，也會觸動道德情緒的系統。根據這些資料，研究者做成以下的結論：所有的決策（包括道德判斷），都是腦中不同部位所支持的系統交互作用下的產物。而同理心和道德行為之間的密切關係，很可能奠基於這兩種認知歷程皆依賴的相同生理機制，這也呼應了前面所介紹的、來自腦傷病人的實驗結果。

　　儘管人們在兩難道德困境中的抉擇，提供了一個獨特的機會，讓我們透過理智和情感的衝突，一窺和道德判斷相關的神經機制，但畢竟這些困境是假設中的情況，和人們日常生活中所遇到的真實處境有很大的不同。對於在一般情況下適用的倫理道德認知，在這方面有深入研究的

葛夫曼教授和他的同事，綜合來自腦傷病人和腦造影實驗的證據，在2005年時提出了一個統整不同成分的架構，說明人類的倫理道德觀念以及因之而生的合宜行為，不只受到大腦前額葉的控制，而是三種歷程交互作用下的結果。在這個理論架構中的第一個成分，是儲存在大腦前額葉的「結構性事件知識（structured event knowledge）」，也就是建立在情境線索、環境訊息這些背景之上的社會知識，使我們對特定事件發生的順序有所期待，因此可以做出適當的反應。和倫理道德有關的第二個成分，是儲存在顳葉的「社會性知覺和功能特徵（social perceptual and functional features）」，也就是我們據以判斷他人意向的知覺性和功能性的線索。比如說，當我們看到一個人流露出特定的眼神、做出某一個臉部表情、或是擺出某一個姿勢時，我們可以推知對方的心理狀態，進而有所反應。在這個理論架構中的第三個成分，就是由大腦邊緣系統所負責的「中央動機狀態（central motive states）」，也就是決定行為的情緒、驅力，和前面所介紹過的感情系統之功能相同。腦中的這三個認知歷程各司其職，彼此又互相合作，使我們得以根據來自感官系統的訊息，佐以前額葉所提供的社會知識，配合當時的情緒狀態，做出最適宜、符合倫理道德的行為。

五、結語

倫理道德的建立和實踐，是一個非常簡單的問題，因為一切存乎一「腦」，只要我們體察演化而來的特徵，任大腦中的不同認知歷程扮演好它們的角色，合宜的社會行為便能相應而生。倫理道德的建立和實踐，也是一個非常複雜的問題，因為後天的環境和教化，會透過影響儲存在大腦前額葉中的社會知識，牽動到整個和倫理道德有關的神經網路，進而改變個體的行為模式。

透過以上的說明，我們認識到了抽象的倫理道德背後也有具體的生理基礎，可見大腦之於了解並做出符合社會規範的行為，其重要性並不亞於後天的環境因素。只有在明白不同因子對於倫理道德的影響，以及認知功能中的推理能力和情緒反應如何相輔相成、幫助我們做出判斷之

後，我們才有穩固的基礎，來發展相應的教育方法，促進善行的發生，並減少惡行的出現。也只有在明白了生理機制對社會行為的影響之後，我們在試圖改變偏差行為時，才能同時考慮到大腦的功能，對症下藥，而不只是一味的怪罪給家庭或學校。最後必須強調的是：合宜的社會行為乃根源於在健康環境中正常運作的神經系統，這是一個科學上的事實，但並不代表因生理造成的偏差行為就應該被原諒或無條件接受，也不代表後天的補救治療或矯治都將徒勞無功。儘管今日的知識和技術，仍無法對所有的偏差行為提出完善的解決之道，但我們已踏出了解偏差行為的正確第一步，後續的研究將增加我們對這些道德問題的了解和掌握，也使我們更接近改變、預防惡行的目標。

孟子說：「人之異於禽獸者，幾希。」的確，當我們在其他物種身上，也觀察到各種利他、互助行為的雛形時，除了更確立人類的各種認知功能乃演化而來之外，我們也該思索如何不負「萬物之靈」這個稱號。人類所擁有的更多認知資源和「腦力」，已經使我們有更進步的社會認知行為，可以根據社會情境進行複雜的計算，並針對計算出來的結果做出準確的預測，用以調整自己的信念和接下來的行為，以產生最適應環境的反應，靈活的因應生命中不斷出現的變局。然而，我們目前所處的世界尚不完美，扭曲人性的個案時有所聞；面對層出不窮的社會暴力事件，所有關心人類未來的有識之士都應深思：如何善用人類腦中的善性，創造一個健康、充滿支持力量的環境，因勢利導，為一個更好的明天而努力。

CH 8

變調的性格與失調的大腦

（洪志成）

當我們說「那個人熱情豪爽」時，指的是他的性格；說「那個人值得信賴」時，指的是他的人格。「性格」比較強調一個人先天的情緒與意志，「人格」則強調其後天的修為與教養，因此我們只說「人格養成教育」，不說「性格養成教育」。不過這兩個名詞在許多場合不見得有那麼明顯的差異，因此常常被混雜著用。

一個人的性格（人格）有很好的恒定性，不會輕易改變，一旦「變調」，例如變得疑神疑鬼，擔心被人陷害，喃喃自語，舉止怪異；或變得焦慮不安，不敢與人來往，退縮膽怯，總是往壞處想；或變得慷慨激昂，喋喋不休，愛打抱不平，常常與人吵架等[1]，就可能有很重大的原因。什麼原因可以讓一個人的性格變調？社會風氣、家庭氣氛、結交損友、教育失衡等環境因素？還是潛意識作祟、價值觀扭曲、過去創傷經驗等心理因素？還是人性本惡、命中註定的基因因素？

一個人如果腦部受傷或中風，性格變得不一樣，大部分的人都能理解，但是當一個人「莫名奇妙」地變得不一樣，一般人就傾向以「環境壓力」及「心理因素」來解釋。要了解性格變調的原因必先了解決定性格的因素，過去數十年來，心理決定論、環境決定論、基因決定論各有其龐大的擁護者，本文在簡短介紹這三種論點之後，以實際案例來闡述我個人提出的「腦功能決定論」，建議以「大腦失調」的觀點來看待不合常理的性格變調。

一、心理、環境決定論

弗洛伊德（Sigmund Freud, 1856-1939）所衍生出來的「心理決定論」[2]，認為潛意識對人的性格和行為會有深遠的影響，他們用心理分析的方法來挖掘內心深處被壓抑的慾望。這種論點與方法在文學、哲學、心理學上產生很大的影響。但美國心理學家John B. Watson（1878-1958）卻在1919年倡導「行為學派」，他認為心理學應該研

---

[1] 有些性格變調的問題有可能是憂鬱症、躁症、精神分裂症等精神科的疾病。

[2] 「心理決定論」、「學習決定論」與「腦功能決定論」是筆者在此文裡自創的新名詞。

究可以觀察、可以量化、可以複製的行為，而不是解釋難以驗證的自由聯想或心理分析。行為學派所依據的學術理論，一個是Ivan Pavlov（1849-1936）的古典制約，一個是Burrhus F. Skinner（1904-1990）的工具制約。Pavlov從狗的實驗過程中，發現食物與鈴聲的連結，可以讓狗聽到鈴聲之後胃液分泌增加，這個發現使他獲得1904年的諾貝爾醫學獎。Skinner讓老鼠學習操縱槓桿以獲取食物，而改變老鼠的行為。早期的行為學派只注意到外在可控制的獎賞條件，後來發現內在心理的感受也是重要的條件，就更能強化學習的效果。例如數學成績好的學生會因為榮譽感而更積極研習數學，數學總是不及格的學生則可能會因為「學習到不可能成功」（習得無助）的概念，而放棄數學。行為學派相信人天生就像沒有內建程式的電腦，需要從環境加入軟體，輸入資料才可以變成完整的個體，需要透過獎賞與懲罰，才會形成完整的人格。行為學派不只在教育的領域產生極大的影響，也使人類社會在制約、反制約的學習模式中，衍生出許多道德觀和價值觀。行為學派最極端的例子是「洗腦」，韓戰期間被中國俘虜的美國戰俘，有些回到美國後竟然在自己的國土引爆汽油站、火燒電影院、搶奪民宅……他們被制約成只要看到美國人的東西就要攻擊。美國還為此立法，規定曾經受到中國「洗腦」的人民，其違法行為免受法律制裁！[3]

二、基因決定論

1950年代的行為學派已經到了不可一世的地步，但我們還是常常看到同一個家庭長大的兄弟，其個性和脾氣截然不同。兄弟姐妹在同一個屋簷下長大，有相同的父母、吃相同的食物、接受相同的獎賞與處罰，卻長成非常不同的人。明尼蘇達州雙生子研究（Bouchard et al.,

---

[3] 行為學派所測量的雖然是「行為」，但其重點是環境因素與學習的效果，因此筆者認為其核心理論應該稱為「環境決定論」或「學習決定論」，而不是「行為決定論」。行為是結果，不是因，心理決定論、環境決定論、基因決定論與腦功能決定論所論述的是「影響行為的主要因素」。持續的行為模式會表達出一個人的性格，因此這些論述所所爭議的也可以說是「誰才是決定性個的主角？」。

1990），對從小被不同家庭領養，也沒有彼此接觸的同卵雙生子進行研究。研究結果發覺這些雙生子有很多的個性和行為都近似，有些甚至連細微的動作與裝扮都近乎神奇般地一模一樣。由於同卵雙胞胎在基因組成上是完全相同，這個例子讓人不得不懷疑，行為、個性、智商似乎也會遺傳。1950年代的研究者大多認為，精神分裂症[4]是病態的養育方式所造成，因為精神分裂症患者的母親常常有思考不流暢與溝通方式異常的問題。但是Ketty S.等人在1975年時發現，被領養的小孩，後來罹患精神分裂症的比率，與其原生父母是否有精神分裂症有關，而與領養人沒有關係，表示精神分裂症有遺傳的傾向。[5]

　　還有不少例子可以支持基因學派的論點。例如Brunner在荷蘭發現一個家族裡多人有弱智與嚴重暴力的問題，而且那些人都在MAO-A基因上有相同的單點突變。（Brunner, 1993）雖然之後沒有在其他暴力犯人身上發現類似的突變，但Cases等人所製造出來的MAO-A基因缺損的突變鼠，也有比較高的攻擊性（Cases et al., 1995）。Caspi等人針對追蹤了26年的442名男性，研究為什麼有些受虐待的兒童，長大成人以後會有反社會行為，有些卻不會。結果發現受虐待的兒童中，MAO-A活性低的人容易有反社會行為。（Caspi et al., 2002）

　　HPRT基因突變造成hypoxanthine phosphoribosyltransferase不足的小孩，出生時外觀無特殊異常，但兒童期卻有85%會自殘，常有撞頭、打頭、挖眼睛、咬手指、抓傷等行為，甚至造成手指與嘴唇殘缺不全，臉部頭部傷痕累累。若以行為學派的觀點來看，事情的原因應該與小孩身旁的人事物有關，因此會認為小孩不是被父母打傷，就是被虐待到痛不欲生，想要自殺。類似的誤解就活生生地發生在英國，Angela Cannings的三個兒子分別在1989、1991與1999年突然死亡，死亡的小

---

[4] 精神分裂症的主要症狀是覺得別人知道他們的想法、有人在陷害他、監視他或他可以讀出別人在想些什麼；可以聽到事實不存在的談話聲，內容有時是指責批評，有時是指揮命令；患者常常表情平淡，缺乏動機，說話內容貧乏或沒有邏輯。

[5] 精神分裂症有遺傳的傾向，但不表示父母有精神分裂症，其子女就一定會得精神分裂症。父母之一有精神分裂症時，其子女罹患精神分裂症的機會是5-10%，而一般人罹患精神分裂症的機率是0.5-1.0%。

孩在解剖後都找不到原因，陪審團聽信小兒科權威Roy Meadow教授的
證詞，認為小孩不可能無故死亡，更不可能在一個媽媽發生三次，因此
認定Angela謀殺了她自己的兒子，她在1999年被判終生監禁。後來嬰
兒猝死症的基因逐一被發現，上訴法庭才認為Meadow教授的證詞大有
問題，Meadow教授雖然聲望極高，但他的舊知識裡根本沒有「基因突
變可以導致嬰兒猝死」這回事。上訴法庭在2004年12月將Angela改判
無罪，當庭釋放，那時Angela已經被關了20個月。（Taylor, 2004）後
來英國政府下令重新調查過去十年裡，258起類似的案件。位高權重的
Meadow教授在2005年7月被英國醫學會開除會籍。

　　基因突變引起的失智症也會改變人的性格。我有一個病人，發病前
是個個性溫和的老實人，四十二歲之後卻逐漸卻變得容易發脾氣，與人
有一點小摩擦就激動得亂摔東西，甚至動手打人。三年後他變得很健
忘，常常忘記爐火上的開水，忘記自己的錢放在哪裡，買過的東西又重
複購買，甚至忘記回家的路。經過DNA分析，我們發現他的Presenilin基
因發生突變，他的二哥也有類似的性格變調與相同的基因突變。這是早
發性阿茲海默氏症常見的病因，這個病除了有記憶退化的症狀之外，也
會出現性格上的改變。過去八九年，我的實驗室就診斷出十幾個這種基
因突變，而有智能退化及性格變調的案例。

　　1996年Lesch等人的研究顯示，血清素轉運子（serotonin
transporter, 5-HTT）（百憂解所作用的分子）的基因型會影響一個人是
否容易焦慮的個性。他們分析505個人的個性與他們的5-HTT基因型，
發現短基因型的人，細胞的5-HTT比較少，容易焦慮。Capsi等人針對
847個人所作的研究，發現5-HTT短型的人在遭遇重大壓力後，比較容
易產生憂鬱與自殺的意念。我們在2001年以百憂解治療一群憂鬱症的
病人時，以Hamilton憂鬱症量表評估病人治療前與治療後的差別，發現
5-HTT短型的人療效比較差，他們的憂鬱與焦慮症狀連百憂解都不容易
扭轉。（Yu et al., 2002）這些證據雖然顯示人的情緒會受5-HTT基因影
響，但只影響一小部分。基因學派的人相信還有更多的基因與人的情緒
及性格相關，只要逐一釐清，就有機會靠著基因分析預知一個人的情緒
與性格。

三、性格的組成

　　思考邏輯、思想內容、情緒、專注力、記憶力與身體感覺是組成性格的基本成分。我這樣說，是因為不同的「性格成分」有不同的神經傳導路徑，它們出問題時，會表現出不同型態的性格變調，也要用不同的藥物來治療。思考邏輯障礙的人不容易把道理講清楚，嚴重時甚至答非所問，語無倫次，如精神分裂症，可以用拮抗多巴胺合併拮抗血清素的非典型抗精神症藥物（atypical antipsychotics）來治療；促進多巴胺與血清素傳導的古柯鹼與迷幻藥則會讓人思考邏輯混亂。思考內容有問題的人容易脫離現實，產生疑心，甚至認為週遭的人都在陷害他，例如妄想症，可以用拮抗多巴胺的藥物來治療；反之，促進多巴胺傳導的安非他命就會讓人產生被害妄想。情緒低落的人天天悶悶不樂，哀聲歎氣，嚴重者會覺得生不如死，企圖自殺，如憂鬱症，可以用抗憂鬱劑治療；但是破壞神經末梢傳導的藥物，如reserpine，卻可以造成憂鬱症。興致太高亢的人會自我膨脹、滔滔不絕，激動不安、到處得罪人，例如躁症，可以用鋰鹽（lithium）或帝拔顛（depakine）來治療；然而，中樞神經興奮劑如快樂丸（MDMA），就會造成類似躁症的症狀。注意力不能集中的人總是心不在焉，動來動去，無法學習新事物，例如過動症，可以用利他能（Ritalin）來治療。記憶力差的人會忘東忘西，忘記與人約定的事，忘記家人的名字，忘記回家的路，如阿茲海默氏症（Alzheimer's disease），用乙醯膽鹼攟（acetylcholinesterase）抑制劑來增加神經末梢的乙醯膽鹼，可以減緩智力退化[6]；相反地，如果用scopolamine來對抗乙醯膽鹼，則會使記憶力減退。身體感覺失調的人容易感覺心悸、胸悶、消化不良、手腳發麻，比較容易緊張，甚至產生焦慮症或恐慌症，

---

[6] 目前用來改善知能障礙或使知能減退的速度減緩的藥物，以乙醯膽鹼酵素的抑制劑為主。停止疾病本身的退化或減緩其退化，然而只對約1/3輕度及中度嚴重的患者有所助益，而且不能根治。1999年7月舊金山一位學者（Schenk et al., 1999）發現以類澱粉蛋白定期注射於年輕的基因轉殖小鼠，可防止類澱粉在其腦內的沈積。如注射於年老小白鼠，可減少類澱粉斑的數量。他的研究帶來了以疫苗注射來預防阿症的新希望，而且已經在進行人體試驗。

可以用抗焦慮劑來治療；反之，使用過量的交感神經促進劑，則會讓人有焦慮不安的感覺，縮膽囊素（Cholecystokinin）B型受體促進劑，如tetragastrin或pentagastrin則會引起恐慌發作。嚴重的感覺異常，如聽到一般人聽不到的談話聲，感覺身體或意志受無形力量的控制，可以用抗精神症藥物治療；而安非他命或迷幻藥卻會讓人產生幻覺與妄想。

四、性格變調的例子

我在臨床工作上，每天都看到很多因為理性、情緒或感覺異常，而性格變調的人。這些人大多有家人朋友的鼓勵、支持、安慰，他們嘗試過求神、問卜、算命的方法，參考過很多心理叢書，經過好幾個月，甚至好幾年的努力，結果問題沒有改善，甚至逐漸惡化，惡化到連家人都會說「他的性格本來不是這樣的」，「他已經完全變了個人」，才會想要去精神科看看，而且看的時候往往會說：「我們是不得已才來看這一科的」。如果把「精神科」改成「腦科」或「腦功能科」，或許可以讓病人與家屬早一點面對「嚴重的性格變調有可能是大腦失調」的問題。為了幫助讀者了解，我用幾個臨床上的案例，來說明為什麼有些「性格變調」的源頭在「大腦失調」，而不是「心理作用」或「環境壓力」，也不一定要急著去釐清是否「基因註定」。能把失調的大腦調整回來，使變調的性格回復原貌，遠勝過一大堆不能證實的解釋。

案例一

2002年年底，一位四十幾歲的中年男子A先生，在其母親的陪同下來到我的門診。他的右手手腕裹著厚重的紗布，因為他在十天前割腕企圖自殺，把右手的五條韌帶、神經、靜脈與動脈都割斷了。A先生面無表情，不發一語，其母說他在大陸的生意失敗之後就一直悶悶不樂，回到臺灣之後又被人倒帳，因此憂鬱症復發。我問：「他以前也得過憂鬱症？」他媽媽說：「第一次是因為跟他太太吵架，第二次是因為生意太好，太忙沒有休息。」那二次發病分別給不同的醫師看，但在病歷上都有「情緒暴躁，有想死的念頭……」，及「對於抗憂鬱劑治療的反應良

好，但病人不願意繼續服藥」的記錄。其母交給我一張字條，是A先生割腕之前所寫的：「不知道為什麼會這麼緊張、害怕，不知道在怕什麼。腦袋一片混亂、無法集中精神，連簡單的書報都看不下去。好想躲起來，哪裡都不要去，什麼事都不要做，但是真的躲來，卻又孤獨得可怕。全身無力，頭暈目眩，好像得了重病；心跳得很快，喘不過氣，好像快要窒息，可是醫生都說身體沒有問題。很沒有耐心，很容易生氣。大家都勸我「不要想那麼多」，「放輕鬆一點」，「自己振作起來」，我何嘗不想？大家都認為我太愛鑽牛角尖，自尋煩惱，什麼事都往壞處想，好像我是故意的。每天都睡不著，勉強睡著也是惡夢連連，醒來後頭昏腦脹，感覺更糟。我已絕望，不如死掉……」。A先生在別家醫院做了腦部電腦斷層攝影的檢查，結果是正常。

我按照他前二次的處方，給予SSRI類的抗憂鬱劑，一個多月之後，A先生有了笑容，還得意地展示他右手復原的狀況，他的食指與中指可以緩緩地彎起來了。再過一個月之後，他說他的心情已經完全好了，不需要吃藥了，往後幾個月我都沒有看到A先生回診。半年多之後，我在門診接到A先生的媽媽的電話，她語調平靜，但聲音有點低沉沙啞，她說：「我兒子昨天出殯了，他從十九樓跳下去。謝謝你之前對他的照顧。」她說要替兒子還清人情債，問我要了另外二位醫師的電話之後，就掛斷了。

說明

一般人口頭上所說的「憂鬱」，大多是面臨不愉快的人事物時，所產生的「合理」或「正常」的情緒反應，不是真正的「憂鬱症」，當然也不會造成性格變調。Lewis Wolpert是一位生物學家，他研究胚胎發展的歷程與基因控制細胞的機制，他擁有成功的事業與美滿的家庭，但他還是得了憂鬱症。他把親身經歷寫成一本書，書名「Malignant Sadness: The Anatomy of Depression」，Wolpert說他把憂傷冠上「惡性」二字，就是要強調那種莫名奇妙與不可抗拒的痛苦。我把沒有明顯外在壓力的憂鬱症稱為「黑色憂鬱症」（洪，2008），以便與一般人所認為的壓力所造成的「心情不好」或「憂鬱」做區別，因為病態憂鬱（沒有理由的

憂鬱）最早的醫學名詞是melancholia，而melan就是「黑色」的意思。

抗憂鬱劑的始祖imipramine是抗精神症藥物chlorpromazine的衍生物，本來要用做抗精神症藥物，但瑞士的精神科醫師Roland Kuhn發現imipramine對精神分裂的病人沒什麼療效，卻讓憂鬱症的病人大有起色，因此imipramine從1958年起就被用來治療憂鬱症至今。美國生理學家Julius Axelrod（1964）證明imipramine會阻止正腎上腺素從腦細胞外回收，這個機轉使突觸的正腎上腺素濃度升高而發揮抗憂鬱的作用，這個重大的發現使他獲得1970年的諾貝爾獎醫學獎。後人的研究證明imipramine也可以阻止血清素從神經末梢回收。從藥物的療效與藥物作用的原理，我們可以推測，憂鬱症患者的「性格變調」與大腦的正腎上腺素或血清素失調有關。

案例二

十幾年前我在當住院醫師時，有一個病人B先生總是在病房裡滔滔不絕，講述如何普渡眾生，如何治國。他很熱心，總是忙著協助其他病友，不是推著一位伯伯的輪椅在病房裡走來走去，幫人拿著點滴架去上廁所，就是帶著一群病友跑跑跳跳，說說唱唱。但是B先生也常常熱心過頭，在幫護士小姐叫病人來吃藥時，很愛給病人「衛教」，說「這個藥好，多吃幾顆可以強身」，「那個藥不好，吃多了會變笨」……等，搞得護士小姐在給藥時，總要把B先生暫時隔離在保護室。B先生常常建議家屬給病人吃他所發明的「秘方」，他說他是　電腦的老師，他用易經的原理所寫的算命程式，可以預測萬事萬物。他與醫師爭辯應該如何治療心理的疾病時，有時還引經據典，講得頭頭是道。後來我才知道B先生真的是某技術學院的副教授，那次他會被強制住院，是因為他在學校鼓吹學生投資買股票，說要幫大家賺錢去美國讀博士學位，又在課堂中突然要求學生去跑操場，理由是強國必先強身，要強身就要隨時運動。他自己買了好幾千萬的股票，沒有去交割，卻怪營業員有眼不識泰山，不知道他是股神。他又在幾個星期內買了五棟房子，他的太太知道之後趕緊找來一大堆親友，七手八腳地把他押到醫院，收住院治療。住院當天，電腦斷層攝影顯示B先生的腦部結構正常。

經過鋰鹽的治療之後，B先生那些忙個不停、誇大、滔滔不絕、容易激動的個性逐漸消失，一個月後變回一個客氣有理，有點靦腆的人。出院前他頻頻向醫師與護理人員道歉，說他不應該在住院期間給病房帶來那麼多困擾。後來因為學生家長的頻頻抗議與陳情，B先生無法回到原來的技術學院，而轉到一個工業專科學校任教。之後在那個工專又發生二次類似的情形，他被解聘之後，到一家公營機構擔任技術顧問，五年之間又發生三次類似的事件，之後他去補習班教書，竟然又因為與學生打架，與家長吵架，而被開除。二年前我又在病房看到B先生，他快要出院時，我問他：「你為什麼每次都自行停藥，把自己搞成這樣？」他說：「我總是認為不會再有下一次。」之後他做過幾次大廈管理員的工作，但是每次都維持不到三個月。

說明

過去五十年以來，鋰鹽一直是治療狂躁症的首選藥物。1940年代澳洲的精神科醫師John Cade意外發現接受鋰鹽的實驗動物顯得溫馴，他就把鋰鹽試用到躁鬱症病患，而發現鋰可減輕狂躁的症狀，1949年Cade把這些結果發表在澳洲的期刊，但沒有人注意，直到1954年，丹麥的醫師Morgens Schou用鋰治療一群狂躁病人，再度証實了Cade的發現，鋰鹽才正式成為治療躁症的藥物。鋰鹽對躁症的療效沒有經過鎮靜的作用，也不會使躁狂變成憂鬱。鋰鹽會把腦細胞的inositol耗盡，也可以增加glutamate從synaptic cleft回收，但是鋰鹽究竟怎樣改變神經細胞的訊息傳遞，至今尚未釐清。雖然如此，從藥物的療效，我們仍然可以推測，躁症的原因也是大腦的生理失調，不是心理失調，更不是「教養失調」。

案例三

幾年前我在病房治療的病人中，有一位是懷孕的婦人C小姐，她一直覺得有人要害她，她認為電視上的演出都在影射她，使她非常驚恐，後來她實在受不了，就在半夜衝出家門，要去報警，才出了家門就跌倒，因此被送到臺北榮總的急診室。C小姐在急診室大吼大叫，不肯讓婦產科

醫師檢查，不得已的狀況下，家人才勉強答應讓她住到精神科病房。磁振造影（magnetic resonance imaging, MRI）看不出C小姐的腦部有任何異常。

　　C小姐家商美容科畢業後，一直從事美髮業的工作，因為待客親切又有耐心，深受顧客喜愛，業績總在店裡的前三名。五年前卻莫名奇妙地變得多疑，懷疑男朋友不忠，又懷疑顧客偷他的錢，經常在工作時與顧客吵架，下班後又與男朋友吵架，半年後她被老闆開除，一年後男朋友也離她而去。之後整天在家裡，不是大吼大叫亂發脾氣，就是一副奇怪的眼神，望著牆壁呆呆地坐著，一坐就是好幾個小時。C小姐的媽媽嘴裡雖然抱怨男朋友遺棄與被公司開除，是造成她這個樣子的主因，但也承認，若不是C小姐先變得多疑，也不會把事情搞到這個地步。後來她住到Y醫院的身心科病房，出院後就在Y醫院的門診追蹤治療，每日服用二顆抗精神症藥物，之後又可以從事美髮的工作，同事裡沒有人知道她曾經有「性格變調」的問題。後來一位她的顧客見她文靜乖巧，幫他做媒。她與男方交往半年後結婚、懷孕。C小姐與其先生決定聽從婦產科醫師的指示，不要服用任何藥物，包括母親幫她去Y醫院所拿的「補腦藥」。三個多月之後，C小姐和先生吵著要離婚，理由是先生對她不忠，婆婆在菜裡下毒。後來連續一星期晚上不睡覺，走來走去，激躁不安，一直覺得有人要害她，隨身帶著一把用報紙包著的菜刀。身體檢查、血液生化指標與腦部電腦斷層攝影，都顯示C小姐的身體狀況良好。

　　C小姐的夫家還在擔心胎兒安危的時候，C小姐的母親卻心裡有數，母親不只擔心小孩會遺傳同樣的疾病，更擔心C小姐連照顧自己都有問題，將來如何照顧小孩？C小姐認為大家都要謀害她與小孩，拒絕家人的探望。她大部分的時間都縮在被窩裡，偶而起來來回踱步，神情顯得很不安。經過二、三個星期的抗精神病藥物治療之後，C小姐走到病床外活動的時間逐漸增加，也比較願意與醫護人員談她所擔心害怕的事。又過一個星期，C小姐與母親商量之後，決定在優生保健法的許可下，施行人工流產。後來C小姐離婚，住在娘家，幫忙料理家務，半年之後她又回去做美髮的工作。每天晚餐後媽媽都會問她：「吃過補腦藥了沒？」他們了解抗精神症藥物對她的重要，不希望她的大腦再度失調而住進醫院。

案例四

　　某次門診快結束時，一個病情穩定的病人，與他的先生及一個大男生，一起進入診間。她的先生說大男生阿D是他們的寶貝兒子，就讀技術學院二年級。我問阿D媽媽最近好不好，他左顧右盼，猶豫了很久才說：「他們要偷我的東西」，我恍然大悟，要看病的竟是阿D，於是繼續問：「偷什麼東西？」，阿D一直往後看，有點坐立不安，過了二十幾秒才說：「手機與心臟。」阿D的爸爸表示，學校老師來電說阿D硬說同學要偷他的東西，在學校常與人爭吵，但是幾經調查都查無此事，搞得沒有人要再跟阿D來往。學校的幾位老師努力去了解他，輔導他，但不見成效。他變成獨行俠，連打球也都是自己跟自己打，功課也一落千丈。阿D雖然原本安靜、木訥、不太說話，但很受同學歡迎，現在卻變得奇怪、呆滯，沒有人能接近他。因為阿D的母親自己有過類似的經驗，所以很快就把他帶來門診就醫。常規的身體檢查、血液分析與神經學檢查都顯示阿D的身體沒有問題，他也沒有使用管制藥品，所以應該是大腦的神經傳導失調。阿D開始服用可以調節大腦神經傳導的抗精神症藥物，二星期後，阿D還是會覺得電視新聞在播報他的事，路上的行人總是對他指指點點，因此他不論去哪裡，都要繞遠路，走最沒有人走的地方。二、三個月之後，老師就很少打電話到家裡來問阿D的情況了，因為他已經恢復到原本的模樣。同學可以把他逗笑，他可以與其他人一起打球，功課也恢復到以前的水準。

說明

　　抗精神症藥物的發明來自幾位法國醫師的敏銳觀察與小心求證。1950年時chlorpromazine是手術時用來鎮定病人，輔助麻醉的藥物。1951年Henri Laborit發現有些精神病人在用了chlorpromazine之後精神狀態變得比較好，1952年Jean Delay與Pierre Deniker針對38名精神分裂症的病人進行臨床試驗，證明chlorpromazine確實可以改善病人的思考與情緒，這種改善與藥物原來的鎮定作用無關，甚至使用一段時間之後，chlorpromazine的鎮定作用會愈來愈輕，但穩定思考與情緒的作用不變。

Chlorpromazine不只成為抗精神症藥物的始祖，往後也從其化學結構衍生許多類似的抗精神症藥物，甚至衍生出抗憂鬱劑的始祖imipramine。Chlorpromazine可以治療精神分裂症主要的機轉是阻斷突觸後的多巴胺（dopamine）受體，使過度活躍的多巴胺傳導降低。這方面的研究Arvid Carlsson的貢獻最大，他發現多巴胺是腦內的傳導物，缺乏時會有類似帕金森氏症的僵硬、顫抖與動作遲緩，可以用L-Dopa治療；多巴胺過多則會有精神分裂症的的幻覺、妄想與激躁行為。從藥物的療效與藥物作用的原理，我們可以相信精神分裂症患者的「性格變調」，與大腦的多巴胺失調有關。

五、腦功能決定論

上述例子說明了儀器看不到的神經傳導物與藥物，可以改變人的情緒、思考、判斷、感覺、行為與性格。這些改變不是經過心理機轉或環境壓力，而是經過神經傳導物與藥物對大腦的作用。即使環境與學習可以影響人的情緒、思考、或行為，也需要環境與學習對大腦起了作用。同理，基因的變異也要改變大腦的生理，或讓大腦的生理更容易受環境影響，才會改變性格，因此我提出「腦功能決定論」。人腦有多達1,000億個以上的腦細胞，每個腦細胞又可以長出多達2萬個突觸（synapse），彼此錯綜複雜連接在一起。腦細胞之間以突觸相連結，突觸間隙（synaptic cleft）以神經傳導物質來傳遞訊息。當這些神經傳導物質或訊息傳遞失調時，就可能出現性格變調的問題。Arvid Carlsson、Paul Greengard和Eric Kandel因為釐清多巴胺、血清素、及乙醯膽鹼（acetylcholine）等神經傳導物質如何傳遞訊息，及這新訊息如何產生動作、情感、記憶等功能，並證明這些訊息失調時會產生巴金森氏症、憂鬱症、失憶症及精神分裂症，而獲頒2000年諾貝爾醫學獎。許多人不知道腦內微小分子失調會影響腦功能，認為腦的異常或損傷一定要「眼見為憑」，一旦電腦斷層攝影或腦波等檢查報告看不到「生理」異常的證據，就認定是「心理」的問題，甚至又進一步把所謂的心理問題，歸因於「環境壓力」；另一方面，基因學派也在找「眼見為憑」的證據，但

是當他們無法在性格變調的人身上找到致病的基因時，就傾向以「多基因模式」，或「基因也會與環境交互作用」來解釋。其實真正決定性格的是大腦，構成大腦的神經細胞與神經細胞之間的訊息傳遞，會直接影響人的思考、情緒與行為舉止。當腦細胞本體或腦細胞之間的訊息傳遞出問題時，人的思考、情緒、行為舉止就會改變，就可能使性格變調。

　　過去我們從藥物可以造成性格變調，藥物可以治療精神疾病，及藥物對神經傳導的影響，推測性格變調與大腦失調有關，但是沒有直接的數據可以說明大腦如何失調，無法像血壓計測量血壓，血糖機測量血糖那樣一目了然。最近十幾年來，幾種腦影像技術，如腦電儀（electroencephalography）、腦磁儀（magnetoencephalography）、及磁振造影快速發展，已經使我們可以「看到」人類在進行各種心智功能時，腦內不同區域的活動情形。例如「磁振造影」可以偵測腦中區域血流量變化以及血中含氧量的變化，當神經系統有活動時，其附近的血液供應與血紅素帶氧量會產生明顯的改變。Paul C. Lauterbur和Peter Mansfield因為發明磁振造影技術，在2003年獲頒諾貝爾醫學獎。「磁振擴散張量影像」可以照出腦神經纖維的分布與連結；「磁振頻譜分析」可以分析腦內各項代謝物質在不同生理狀態下的位置及含量；「正子造影」（Positron Emission Tomography, PET）則利用有顯影作用的分子探針，可以將藥物、基因表達、訊息傳遞的過程，轉變成視覺可辨識的影像。因此，研究者可以開始觀察大腦在感覺、學習、記憶、語言、理解、思考、創造、決策、情緒等各種心智活動時的變化。不同性格的人會有不同的大腦圖像，當大腦代謝異常或神經傳導失調時，其圖像會改變，性格也會變得不一樣。Drevets 等人（1997）用正子造影去比較家族性情緒低落的人的腦影像，發現其大腦前額葉的血流量與葡萄糖代謝率比一般人低。Nishizawa等人（1997）用正子照影去「看」血清素在大腦合成的速率，結果發現男性比女性快52%，作者因此推測血清素合成速率可能是女性比男性容易罹患憂鬱症的重要原因。Turner等人（2003）發現不同性格的人，其大腦的血流分布與代謝速率不同；Kennedy 等人（2007）則證明有效的認知行為治療會改善大腦皮質與邊緣系統的聯繫，這種改善與抗憂鬱劑治療後的的腦影像相似。Shafritz等

人（2004）用功能性磁振造影研究過動症患者的腦，結果「看到」他們的大腦紋狀體迴路的功能比正常人低，但是經過Methylphenidate的治療之後，不只過動的「性格」有改善，連紋狀體的腦功能影像都回復正常。

　　愈來愈多的證據顯示，人的性格透過大腦的運作而表現，不論環境的壓力多大，如果這個人的大腦沒有感受到那麼多的壓力，或不會因為應付不了那個壓力而打亂神經傳導的秩序，那麼這個人所表現出來的性格就不會有變調的問題。即使一個人有突變的基因，只要那個基因不影響到大腦的功能，那個人的性格就不會變調，小腦萎縮症、血友病、地中海貧血等就是明顯的例子。環境沒有變化，基因也沒有突變的情況下，如果大腦生理功能受到干擾，如腦部外傷、腦炎、腦瘤、中風、腦缺氧、一氧化碳中毒、鉛中毒、或持續使用會影響大腦代謝與神經傳導的藥物，如安非他命、K他命、迷幻藥……等，這個人就會顯出性格變調的樣子。我們能說性格不是腦功能所決定的嗎？

六、結論

　　「心理決定論」、「環境決定論」、「基因決定論」與「腦功能決定論」都有其根據、理論、例證與應用。就學術面而言，單一的論點，比較能深入，容易驗證，有一貫性，有學術價值。或許因此，各學派的人終其一生只能在一種理論裡深耕，沒有機會去了解另一種理論的價值，而只拿支持自己論點的證據來討論「性格變調」的問題。此文的重點不在批判「心理決定論」、「環境決定論」或「基因決定論」的缺點，而是要提醒在實務上想要幫助「性格變調的人」的家人、老師、朋友與醫療人員，不要因為對單一理論的執著，而一味地往「心理治療」、「解除壓力」或「人格教育」裡鑽，不要因為對科學的不了解或「敬畏」，而忽略「大腦失調」的可能性。錯誤的觀念不僅事倍功半，甚至會延誤治療的時機，使偶發的大腦失調變成常態失調，使變調的性格永遠變調。當然更不要輕易用「基因決定論」來解釋性格變調，認為命中註定就無藥可救。基因雖然描繪了大腦的藍圖，不同基因型可能解

釋不同的性格，但從基因到性格，還要經過蛋白質、酵素、受體、突觸、神經細胞與大腦，大腦失調性格才會變調，而部分的大腦的失調已經可以用醫學的方法調節矯治。

參考文獻

Axelrod J. Nature 1964; 204:1318-9.

Bouchard TJ Jr, Lykken DT, McGue M, Segal NL, Tellegen A. Sources of human psychological differences: the Minnesota Study of Twins Reared Apart. Science. 1990; 250:223-8.

Bruuner HG. Abnormal behavior associated with a point mutation in the structural gene for monoamine oxidase A. Science. 1993; 262:578-80.

Cases O et al. Aggressive behavior and altered amounts of brain serotonin and norepinephrine in mice lacking MAOA. Science. 1995 Jun 23; 268:1763-6.

Caspi A et al. Role of genotype in the cycle of violence in maltreated children.Science. 2002; 297: 851-4.

Caspi A et al. Influence of Life Stress on Depression: Moderation by a Polymorphism in the 5-HTT Gene. Science 2003; 301:386-9.

Drevets WC et al. Subgenual prefrontal cortex abnormalities in mood disorders. Nature, 1997; 386: 824-7.

Kennedy SH et al. Differences in brain glucose metabolism between responders to CBT and venlafaxine in a 16-week randomized controlled trial. Am J Psychiatry. 2007; 164: 778-88.

Lesch KP et al. Association of Anxiety-Related Traits with a Polymorphism in the Serotonin Transporter Gene Regulatory Region. Science 1996; 274: 1527-31.

Lewis Wolpert. Malignant Sadness: The Anatomy of Depression. 216

pages. Publisher: Faber and Faber; New Ed edition (19 Feb 2001).

Matthew Taylor: Appeal court clears mother of killing her two babies-Fresh evidence pointed to genetic cause of deaths. http://www.innocent.org.uk/cases/angelacannings/index.html.

Nishizawa S. et al. Differences between males and females in rates of serotonin synthesis in human brain. Proc. Natl Acad. Sci. 1997; 94: 5308-13.

Shafritz KM. The effects of methylphenidate on neural systems of attention in attention deficit hyperactivity disorder. Am J Psychiatry. 2004; 161: 1990-7.

Turner RM et al. Brain function and personality in normal males: a SPECT study using statistical parametric mapping. Neuroimage. 2003; 19: 1145-62.

洪成志：大腦失調的憂鬱症。臨床醫學2008（in press）。

CH 9

論人性，從常民文化談起

（金清海）

一、前言

　　傳統華人世界論人性，皆離不開儒家性善性惡二元論。孟子從心性及道德的層次論性善，人之異於禽獸者幾希？在於有仁、義、禮、智及不忍人之心的四端—即「惻隱之心，仁之端也；羞惡之心，義之端也；辭讓之心，禮之端也；是非之心，智之端也。」（孟子・公孫丑上）孟子認為「仁義禮智，非由外鑠我也，我固有之也。」（孟子・告子上）此乃孟子內心自覺之心性之學的論述。而荀子的性惡論則從生理的慾望來論述，其云：「人之性惡，其善者偽也。」（荀子・性惡篇）荀子認為人皆有口、腹、耳、鼻之慾，為滿足此慾，就會越禮犯分，因此必須以「禮」繩之。上古社會，比較純樸，尚可以禮繩之，其後戰國末年，一方面人口驟增，道德仁義禮難用，另方面戰爭頻仍，併吞劇烈，動盪不安，非嚴刑峻罰，無以遏之，故其弟子及後學，李斯、韓非之輩，則法家　起。孟、荀所持之論述基點不同，理論自異。論者雖謂各有擅勝，但終歸能自圓其說，故數千年以迄，仍各擁徒眾，為社會所崇奉。本文從常民文化的角度來觀察人性，可窺出最真實的人性面目。最後提出普世價值仍需重建及務實的人性品格教育觀點供參。

二、從常民文化看人性

　　人類文化的發展，到了信史時代以後，分為菁英文化，即大傳統，與常民文化，即小傳統。孟、荀論性，各自標舉不同之論。孟子從內心的自覺的心性論，推認人性本善，其所衍繹出的仁義禮智善端，是菁英文化的核心價值。而荀子從生理慾望的基礎，衍論出人性之惡，已點出常民文化的人性觀。雖然菁英文化常扮演著指導與引領常民文化發展。然而常民文化卻是多數的一群，因此從常民文化中，可觀察出最真實的人性，此所謂「文質彬彬」各有所倚也。

　　常民文化中，人性的呈現，是多樣性的，是複雜的。不能以一致性的用語是善或是惡來統一論述。從孔子立下教化人世的核心價值，至今

已超過二千五百年，華人的世界在這二千五百年間，經歷了儒、釋、道融合而產生的處世價值—其精華思想，引導著常民文化的發展。三教合一，融入了華人的生活習俗。佛教原義，要人離苦，去除生、老、病、死的苦惱，受儒道影響，要人去貪、瞋、癡等慾望。道家要人清心寡欲。儒家要人知禮守分。皆是勸人為善，遵守道德之要義。從古自今，儒家的教化，在文學上，講求文以載道，在戲劇上，要求「正是不關風化體，縱好也徒然。論傳奇，樂人易，動人難。……休論插科打諢，也不尋宮數調，只看妻賢與子孝。」（高明・《琵琶記》）在民俗宗教方面，目連戲強調重孝道，寺廟的壁畫也是教忠教孝，講求仁義禮智信。雖然華人世界接受了二千餘年儒釋道精華思想的指引，但顯現出的人性，仍是受著慾望的役使。即使菁英文化理念品質高邈，但一旦有人取得了權力，仍無法避免表現出權力的傲慢，古今中外皆然，比比皆是，更遑論常民文化，本是輕鬆自然，自難免群居終日，言不及義！此者何？人性之直率然。

茲將從常民文化所觀察到的人性，非形上學所討論的性，而是從行為科學上所窺知的人性。所呈現的行為有自私的、有恥感的、有自由渴望的、熱情的、有愛美的、有俠義的、有盜亦有道者、有忌妒的、有貪婪的、有熱情的、有冷漠的、的、有好賭的、有背叛的、有算計的、有暴力的、有漢賊不兩立的、有趨樂避苦的。有趨炎附勢的、有攀龍附鳳的、有逢迎巴結、諂媚無恥的、有近視短利的、有吃燒喊冷的、有死道友不死貧道的……各種浮世畫的行為。

人性與獸性有何區別，有人獸共性者，有量差分性，而質別者。前者如演化、母愛、自私、繁衍、暴力……等。後者如求變、恥感、自由意志……等。至於由共性與環境開展的人性，如創造、計算、邏輯、名利、同理心、詐騙、背叛……等。歸納而言之，人類的行為是求生存的本能及學習受教育所得知識運用所產生的總合行為。求生存本能所產生的行為是利己自私的，是物競天擇，適者生存的。學習受教育的部分，原義係為人類文化傳遞而發展的，是合作的，是互助的。但仍擺脫不了人類個別慾望的役使，所以會有好的行為（利公）與不良的行為（損公）出現。

三、論人性

　　荀子說：「人之性惡，其善者僞也。」荀子從人性之七情六慾發展而論述。其云：「今人之性，生而有好利焉，順是，故爭奪生，而辭讓亡；生而有疾惡焉，順是，故殘賊生，而忠信亡焉；生而有耳目之慾，有好聲色焉，順是，故淫亂生，而禮義文理亡焉；然則從人之性，順人之情，必出於於爭奪合於犯分亂理，而歸於暴。故必將有師法之化，禮義之道，然後出於辭讓，合於文理，而歸於治。用此觀之，然則人之性惡明矣，其善者僞也。」（荀子‧性惡篇）二千多年前，荀子即從人性的自私、利己、貪慾看出，表現出不良的行爲。

　　茲依荀子上述人性發展的論述，從人性弱點及道德規範兩方面略述於次

(一)人性的弱點：人性是自私利己、貪婪的行為

　　與孟子同時的墨子，其理想世界與今之共產主義雷同，其共同理想，皆趨近於烏托邦，越理想越不可行。因爲他們都沒有了解到眞實的人性。人性是自私的，所謂「人不爲己，天誅地滅」。墨家的兼愛，主張「你的父親就是我的父親，我的父親就是你的父親」，這可行嗎？你的父親如果是巴菲特，是比爾蓋茲，你同意他們成爲我的父親嗎？這是不可能的。又共產主義，其理想可敬可佩，可行性則爲零。因爲沒有私人財產，沒有人願意爲公有財產（共產）去努力，增產及進步的原動力，只能靠暴力去推動。最後不是被敵人打敗的，而是自己瓦解，就是被自己打敗。1980年代以後中共走資本主義修正路線後，老百姓流行一句話「搞原子彈，不如賣茶葉蛋」就可以看出私利戰勝公利的最佳例子。這是集體自私的例子。從常民生活文化來看，自私自利的案例更是俯拾可得，古今中外皆然。中古歐洲教會賣贖罪券，與今之神棍斂財無異。從人慾中發展出來，對於財利、權力、愛情公共事務、人際關係危機處理等的面對，所表現出之行爲略作論述：

1.財利

遇到財利、慾望如深壑，永不滿足。如果君子愛財，取之有道，對於企業家，或守法之君子，則財利，不失吸引社會富裕的原動力。但常常是爲了財利極盡無道，心存僥倖苟得，爾虞我詐，掌握資源分配者，弊端叢生，索賄、行賄行爲屢見不鮮。這是人慾的貪婪所表現的行爲，更有甚者，視權力爲青春毒藥，有飲鴆自殘又害眾，寡廉鮮恥不能自己者！。

2.權力

權力是處理公共資源、公共事務的力量。獲得權力者，常流於權力傲慢，醜陋的人性就顯現，甚至成爲貪污腐敗的行爲。

3.情慾之愛

處理情慾問題，傾向強烈占有，得不到則毀之者有之，對情敵刺殺者有之。鮮有公平競爭或相互祝福之風度。

4.公共事務

對於公共事務，多以冷漠待之，「自掃門前雪，莫管他人瓦上霜」。或者冷眼旁觀，更有甚者，存看熱鬧心態，別人吃燒，他喊冷。

5.人際關係的危機處理

遇到難題，「死道友不要死貧道」，趨樂避苦，趨炎附勢，攀龍附鳳。

上述所舉其犖犖大者，可窺出赤裸裸地人性。

(二)道德價值觀的規範

荀子云：「其善者僞也。」「善」者，亦即菁英份子所提倡的仁義道德，除了守法，更須提升到「遵禮」。從人類文化的演化論而言，道德就是人類文化傳承，進化的DNA。人類才能長存至今。荀子之「僞」事實上就是「教化」（教育化民）的功能。用道德價值規範去救人性的弱點，同樣可以產出高尚的優良行爲。此即孟子所云之人之異於禽獸之處。茲對於上述五點人性弱點，在道德規範下所呈現的行爲做一對比：

1.利他利公的行爲

墨子提倡兼愛，雖窒礙難行，但其精神是利他利公的高尚行爲。常

民生活中，鋪橋造路，濟助貧窮者，皆爲利他利公的行爲。

2.權力

古代堯、舜、禹的禪讓政治，公天下是最佳的權力禮讓的典範。

3.大愛

天地間有了大愛，殘缺弱勢得以受到照顧，陰暗處得以受到陽光般的照亮。大愛是一種付出，不問酬勞，不計回報。它可以悲壯，可以婉約；可以豪放，可以含蓄；可以洶湧澎湃，可以細水長流。「壯志飢餐胡虜肉」是慷慨激昂的民族愛。臨表（出師表）涕泣的愛是鞠躬盡瘁的愛。「梅妻鶴友」是對大自然的愛。創世基金會照顧植物人是人間甘泉的愛。

4.公共事務

國際紅十會、各種志工團體、各種慈善機構、各種勸善爲善的宗教機構等的成立與運作。古今中外有史懷哲到非洲的醫療奉獻，德雷莎修女的大愛，以及不少外國傳教士、神父、修尼到到臺灣替弱勢同胞終身服務。這些團體或個人的服務與大愛精神，令人敬佩。

5.人際關係

表現在社會光明面部分，有人拾金不昧。有人發揮人飢己飢，人溺己溺的精神助人。有人伸張正義，有人嫉惡如仇，有人盜亦有道，像「水滸傳」一般的生活重現。

綜上所述，人性的善與惡所現的行爲，無法一一臚列。又表現出良善與不良的行爲，與環境與教育學習及每一個體皆有複雜的關係。

茲再從文學及民俗曲藝作品中《孔雀東南飛》、《目連戲》及《琵琶記》來印證人性。

(一)《孔雀東南飛》

東漢末年建安期間，膾炙人口，家喻戶曉的無名氏五言長篇巨詩，據本詩前序內容描寫：「漢末建安中，盧江府小吏焦仲卿妻劉氏，爲仲卿母所遣，自誓不嫁；其家迫之，乃沒水而死。仲卿聞之，亦自縊於庭樹。時人傷之，以詩云爾。」從詩的內容，我們看到婆媳相處不和，先

生夾在中間。婆媳各說各話。從詩句來解析，媳說：「君既為府吏，守節情不移。賤妾留空房，相見常日稀。」表示丈夫常出差在外。媳婦平素的表現：「雞鳴入機織，夜夜不得息。三月斷五匹，大人故嫌遲，非為織作遲，君家婦難為。妾不堪驅使，徒留無所施。便可白公姥；及時相遣歸。」蘭芝夙夜努力工作，下場還是遭到婆婆休掉遣歸。婆婆的理由是：「此婦無禮節，舉動自專由。吾意久懷忿，汝豈得自由！東家有賢女，自名秦羅敷。可憐體無比，阿母為汝求。便可速遣之，遣之慎莫留。」從詩句可知，欲加諸罪，何患無辭，況懷忿已久，又已替兒子物色好新媳婦了。婆婆硬將兒子與媳婦拆散。蘭芝與仲卿相約，暫時休離，異日再娶，並誓互不嫁娶。蘭芝回到娘家，父兄因女妹無端遭休，憤怒之餘，盡速找個理想的新郎再嫁，最後芝蘭舉身赴清池而死，仲卿聞之，亦自縊而死，是一齣好感人的殉情戲。一對恩愛的青年男女，在古代父母權時代，常發生婆婆在自專之下，拆散一對佳偶，甚至犧牲了兩條性命。這種事情，從古至今，一直在上演，這也是人性的獨斷專橫，自私、忌妒、趨炎附勢、攀龍附鳳之性作祟的例子。

(二)《目連救母》

目連救母事蹟最早見於《佛說盂蘭盆經》。大意說：「大目犍連得六通後，想超渡死去的父母以報哺乳之恩。他用道眼看到自己的母親變成餓鬼，就用鉢盂盛飯去給母親吃，可是吃前，飯卻化為火炭。目連求助於佛，佛要他在「七月十五日僧自恣時」，設美食甘脂以『供養十方大德眾僧』，說是這樣做可以使『現世父母六親眷屬』都『出三途之苦，應時解脫。』目連照辦以後，他的母親當天就脫離了餓鬼道。釋迦之教原來是不注重親情，甚至有些悖逆血親倫理觀念，離苦去人欲，並不認「六親」，而這裡用超渡父母六親眷屬來引誘信徒們齋僧，頗有佛教在傳到中國時利用漢人的倫理心理來設法立足的痕跡。（廖奔1995《民俗曲藝·目連始末》）目連救母經過唐朝敦煌俗講變文、宋元時民俗雜劇、明代說經與寶卷及清代戲曲的擴大改編為下地獄救母，向前世發展，加入其父母親、祖父母輩的故事，向後世的發展，加入了其母與目連多世的轉世故事，橫向的擴展，與儒、釋、道思想及科儀的結合，

也融入了民間巫儺意識觀念，而混雜包容的宗教和倫理觀念，符合了中國古老百姓的泛神信仰和民俗倫理意識，而這也是目連戲得以迅速普遍發展與擴充的原因。目連是中國民俗宗教文化的一個典型代表。他所據以立足的思想根基是中國民間的孝道觀念，而它得以衍生膨脹的條件是自身所建立的龐雜宗教倫理體系。到了清代的乾隆期間敕命張照重編《勸善金科》（以目連戲為主軸的內容）主要目的就是用它來勸善懲惡以化俗，弘揚忠孝禮節，以有利於世教，這是儒家思想。救拔亡魂之超渡儀式，已是「釋道混成」。最終儒、釋、道的融合向民俗倫理的方向發展，強化了教忠，教孝、忠臣、孝子和節婦觀念的宣揚。從目連戲發展的簡述，可知即便宗教（佛教東傳）為了它的生存及發揚光大，仍需利用群眾的人性，走向世俗化。「孝」的觀念產生於以血緣為紐帶的氏族社會。氏族社會後期，個體家庭經濟有所發展，在每個個體家庭內部，父母撫養和愛護子女，子女繼承父母財產和贍養父母。父母和子女之間的這種承繼關係和親子之情，逐漸成為社會的習俗，於是產生了原始的慈孝觀，即父母有撫育、教養和愛護子女的義務，子女有尊敬、服從和奉養父母的職責。幾千年來，這個觀念已深入人心，已經成為華人世界的傳統美德。孔子及其後儒，繼承了原始氏族社會的孝慈觀，從理論（孝經）上進行論述，使之更為普遍地長期深入民間，可以說是民俗共通的人性。因此佛教東傳，到了中國，用了創新的方法，以地藏菩薩目連救母的原型，結合並利用群眾共通的孝道人性，因之二千年來，佛教在中國已經民俗化。君不見，家家戶戶拜的神，有觀音有關公……等神佛並列。

(三)《琵琶記》

　　《琵琶記》是由宋元南戲中的《趙貞女》改編，《趙貞女》其內容是描述一位叫蔡二郎的青年進京考上科舉，做了大官，卻置家鄉父母於不顧，隨即家鄉發生饑荒，父母皆因飢餓而死，甚至放出馬匹將妻子踹死了事，於是蔡二郎終於遭到天譴，被雷公活活劈死。但是蔡二郎的身分，不知何時被人附會為漢代著名學者蔡邕（伯喈），蔡邕本人是個孝子，在這齣戲裡卻硬被扣上「棄親背婦」的惡名，元末明初戲曲名家高

明改編爲《琵琶記》，針對「棄親背婦」，以「三不從」、「辭試不從」、「辭官不從」、「辭婚不從」把蔡伯喈由「負心漢」的反面人物，一變爲千古中重情孝親的正面人物，至於趙貞女的結局，則由被馬踹死的悲慘情節，不但上京尋到了丈夫，最後還共慶團圓，而這齣戲也成了「教忠教孝」的戲劇。這一類的戲劇尚有《張協狀元》、《崔君瑞江天暮雪》、《三負心陳叔文》、《李勉負心》等，由於隋唐以來科舉取士，下層社會的寒門文士也有參預朝政的機會，許多婦女任勞任怨，爲丈夫生兒育女，又鼓勵丈夫求取功名，光耀門楣，但是丈夫一旦得官，常忘恩負義，棄妻如敝屣。不僅想藉由攀附權貴，以求榮華富貴，而且更不願自己昔日清寒貧困形象爲人所知。隨之拋棄糟糠之妻的悲劇就接連發生。如蔡二郎馬踹上京尋夫的趙貞女（《趙貞女》）。張協劍砍其妻王貧女（《張協狀元》）。崔君瑞誣陷自己的妻子是逃婢，將其發配遠方（《崔君瑞江天暮雪》）。陳叔文將蘭英推落江中淹死（《三負心陳叔文》）。李勉鞭打髮妻韓氏致死（《李勉負心》）。這些情節不啻告訴我們，即便是讀書人，顯現出自私自利、忘恩負義、攀龍附鳳、趨炎附勢等醜陋的人性者比比皆是。唯這一類型的主人公都沒有好下場，包公斬駙馬陳世美就是最典型的例子，正是「沒殺奸臣給人看，觀眾不願散」，這是戲劇撫慰人心的地方。

四、普世價值的重建與實務的品格教育

(一)普世價值─道德的重建

　　從科學的觀點來看，達爾文提出進化論，斯賓賽加以補充「物競天擇，適者生存」解釋人類的進化與生存之道。物種之間，確實是物競天擇，適者生存，但是人類除了競爭之外，還要合作，人類文化才可以長存下去，甚至仍須兼顧整個地球的物種及生態的平衡，人類才能與各種物種共生共存。基因是人類個體的DNA，而人類集體傳承的DNA是文化的核心價值，也就是放諸四海皆準的道德。有了道德，正義才能伸張，弱勢才能生存；民主法治才能維持；一切遊戲規則才能運轉。

　　前面論述人性有強烈的利己表現。如果為了生存而演化的，這是好的現象。例如當一個人遇到蛇，在受攻擊前四分之一秒，會本能反應的主動跳脫閃避，對於非蛇的其他動物，則無此反應。這種利己，由基因遺傳設定下去，對人類的生存是有利的。但是若是為了滿足生理的慾求行為，必須在考慮到，可以利他並利己的狀況最佳，其次利己不損人之下可為。踰越此一界線，成為利己而損人就是越理犯分，甚至是侵犯危害到他人的違法行為。

　　荀子云「其善者人偽也」，是說善良的風俗及行為是由古聖先賢制禮作樂，高倡仁義道德來教化人民而為善的。從演化論的觀點，物競天擇，適者生存，物是如此，人類何嘗不是如此，但是人之異於物（含禽獸），在於人有生存以外的核心價值，即普世價值的道德。一個國家的規範標準，如果把法律當道德，那生活品質必然無法提升，因為法律無法規範人類的全部生活。法律所訂的是條例的各種遊戲規則，有人游走法律邊緣，有人技術犯規，甚至知法犯法，有人得到權力後，就消費權力，成為權力的傲慢者，更有甚者，以政治操弄法律。因此必須提高到德的層次，規範人類生活最好的準繩，就是「禮」。孔子最先講「禮」，荀子更強調，必須以「禮」來克制人慾。人民除了能生存下去，更需要富而好禮。

(二)務實品格教育之實施

　　至聖先師孔子對性，並無特別的主張，但他說：「性相近，習相遠」（論語・陽貨篇）這是教育有效論，尤以環境教育，孟母三遷，就是最好的例子。同樣是剛出生的小孩，「狼人」生長在動物的社會，只能過著茹毛飲血的生活，而成為野人。但生於人類社會的小孩，學會的是孟子所說的仁義禮智信的道德普世價值，這也是環境教育使然。

　　傳統上，國內外各級學校的品格教育，多以「真善美聖」的最高道德境界作為目標，但從實務的層面來看，大部分學生無法達到此一水準。這種好高鶩遠的理念，通常是導致失敗的原因之一。當學生遇到太多的挫折，也就不把它當做一回事，進而自我放棄。究其癥結，根源於人的認知及行為形塑而發展，人格特質本來就具有不同層次及方向，異

言之，人性的異同是構成不同人格特質的源頭。因此學校應本因材施教的原理，依類進行「品格教育」，並提供相對應的學習目標，也才能促進社會生活的和諧。除此之外，教師亦應依其真相原理，審酌時勢進行「課程及教材」的探討與研發，方能提升教學效能。

於此提出務實品格教育之目標為：

1. 以當代科學知識探索人性真相，提供教師發展課程教材、教學模式等參考，以協助提升教學效能。

2. 培養學生獲得「自我體驗，反省與實踐的能力」、「具備自我學習、邏輯思考、「價值澄清與解決問題的能力」、「養成民主自治、領導、溝通與協調的能力」、「具有正義、勇敢、堅忍的精神」等多項品格之核心能力，以提升個人品格素養。

在教育方法上應採合宜的措施，茲舉二例略論於次：

1. 作弊行為的處罰

學生考試作弊的行為，一般學校皆處以記大過乙次處分。是否太重，見仁見智。持罪有應得看法者，認為作弊是不誠實的行為。站在品格教育的立場，當然寧可考生坦然面對現實，考零分也不可作弊。但是作弊者，至少尚有追求過關或取得高分的意願，總比哀莫大於心死的放棄學習者還好。大部分的人在接受教育的時間都不短，也經歷了無數次的考試，試問你都不曾動過偷看別人的念頭嗎？可能你沒有真正的行動，但有此念頭。再從另一個角度去看，調查人員在蒐證時，不也都是用「偷窺」的行為去監聽監視嗎？只差在它是國家賦予公權力的正當性而已。也許有一天該作弊者若從事類此行業，可能更能擅用此種能力，而成為優秀的調查員。當然並不是鼓勵學生作弊，誠信還是很重要，只是處罰的時候，可酌情減輕，並輔導其正確的觀念。

2. 監獄的再教育，或行為偏差者的矯正

《水滸傳》中的一百零八條好漢，雖有一部分是官逼民返而成為盜。但為何仍為人津津樂道，原因在於他們是盜亦有道，他們劫富（為富不仁者）濟貧，殺壞人，甚至燒殺官府與狗官而大快人心。雖然殺壞人的行為雷同於殺人越貨，就因大快人心，而使人不願去追究其犯法的行為。在法律上而言，不管任何理由，殺人就是違反法律，但是他們為

何還是要殺人，甚至燒殺官府，是因為忍無可忍，而公權力無法執行，他們只好私了了。似乎是盜亦有道，並非濫殺無辜。因此對於監獄的囚犯，或一般行為偏差學生的矯正，如果他們確實無法改正，至少應教導他們盜亦有道，以減少對無辜的傷害。

綜上所論，品格教育與普世價值仍須標舉，但教育方法、策略，宜因材施教，務實因應。

五、結語

明代馮夢龍的《警世通言》、《醒世恆言》、《喻世明言》三言小說中，對於人性的刻畫，有許多光明面的，也有許多醜陋面的，即便修道的道、僧、尼亦有不少犯清規者。在此可窺出古代至今，人性的複雜、異質多變，為善為惡者盡皆有之。從演化的觀點觀之，物質文明持續在進步，然精神文明的提升仍須趕上，因此普世價值的道德規範仍須重建。人類才能和平、和諧、永續生存。

CH 10

在教育孩子的過程中
學習自我成長

（陳善德）

老師這個工作，責任與壓力其實是很沉重的。多數人都會認同，當老師是個很辛苦的工作。然而，在教育議題的討論上，老師也是被討論最多的角色，因為老師的表現直接影響著教育的成敗。

讓我先提一下奧修如何看老師這個工作吧。當奧修講述六祖禪宗的悟道因緣時，提到六祖禪宗如何在經過市場時，聆聽一位老和尚讀經的過程，而得到了終身轉變的啟示。奧修順便提了一下這個老和尚的事情，他說這個老和尚每天都固定在市場的馬路邊讀經。六祖禪宗碰到這個老和尚，應該算是難得的機緣。然而，奧修怎麼說這個老和尚呢？他說這個老和尚可能是一隻鸚鵡，不然的話，他必定是個「老師」。

大家都知道，「鸚鵡」在喻意上代表著一種特質，一種會說話但不確定自己在說什麼的特質。奧修把老師等同於鸚鵡看待，是否也在暗示我們，老師們總是光說不練呢？奧修詮釋老師的方式，確實令多數人難堪。我自己也在授課，聽到這種說法，總會讓我心生警惕。

一、教育強調的是實踐，我們是否可以身體力行？

也許我們需要靜下來看看這個問題。沒錯，「實踐」這個議題是我們需要關心的首要重點。根據專家的說法，學習效能可以分為三個層次：「I hear, I forget. I see, I remember. I do, I understand.」（我聽過，我很快忘記。我看過，我留下記憶。我做過，我終能理解）。而我們也知道，透過真實的體驗過程，才能讓所學成為有用的東西。

進一步看問題，孩子的學習體驗大部分來自於跟老師的互動，所以老師應該是孩子的生命典範。如果老師是站在引導者以及實踐者的位子來教育孩子，孩子的學習成效就會更好。

以前我曾經帶領過兩次社區團體的運作，並理解到這之間的困難以及突破的要領。我曾經在針對老師的演講場合，詢問他們是否參與過社區的經營，包括擔任義工、委員甚至於社區領導者，我所得到的答案一直都是否定的。

問題就在這裡。老師們說，教育的主要目的在於創造進步和諧的社會，老師們也說，這個進步和諧的社會需要住民的關心以及積極參與。

然而，做為社區住民的一份子，老師們自己並不願意參與，這就難怪我們的社區經營一直無法上路。

如果奧修說的是一定程度的實話，也就是說做為一個老師，自己不曾做過、體驗過以及對某些事務沒有深入了解的話，如何去教育孩子呢？如果老師的視野還不夠寬廣，又怎麼帶領孩子探索世界以及探索自己人生呢？

「實踐」只不過是討論老師相關議題的起點，讓我們來看看在教育過程中更大的困擾，也是爭議最多的議題—管教與體罰。

不久前，我接受一所中學的邀請，前去跟學生家長演講。演講前幾天學校來電跟我商量，希望不要觸及老師體罰學生的事。後來我發現這所學校因為體罰事件而正遭受家長的法律告訴，學校擔心我的演講激化了家長與學校的對立。讓我驚訝的是，學校告訴我，老師們無法停止體罰的習慣，因此希望我不要在演講時提起「體罰」這件事。

二、如果我們真心關愛孩子，我們怎忍體罰以對？

這其實是個非常嚴肅與急待解決的議題。為什麼政府宣導多年，體罰的事實仍舊存在？中國人有一種很奇怪的說法：「不打不成器」、「棍下出孝子」。這樣看起來，學校老師對於孩子的嚴厲與體罰，可能來自於傳統的錯誤觀念，以及部分家長的默許甚或鼓勵。

君王論的作者馬基維利說，促使人們做事有兩種方法，一種是引發當事者產生「良心」，另一種是讓當事者產生「恐懼」。馬基維利嚴肅地說，「恐懼」比較有效，因為良心難尋而恐懼人人皆有。

換句話說，嚴厲的管教與體罰也許是最直接而有效的教育方法。然而嚴厲管教的教育，特別是包含有體罰的嚴厲管教，也許可以逼迫孩子順從，達到父母與老師的個人期待，但父母與老師可曾想過，這樣的嚴厲教育在孩子內心造成了多大的傷痛與心碎，而教育的實質內涵，事實上也進不了孩子的內心。

聖經箴言篇6.20-23說：「愛孩子的父母常常鞭打孩子，這樣他將來才能在孩子身上得到榮耀，也才能在朋友的面前誇口」。我不是教徒，

對於聖經所嘗試帶給我們的眞義並不理解，但從表面字眼上卻看到了父母的自私。原來所有的鞭打與管教都只爲了自己的榮耀。父母與老師們可曾留意過孩子的傷痛呢？

談到這裡，我們觸及了兩個與老師有關的議題：其一、我們是否做到身體力行成爲孩子的生命導師，其二、我們是否擁有健康心靈來教育我們的孩子。

第一個議題只不過提醒我們－要相信我們教給孩子的智慧，同時確保我們在教育之前，已經展現在自己生命歷程，成爲可以見證的眞理。我們不該只拿著書本照本宣科，這樣的教育沒有生命力，也沒有說服力。

這個部分需要的只是「行動」，因此它並不難懂、也不複雜。眞正讓我們困擾的，其實是第二個議題，也就是在教育過程中，我們該如何面對孩子。

長久以來，我們一直執迷於嚴厲的管教與體罰方式，就讓我們探索這背後的困難與迷惑吧。

三、愛與寬容，從對待自己開始

曾經留意過嗎？會體罰的父母與老師多數傾向於兩種生命特質，其一是自律甚深、是非分明的特質，其二是擔心憂慮、不信任自己的特質。父母與老師對於孩子的用心應該都是正面的，當面對孩子不符合期待或要求時，選擇了嚴厲的管教與體罰方式，其實正是他們對待自己的嚴厲方式。

我這麼說，一般人並不容易理解。因爲，這種現象通常源自於成長歷程中缺乏了愛與認同。特別是那深切的匱乏感隱藏在潛意識與無意識中，一直在左右著我們的認知與信念。我們誤以爲這個世界可以依賴的只有自己，因而學習著獨立的生活方式，包括不斷地鞭策自己。那種持續性的自我評斷與鞭策，讓我們面對孩子的時候，很容易投射自己的困難在他們身上，因此而以非常嚴厲的方式對待他們。

這是個弔詭的心靈機轉，讓我們誤解了這個世界，也讓我們錯把孩

子當成了自己。因此，我們有多愛孩子，我們就有多深地把自己投射在他們身上。

如果我們願意面對真相，就會發現我們對於孩子的嚴厲與體罰，都代表著我們對自己的苛求、鞭策以及不願寬容。

從另外一個角度來看，由於傳統觀念影響，我們誤以為打罵是關心孩子、愛孩子的方式。我們很少注意到，體罰、打罵的過程其實是對於孩子自我生命價值的否定。可惜的是，自信心與自我生命價值正是孩子能否健康成長的關鍵。由於誤解與投射，我們恣意地否定了這一切。

這樣地認知，是我們健康面對孩子的第一步。如果我們願意，我們可以透過教育孩子的過程，學習自我成長。特別是學習接受全然的自己，包括接受自己的陰暗面，我們就會收回對孩子的投射。當我們收回了投射，真實的世界以及每一個擁有獨特生命的孩子就會呈現在我們的眼前。

當然我們不需要責怪自己，也不需要責怪過去。我們只需要擁有醒覺的心重新面對自己與孩子，我們很快就會了解，孩子需要的只是愛與寬容，因為我們自己也需要愛與寬容。

我們尊敬德雷莎修女，因為她是一個充滿愛與付出的生命典範。然而德雷莎修女並不希望我們信她。德雷莎修女說：「我不是天使，不是聖人。不懂長生，不能預知未來。」德雷莎修女只想傳遞一個訊息：「我只喜歡真理，我只知道愛。愛，讓我們活著。」

愛是真理，愛就是一切。學習用愛對待自己以及用愛對待我們的孩子。愛會讓我們知道，什麼是最符合正義的教育，以及什麼是豐盛人生的可貴互動。讓我們在教育孩子的過程中學習自我成長，我們將有機會帶領孩子一起走向更美好與成功的人生。

CH 11

從生命本質論藝術教育

（黃壬來）

一、摘要

本文之主旨在於從生命本質之觀點探討藝術教育的取向。人的生命可說是一種短暫性、拘限性與發展性並行的存在現象。每個人皆具有不斷自我超越與提升的精神，其本質就是「度」，具體而言，涉及生之意志、善念、美感與創意等的特質，其目的在於追求內心的和諧：一種既善且美、自在悅樂的境界。生而為人，應學習謙卑的面對生活環境，敬重自然環境與他人，珍惜自己的人身與資源，認清自己的志趣，並且不斷的前進；除此，尚須度己與度人，力行六度：布施、持戒、忍辱、精進、禪定、般若（智慧）。

生命教育與藝術教育有著共同的面向與目的，皆在培育自在悅樂、美善合一的人。本文提出以生命發展為依歸的藝術教育，包含：美善合一的藝術教育目的論、六度美學與環境美學的藝術教育內容、以學生為主體的教學方式，裨透過藝術教育領略生命本質並追尋生命意義。

二、緒言

在歷經二十幾年推展藝術教育以後，近年來，筆者積極參於生命教育的推動，採取從哲學、科學、宗教、藝術、教育等觀點，以科際整合方式剖析生命的現象與生命教育的重點。筆者以為：生命教育在於幫助學生了解生命真相與維護生命，及探討生命存在的價值與意義，進而將自己所學回饋社會，造福更多的生命；易言之，生命教育的目的即在於協助學生：

1. 主動認識生命、宇宙等生成的原理，進而了解家庭倫理與生命延續課題。（生命源起）
2. 培養優異的生存能力，且能維護群體及其他生命。（生命維護）
3. 認識生活環境，積極關懷與尊重生命，進而服務人群。（生命發揚）
4. 探索生命的意義，建構正確的生命觀。（生命完成）

　　生命教育的目的既在於啓發學生認識生命、珍惜生命、尊重生命與關懷生命，簡言之，即探討生命的本質、意義及實踐，其重要性不言可喻。生命源起、生命維護、生命發揚、生命完成是生命教育的四個主題，在四個主題下尚包含十一個生命教育項目，即宇宙生成、生命誕生、婚姻與家庭、自我生命維護、群體生命維護、其他生命維護、尊重與關懷、服務人群、探索生命價值觀、建立生命價值觀、實踐生命價值觀等，皆與每一個人的生活有關。個人的生命除了存續以外，更重要的是生命的品質，而與生命品質密切相關的就是美與善的課題。

　　根據筆者多年來研究藝術教育及近年來推展生命教育的經驗，在面對近年來社會的紛擾與藝術教育的變革，覺得可就生命的本質與意義，探討生命教育與藝術教育整合的可能性，並嘗試探討藝術教育的發展方向，藉此開拓在地化的藝術教育論述，作爲國內藝術教育與生命教育發展的參考。本文屬於見解性論文，文中所述藝術教育係以學校藝術教育爲主要探討對象。以下將先闡述生命的本質與生命意義的建構，再析論以生命發展爲依歸的藝術教育，最後綜結數語作爲本文的總結。

三、生命的本質

　　人類的生命大致上有以下幾項特質：

　　其一、短暫性：人的一生短短數十載。從整個宇宙的空間觀點來說，其實僅是微塵，從時間的流轉觀點而言，也僅是一瞬間而已；也就是說若從時空觀點分析人的存在，其實就是微塵瞬間的移動，相當的短促。這麼細微而短暫的存在，至少相對地說明生命的有限性。

　　其二、拘限性：不論我們因何而來，一個人自胚胎生成、母體孕育，以至於呱呱落地，此時個體不可能有選擇性，一般所謂「命也」係指此而言。其後，隨著數十年時間流轉，當有限生命延續時，個人能自我抉擇的可能性才相對產生；這種自我抉擇的可能性，仍受限於先天資質與其他相關因素，而非百分之百具有自主權，也就是說人生的過程中有些是個人可預測與掌握之因素，也有一些是不可預測且難以掌握的變數。此外，生命所繫的環境也是充滿變數，並非恆定的現象，可以說人

的一生與其所生存的環境，都隨著時間不斷的在流轉。

其三、發展性：生命的本質是短暫與漸進的過程，自生命發生以後，即不斷的發展。人類的發展性正說明生命的奧秘與可貴。在發展中的人，其本質就是具有不斷自我超越與提升的精神，這種發展性可使人在短暫的生命中不斷的耕耘，以求得生活自在，並期待溫馨離去。這種不斷自我超越與提升的精神，其本質就是「度」，具體而言，涉及生之意志、善念、美感與創意等人的特質，其目的在於追求內心的和諧，一種既善且美、自在悅樂的境界。

不斷自我超越與提升的精神也代表人類求生存的本能，以滿足生理與心理的需求。人類除了滿足飢渴基本的生活需求以外，進一步要求安全感、隸屬感、成就感、美感等需求的滿足，以維持心理的和諧。另外，為了解決生活中的問題、困難或不足，除了運用已知的方法來處理之外，有時也會開創新的方法，來解決問題、困難或不足，並達成心理的和諧；或者以藝術、宗教、文學等昇華的方式，從另一種心理機轉，達成心理的和諧。這種內心的和諧狀態，可說是自在悅樂的境界。

當前社會急遽變遷快速且不穩定，美國著名文化學者凱麗．費德門（Kerry Freedman, 2003, 25）即指出：當代生活充滿著矛盾、含混與非理性（the contradiction, ambiguity, and irrationality of contemporary life）。環顧當前全球區域性衝突不斷、第三世界持續貧困、地球暖化與環保議題不斷，以及國內爭議不休的意識型態、僵持的兩岸冷和情勢、治安未見長足改善、貧富差距持續擴大、價值體系長期紊亂，即不難理解此一困境。而且，每個人短暫的一生中所面對的課題既繁複且艱鉅，不僅是健康、工作、家庭、婚姻、子女、交友、宗教、休閒，以及不可預知之事件等課題須謹慎做決定與因應，而且常需修正或調整，一生中也會遭遇到各種挫折、壓力或痛苦，也因順利解決問題或有效的昇華而帶來歡樂。

生命的本質是短暫與漸進的過程，在生命發展過程中，有些是個人可預測與掌握之因素，但是也有一些是不可預測且難以掌握的變數。人生有歡樂，也有痛苦，卻唯有努力才有收穫，這意味著：每一個人應善於利用這短暫的生命，不斷的耕耘，以求得生活自在，並期待溫馨離去。

四、生命意義的建構

　　生命的誕生，即賦予了生命價值；生命雖然短暫，卻是生命價值成立的基礎。雖然宇宙是無窮盡的，但個體生命的有限性，仍是建構生命觀的契機，也就是生命雖短暫，卻仍具發展性。生而為人，即應學習謙卑的面對生活環境，敬重自然環境與他人，認清自己的志趣，珍惜自己所有，然後不斷的前進，並試圖超越自己的不足、困難與痛苦，也就是把人性中不斷自我超越與提升的精神盡力發揮，如此，即具備生而為人的基本態度。

　　建立了基本態度，代表個人對生活抱持著希望。生活中有許多課題必須面對與解決，而且生活中必定會於他人產生互動，並藉由相互依存與互惠的關係，維持個人與社會的和諧與發展；因此，生而為人，除了需成就自己外，也需成就他人，以維持動態平衡，此即「度己」與「度人」。所謂度己或度人的「度」，係指境界的提升，「度」可以說是：從無知到醒悟，從含混到清晰，從幼稚到成熟，從迷信到正信，從窮苦到富裕，從匱乏到充足，從拘謹到瀟灑，從「貪瞋痴」至於「戒定慧」，從「有所求」到「無所求」，從「執著名相」到「離相無住」……等。度己或度人，其實是一體之兩面，往往度己之時，即同時在度人。

　　度己與度人要有方法，佛教曾教化眾人行「六度」，以達涅槃寂靜之境界，其通俗義，即到達清靜自在的境界；此六度係指：布施、持戒、忍辱、精進、禪定、般若（即智慧，參見《般若波羅蜜多心經》）。《增壹阿含經》曾說：「諸佛皆出人間，終不在天上成佛也。」揭示當下力行，以成就自己，並成就他人。修行不離人間，尋常生活中即可修「六度」。教育工作就是佛教所言的修行領域，包含身教與言教，皆與六度有關。教育人員教誨學生，實即布施；遵守教育法令，即為持戒；當下寬恕學生的冒犯，再適時予以教導，即是忍辱；深入淺出的教學，使學生明白，乃是精進；靜思澄明，即為禪定；理性決策與行動，無異般若。

　　學生也可行六度，平常日行一善，即是布施；遵守校規與師長教誨，即是持戒；學習情緒管理，正是忍辱；鑽研學識與解決問題，此為精進；作息正常，動靜分明，近於禪定；而凡事依智慧抉擇，依理而行，則是般若。若能依六度而行，不斷超越，則愈來愈能自在悅樂，人生自然美麗，也就是「以善為美、美善合一」。六度的時代意義與詮釋，涉及當代教育領域的關懷商數（AQ）、情緒商數（EQ）、創意商數（CQ）、美感商數（BQ）及智力商數（IQ）等之提升，並非專屬於出世之修行法門，而宜以當代生活之修為看待，其適用範疇可包括其他待人處事的各個面向。上述觀念可綜合歸納如圖一所示：

　　除了依六度而行以外，因為人是群居的動物，在一生當中勢必也會與環境產生互動。自古以來，涉及人與環境互動的環境設計即是眾人所重視的生活課題，尤其當代生活忙碌而混雜，大眾皆欲尋求安適的環境，一方面可增進工作或休閒的效率，另一方面也可藉此產生美感。環境設計所引起的美感，有助於誘導善行，即所謂「以美養善、美善合一」，生活也得以自在悅樂。綜合而言，不論是工作、居家、遊憩等用途，環境設計務必講究環境美學，殆無疑義。如此，依六度與環境設計的兼顧內外之形塑過程，更有助於達成內心和諧之狀態，而得自在悅樂。

　　生命教育的目的在於引導學生認識生命的本質、積極維護生命、建立生命價值觀，並發揮生命的價值；簡言之，即在於了解生命、愛惜生命與善用生命。一個人從出生至死亡、除了維繫實體生命以後，更需追尋生命的自在、充實與悅樂；而欲得自在、充實與悅樂，則有賴於建立前述正確的生命態度與作為。

　　在探討生命本質與生命意義的建構之後，以下將以生命的本質觀點，論述以生命發展為依歸的藝術教育，以實現透過藝術教育探索生命本質與意義的藝術教育取向。

五、以生命發展為依歸的藝術教育

(一)美善合一

　　藝術教育的本質，就是藝術教育的「科際整合」與「應用導向」兩項特性。所謂「科際整合」與「應用導向」，係指藝術教育為一因應時代變遷而隨時調整，且從相關學門擷取其實施內涵的應用領域。此一理念可做為研究與實施藝術教育的基準。筆者認為藝術教育的對象是正在發展中的人，而在發展中的人，其本質就是具有不斷自我超越與提升的自由精神，在不同時空架構下，不論是與自己、與他人、與其他生物或與自然界，隨時在建構網絡；此一建構的網絡往和諧的境界邁進，這就是「全人」的理念。藝術教育的功能即是在協助個人往「全人」的方向發展。

　　由於「全人」並非一蹴可幾，而需逐漸培養始能達成。因此，以「全人」為目的的藝術教育即具有漸進性、延續性與行動性，而有賴從各相關學門中，再深究上述內涵及達成該項內涵的理論或方法，以做為規劃藝術教育目標、內容與方法的依據。然後經由藝術教育的實施，達成「全人」教育目的的實現。

　　具體而言，藝術教育在於培育學生的人文素養，包含：人性的關懷、尊重、無所求的奉獻、深刻的反省、自制、自我調整、自我超越、堅毅、有意義的生命觀、對美的追求……等，這些皆與美及善有關。一個具有人文素養的人，也就是「以善為美、以美養善、既善且美、美善合一」的個體。這些素養可說是個人成長的動力與泉源。藉由藝術學習活動，可陶冶學生自我成長、人際交往與面對未來的人文素養，以適應社會變遷，可謂藝術教育的附加價值。人文素養的陶冶不僅是藝術教育的目的，也是生命教育的目的。

　　以2004年成立的文藻外語學院傳播藝術系而言，一開始即先定位傳播藝術的特性為：真誠性、創造性、教育性與藝術性，並深知傳播藝術是充滿趣味、想像、甘苦與挑戰的過程，在學習傳播藝術的歷程中，

如能抱持謙卑心，多方汲取相關知能與經驗，並整合運用，將可展現令人激賞的作品與充分的自我回饋。其次，傳播藝術是一「科際整合」的領域，因此，在課程規劃與實施上，即強調兼顧藝術、創意、科技、傳播、語言的整合性教育，以培育具有人文素養、創造思考與外語能力的廣播、電視及電子廣告傳播人才為目標。此一觀點契合前述生命的發展性與度己度人的生命意義建構歷程。

　　綜合而言，生命教育與藝術教育有著共同的目的與面向，即培育自在悅樂、美善合一的人。推展藝術教育與生命教育即在於促進學生了解生命的意義及豐富生命的內涵。

(二)六度美學與環境美學

　　前述藝術教育目的在於培育自在悅樂與美善合一的人，在課程內涵上，即以生活中的內在美與外在美為其重點。內在美係指透過行六度而得自在悅樂的美感；而外在美則指透過環境營造使生美感。前者依個人行為而獲得，後者則為環境加工而產生。探討修持六度的美涉及六度美學；探討環境設計的美則涉及環境美學。兩者交互作用，形成互補關係與加成效益，有助於培育自在悅樂與美善合一的個人。

　　六度美學可成為藝術課程的重點，係將蘊涵人生哲理與實踐哲學的生活修為，作為課程內容的重點，例如依布施、持戒，忍辱、精進、禪定、般若六度之現代意涵，作為藝術創作或欣賞教材，且於藝術教學中實踐與體會，俾使師生自在悅樂。環境美學作為另一個藝術課程重點，係將環境美學的原則融入藝術創作或欣賞教育中，即環境設計應具有實用目的、運用形式原理、符合綠建築指標，及兼顧人文精神，進而使生活環境具備實用機能與引發美感的特點。以下分述之：

1.環境設計需滿足基本需求

　　環境設計的第一要務在於需考慮其實用功能，使該環境設計能符合食、衣、住、行、育、樂、工作、學習等的需要，如此，個人因基本需求的滿足，則易滋生美感，反之則否。例如，居家環境設計應包括客廳、衛浴間、廚房、餐廳、臥室、靜修室或讀書室，學校應有行政區、教學區、運動休閒區等設置；至些設置皆須採光與通風良好、動靜分

明、安全無虞，且各個空間盡其所用，使個人居住其中，知所行止，達其目的。

2.環境設計需符合形式原理

環境設計除了需滿足基本需求外，尚須符合形式原理。形式原理係指運用造形要素產生秩序的法則，運用這些法則於環境設計，通常會引起美感。造形要素包含：線條、形狀、色彩、質感、調子、空間，將這些要素加以組合並呈現秩序的法則包括：反復、對稱、均衡、調和、對比、強調、比例、韻律、漸層、單純、變化、統一等。例如，校園建築採用磚紅色外觀，配合深綠色喬木植栽，產生對比，可煥發生氣蓬勃之美；醫院婦產科採用高明度與低彩度的淡黃色內牆，配合淡粉紅色的布簾，形成調和關係，可產生溫馨的氣氛；學校或公司統一的制服色彩與形式，即是單純與統一原理的應用，可生整齊而劃一的美感。善用形式原理，除造成秩序的美感，也使得生活亮麗許多。

晚近雖然興起後現代藝術風，強調多元主義、折衷主義與不協調的美感，並引發觀賞者多重解讀之反應（參見Efland, Freedman, & Stuhr, 1996）：惟其本質係對於刻板形式原理的反動，並非意味形式原理皆不再適用。形式原理若能配合環境特性與使用之需求，仍能發揮其引發美感之作用。

3.環境設計應符合綠建築指標

環境設計除了強調形式原理的應用，為因應環境保育的時代趨勢，亦應符合綠建築的指標，以兼顧藝術之美與生態環境。所謂綠建築指標係依據人與環境的和諧相處及善用有限資源所訂定的建築標準，包括：基地綠化、基地保水、水資源維護、生物多樣性、日常節能、CO_2減量、廢棄物分類、污水改善八項。這八項指標融入環境設計，將使得整個環境設置與大自然兼容並蓄，不僅有助於增進使用者的舒適度，亦有利於於大自然的永續生存。晚進興起的生態工法、綠建材、法定建蔽率、自然採光等，以及嘉義228紀念公園、宜蘭厝、宜蘭縣政府等皆是綠建築指標的運用實例。

4.環境設計應兼顧人文精神

環境設計除滿足基本需求、運用形式原理、符合綠建築指標之外，

尚須兼顧人文精神。人文精神係指環境設計時，對當地文化與社區的關懷與良性互動，包含：對於良好風土民情的敬重、適宜的堪輿考量，與和諧的社區互動等，凡非屬宗教、藝術、環保考量，而為促進良性社會互動者皆屬之。環境設計除實用性、藝術性、生態育成，人文精神亦不容忽視，如此始能引起美感，並與生活修為的美感，共同成就美的人生。

　　以上的環境設計原則可做為藝術創作或欣賞教材，主要在應用外在環境以啟發學生的美感。例如：「綠建築的欣賞與設計」之主題，即涉及美學、藝術學、生態學與技學四個學門的相關原理與技能，包含空間美學、藝術原則與方法、綠建築指標、環境虛擬設計等知能。其中綠建築指標屬於生態學探討的範疇；而環境虛擬設計則是新興的技學內涵，這些素材因時代變遷而產生，超越了傳統以美學與藝術學為核心與主體的藝術教育內容。

　　探討與實踐六度美學及環境美學，實際上即是啟發生活的美感與善念，一種美善合一的境界。上述經由內發行為所生的美感及外塑環境誘發的美感，皆經過個體的感覺、知覺、理解、判斷等心裡機轉，而生滿意與滿足感，或者是感動，一種心裡和諧的境界，這種滿意與滿足感或是感動，即是人性中重要且不可或缺的一部分。而生活修為與環境美化，實際上即蘊涵了善念，此善念也是人性中重要且不可或缺的一部分。

　　文藻傳播藝術系的課程也是築基於上述觀點，以培育具有人文素養、創造思考與外語能力的廣電及電子廣告人才為目標。其課程強調與生命教育相關的生活哲學與藝術，並引導學生創作生命教育的廣播節目、電視節目與電子廣告，再透過網路播出，以提升學生的人文素養，這些電視節目包含：白雲飄來、環境美學、二十五淑女、清風吹來、輪椅雞王等，廣播節目則有關憂鬱症防治、情緒管理、交友之道、和睦家庭等議題，皆透過網路播出（參見教育部生命教育學習網http://life.edu.tw）。

(三)以學生為教育的主體

臺灣在資訊化、多元化、疏離化、高齡化的社會變遷之下，亟需提倡以人為本，以生活為內涵的藝術教育，且藝術教育的實施宜以學生為教育的主體。藝術教育的目的在於培育美善合一與自在悅樂的人，並非只傳遞或灌輸與生命無關的藝術知識或技法，而是以前述與學生生活相關的六度美學與環境美學為課程重點。為有效達成藝術教育，有賴於實施能激發學生人文素養的啟發式教育；也就是以激發創意與美感、鼓勵自我探索生命本質與意義、養成良好生命態度與發展方式為主軸，來進行藝術教育。其次，教學的實施可允許學生有不同的發展目標、進程與成果；而教學者可依據教學目標，採行多元評量，兼重歷程與結果的評量，使學習者獲得成就感與潛能的啟發，以及人格健全的發展。

這種強調學生差異性與探索生命本質與意義，進而養成良好生命態度與發展方式，並給予每一個人有充裕的時間與空間，以及合宜的速率成長，正代表藝術教育充分關懷每一個人的生命，並關心每一個生命的發展。惟有這樣的藝術教育才能以人性化的方式，符應每一個人不斷自我超越與提升的精神。

前述文藻傳播藝術系的廣電教學，常採取探究教學法與合作教學法，在廣播節目、電視節目與電子媒體廣告的企劃與製作上，學生自行分組，並選擇與自己生活相關的生命教育主題（包含：生命源起、生命維護、生命發揚、生命完成等），從事資料蒐集、彙整、分析、規劃、設計、製作，再進行修訂的過程，充分發揮創意與社會關懷，以創作生命教育的廣播與電視節目，嘉惠學子，且樹立以人為本的教學型態。

六、結語

生存的世界屬五官可知覺的現象，造形幻化，忽隱忽現，而凡有形相之事物，皆在時空中流轉。生命也是如此。可感可知的現象，終究會轉換與消失，其本質並非永恆的實體。人生的首要課題，其實就是透過短暫的存在，以謙卑、感恩與覺醒的心，力行六度與美化環境，以追尋

和諧的境界。從生命的本質論藝術教育的目的，藝術教育即等同於生命教育，也就是在於培育自在悅樂、美善合一的人；藝術教育若欲永續推展，宜注入與生命相關的重要因素，即：探索生命本質與生命意義，強調六度美學與環境美學，且以學生為教育的主體。

臺灣的現代藝術教育史比起生命教育史還長。藝術教育所涉及的因素與發展也較生命教育來得複雜。從生命的本質觀點探討藝術教育取向，雖不一定在教育界帶來可觀的效果，但至少可提供藝術教育一種新的思維與新的期待。

參考文獻

《般若波羅蜜多心經》

《增壹阿含經》

Efland, A. Freedman, K. & Stuhr, P. (1996). *Postmodern art education: An approach to curriculum.* Reston, Virginia: The National Art Education Association.

Freedman, K. (2003). *Teaching visual culture.* NYC: Teachers College, Columbia University.

CH 12

漫談行為學新趨向——以
埋葬自己一文為例——
摘新趨向原理部分

（李宜堅）

一、緒言

　　作家鍾怡雯發表「埋葬自己」一文，約略描述她的曾祖母、祖母及祖父、父親等的家居生活點滴。故事中，以曾祖母莫名奇妙「挖地自埋」的失措行為，做為標題，其實重點卻在敘述祖母「不能自己」的懷疑與偏執見解——把所有夠得上和祖父談話的女性，皆列為祖父的老相好。鍾文所描寫的二三代祖輩特殊行為，雖然是超乎尋常，但事實上，在人類的行為裡，會有一定出現率的，一如在正常團體中，大概會有千分之三嚴重的憂鬱症患者。過去，對這些稀有疾病的解釋，大概都是從神的譴責、鬼魂附身、潛意識作祟、人格分裂、心理變態，一直到精神病等等，不一而足的猜想與臆測。之所以，會有系列的「誤解（夢）」或不同的神秘解讀，並採取文義性的詮釋，都是因為人們欠缺「新大腦學」的理解，以及不同時代的知識水平差異，而導致歸因偏頗或判斷失誤。亦即人類對同一現象，所認知的「本體程度」是有「質與量」上的等級（位）高低的，愈是不清楚，就愈神秘，說辭斷語，就愈模擬兩可，所使用的語言狀詞就愈文義性。一直要到弄清楚真相後，才敢運用「操作性」定義的。這些過程，正如同人類各時代主流學問－君王學、宗教學、玄學、哲學、科學等等之遞嬗。（以下文略一萬八千字，跳接）

　　1953年，華生（James Watson）和克立克（Francis Crick）發現基因的「雙螺旋」結構後，使得班澤等行為與生物（態）系統研究者，更為振奮。他們不僅使數十年的研究結果，成為新生物學的主要內容，更由於其精準分析，從每個基因與性狀/行為之間，所有線性或非線性連結的檢核，累積了新觀念、知識及技術，而產生了「人類基因組」解讀的基礎，開拓了一種真正的生命學。使人類從而能了然生命的源起，維護、發揚，乃至完成等各層面，貫串於其中的「物質與物理」原理。易言之，當人類認知（徹悟）到石頭、生命、靈魂等，都同具物質性質時，則數萬年來，不能理解的宇宙、生命、行為等奧秘，才能迎刃而解。自此自無須再浪費精神，建立「猜想」的哲學、倫理學或其他社會人文、

宗教等等，自我蠱惑的學問。至於，由分子生物學所驗證的「社會生物學」，亦將連動，而產生極大的質變，甚且她更將藉助基因解讀的知識，明確統合1.大腦神經認知學；2.神經遺傳學（Neurogenetics）；3.分子生物學；4.社會生物學（Sociobiology）等各種領域，實現了人類夢寐以求的「人文與科技」融通理想。我們確信「人（to be）天（To Be）」的連結，此後，已無須再編派神祇，以及多有神祕、訊言暗語、解幻圓夢、裝神弄鬼，來強說隱晦不清的「天啟」、「神旨」與「人意」。人們終將明白萬物、萬事皆是「物質與其作用」的存有—「to being」的結構是統合了物質、物理運動及數學邏輯、機率。事實上，「To Be」只是構成「to be」的理則，而非一實體上帝。

　　生命始自塵土，終歸塵土，所存之愛，將由基因圖譜清楚記載，並傳之後世。傳衍是生命的過程，也是目的。然而，人類無法理解「物自身」的傳衍，有何意義，頻頻會質問：「難道我就這樣過完了一生嗎？」。因之，人類獨特的大腦，便開始尋求，那意在弦外的故事，其中，宗教就應運而生，她虛擬了很多不同的靈魂結局，來鼓勵人生、消除困厄、撫慰受傷。結果雖能解決某些困惑，也有一些夢幻般的功能，但終究是一種虛擬的自慰，如同是知識份子的鴉片！科學則實話實說，因而不能舉出超自然的浪漫天地，最多只能描述生命的浮沉，如其在汪洋大海或蜿蜒小流，不斷的嗚咽或拍岸的情景，以及親代又如何投入所有摯愛，去呵護子代，並希望子代不斷傳遞生命的真實。因此，假定六萬年的「宗教約制」，一時不能解除，人們仍一定要信仰，必有一「二元論」以求寄託，那麼，科學家就會回答：「基因就是靈魂了」。克立克說：「行為是生物學的終極目標」。基本上，與之相呼應的，新的學術亦肯認：「傳衍是生命最終的追求」。吾人相信在這些真相基礎上，融通之知識，將首由「重建細胞」的作業，迅速啟動並獲致最佳的效果……；其次，則能確認「所有的人性表達，均是人類追求傳衍」的合理設計——宣示「傳衍」是生命最後的目的，從而解除建立在生命為上帝；為存活；為他人……等不究竟的假設，及其所帶來的困境！就本文中，曾祖母、祖母、祖父及父親等「基因／大腦／行為」是一脈相傳的，聰穎能幹，或陰陽怪氣、或性向氣質或思考判斷、或文化見識……

系統是一貫的，正如像鍾教授在另文（鍾氏出品）所提到：「姊妹的中性裝扮是一樣的。」當然，只有他們（或子孫）的「傳衍」任務，受到威脅時，他們才會發生思考、行為等調整……，甚至，若意識到情況嚴重時（如日皇太子娶平民為妃、達爾文島多樣化的生物同種異相。）基因才會為了適應而突變。（一般策略是異性偶配、異姓通婚，甚至異族通婚，或……等等）。

二、新趨向的原理

　　派典改變（Paradigm Shift）使得學門的內涵，有著極大的變異。她的影響，縱不至於全盤否定原來的理論信仰，但至少由於新觀念、新技術的引入，提升了認知真相的水平，甚或不同的方向，並且產生異質的見解。最明顯的基礎研究，就是當代大腦學，她已經是建立在⑴宏觀大腦功能理論（global brain function）；⑵神經網絡發展系統；⑶大腦遞變理論（gradient, 1989）等之上。這些研究確實改變了，傳統對大腦的認知。如1980年代前，科學家推測額葉為無功能，所謂寂靜之腦（the silent lobe），殊不知她竟是總指揮的「總裁」大腦呢！如十八世紀由高爾（Frang Gall）顱相學的猜測（科幻），到二十世紀末進入了腦功能區（或中心）的實證測定後，已成為大腦學（科學）；又如十七世紀笛卡爾的靈肉二元論，雖坐實了基督教義主張，並影響三百年的西方文化，尤其知識分子的「理性信仰」判斷，但仍被確認：「有邏輯，無事實」。笛氏認為大腦松果體（腺）是「靈魂」的住所，如今新大腦學卻指出她，只不過是主導睡眠的器官，是產生「褪黑激素」之所在，根本與靈魂無涉。（如果要勉強主張身體有一中樞、大腦綜合核心，亦應指認腦「視丘」才較符合實情。）總之，這些「腦與心」的新研究，證實了腦本質的真相。這樣的研究派典轉移，是來自現代科學所使用的工具，能精確查明腦結構及其官能，而產生的認知革命，以及運用不同的方法進行「大腦／行為」研究所致。如對實體的探索，挾新利器之便，由一戰時的死腦，到裂腦（split-brain）到侵入性活腦，再到1990年代的腦斷層、腦功能斷層等活生生之腦。相對的，在方法上，又採取各種

新技術，依次運用肉眼外顯觀察、解剖查證、截腦胼胝法、腦部分破壞法及電子掃描法等等，使對腦「區位／中心」的論辯，趨於真實而能夠建構新理論。可以說整個腦研究，真正已是由猜想到親眼目睹，甚至可操作運算的作業（憑藉機器診察，專業譯讀等，使研究變成「一般性」的醫術活動）。此外，由於對大腦本體與功能的綜合研究，導致思維方向，古今亦為逕庭，如認為靈魂是一種永恆不變的「結構」實體，確存在於腦（心）中的猜想，轉變而為是大腦「作用力」的呈現（達爾文M筆記提到，若以靈魂實體，來研究靈魂自身，註定要失敗），並隨生命之亡故，而飄零消失。也就是現代大腦觀，是把大腦當作生命器官之一，而不是森嚴的祭壇，神所允諾的靈魂城堡。這種根本的改變，當然使得以「人性」為基礎的研究，不得不落在「真相真知」的追求上，一舉掃除了神秘的猜想，真正如同佛經所謂遠離顛倒夢幻、偏執與迷信。

　　由於對人性的理解有了「革命性」的改變（change），就啟動了理論更張的新生學派及價值逕易文化的效應。因之，為因應新典範，而挽救各種及「引申」學門的存續，則無可迴避地，除應將學門朝向融通為領域的努力外，更重要的，學科本門的知能，亦應大幅度修正，甚至改絃易轍。其中基礎學術發展，運用最接近「人性研究」的心理學、倫理學及行為學等毫無疑問的，必須「全盤」融通化、科學化，並容攝演化智慧。否則依據毒樹果理論，這些肇建於猜測學理及無據、虛無假設的老社會學、宗教學、哲學、倫理學等，其土崩瓦解，當在所難免。茲歸納新的學術性質，尤其行為新論基礎，如下：

(一)植基於演化論的論述

　　達爾文的演化論，已由「確認」物競天擇，及適者生存為物種之原始，「擴展」為萬有（to be）一體適用的宇宙原理。即宇宙萬物及生命之成住壞空等過程，均依照演化理則運作，無一例外。其要點約有，⑴萬物「共生」趨向的現實。如人類與細菌的紅后現象（Red gueen Principle）就是共生共活之妥協；⑵食物鏈的原理，不涉道德的殘酷網絡。如人類屠殺猿猴、獅子獵殺羚羊……等等行為的合理化；⑶競爭結果是不對等的現實。如獅子飽一頓，卻是羚羊生死一大事；⑷天擇（含

性擇）決定繁衍與存活，如公孔雀的翠屏，吸引了雌孔雀，而得能傳宗接代，形成繁衍優勢。（性擇，掌握美感者，獲得傳衍之酬報。）；⑸適者生存。如為適應英國黑鄉的濃煙環境變動，蝴蝶顏色為灰暗者存活（生物性狀符應而存活），亦即生命無預定的發展方向，但目標為存活，則始終如一；⑹短利為存活，長利為繁衍。每種生命的目標，均在繁衍祖先及個我的DNA。DNA種種的行為指示，如所有「中國竹」會選擇每隔120年同時開花一次，（為什麼是120年？科學家會知道！）進行有性生殖，並以種子量多，且基因重組等策略，避免天敵食盡及新基因抗病毒，而獲得傳衍。這就是生物不可憾動的存活方程式；⑺自私的基因，表達在功利的倫理之上。集體合作可共同獲利或避免災難，這是來自祖先DNA「大量廣布」之設計，即謀最大利於群體者，為最高尚之道德。⑻所有物質及精神（物質之作用）的過程，均依據演化原理運作，包括日月星辰、有機無機、社會現象、各種思想理論……等等皆是。又如規範人類社會生活的倫理，依老子道德經的見解，倫理中心遞嬗為：「道→德→仁→義→禮→法→（誓約？）→？」（如道亡而後德，德亡而後仁，仁義以下，聖人不敢言！）等亦是演化的表現。⑼基因設定與啟動，均依演化原理而作業。被設定的生物性狀與行為如何鍵入基因，雖尚未明白，但可能的途徑有二。第一，演化突變時，新獲得異常狀態者得存活，如顏色近環境、動作擬態成功、或能區別蛇害、敏感反應者等等，其二為生物尋找合適生存環境而存活，如部分人類從非洲遷出（到全球）。因之，各種研究，若不引入生命智慧（種族記憶）並做學理的檢核，則學理不能圓滿。因此，像演化醫學、演化社會學、演化人文學等等，勢必成為新學術的重要成分。

(二)穿透新唯物的論述

唯物論自古以來，即為哲學的要項之一。理論要旨在論述宇宙萬有及生命，皆為物質所構成，且其物之始末，亦自為完盡，故無靈肉二元之別，亦無鬼神六道四聖之實存。這種見解，的確「呼應」近代科學的思維與技術，尤其機械的因果論。但是她的限制，卻在阻隔了物理、化學與生物之間，使這種有機與無機的鴻溝，不能穿越，至少對「有機是

無機賡續」的現實，並無所發明，導致研究停滯在「未知生，焉知死」的自畫境界，可以說她亦是另一種形式的二元論述，或者是一種「一元二次」的哲學觀點。新科學唯物的論述，則在探究「前因」與「後果」及其間「賡續」的事實與原理，並努力避免對「無因」研究的怠惰，也就是積極介入「第一因」原理的逼近。她完全拋棄擬科學（如弗洛伊德的泛性論）或假科學（如道教的煉丹造神）等以臆測猜想為基礎的理論，並徹底消除唯物論為德不卒，不敢駁斥心物合一論者，所謂「盲目呼應唯靈論的存有（To Being）假設」。眞正以「唯物」原理，貫串宇宙、生命之始末，而唾棄依違靈肉兩可的態度！這是牽涉到整個文化的內涵問題，其嚴肅性無可置疑。新科學唯物論（Scientific Materialism）或新自然主義（New Naturalism）的要點約有：

1. 物質主義。確認原子、分子為建構萬有的基本原素。宇宙緣由大爆炸（可開放討論的假設，非比宗教封閉的第一因神話！）而成星系、地球、生命、演化、人類、行為等等，此一系統之推展，恪守物質性質及其運動定律，所謂「物質性質，等同生命性質，等同靈魂（心智）性質」。生命之前沿為原子分子物質，生命之繁衍，備載於DNA絲毫不爽，生命之繁衍受阻，則失去一股生命支流。故就整體而言，則為愛因斯坦的物質不滅原理（$E = MC^2$）體現。在人文上，就是認為物質與精神，只是樣態轉化，且萬物本質就是物質之實有，自無有「空無」的猜想；而其作用力（如精神、思想……等）則依循物質（理）原理運作，其間無有「超自然」者，可介入之餘地。

2. 行為遵循物理布朗運動原則。認證大腦原子、分子，運動（脈衝）有「多元動向」的現實，但整體的運動指向，則依「原子多數決」的原理，並符應各種外、內力角力，所成之軌道而推進。即人文上，容許見解多元或竟扞格，但基本論調，仍應朝著正確的指向，如倫常、保護基因等等之行動，換句話說「聖賢是多數決（典範），狂狷則為自由分子；狂狷增益聖賢格局，聖者使狂狷不至滅絕情義。」。因為心思、意念皆來自大腦的運作，而大腦為物質，所以大腦及其神經網絡，傳導物等之完整及其作用

力，均遵守布朗原理的運作，而決定「思考/行為」的途徑。又依照演化論，存活與繁衍是生命體的目標，所以人類的自利生存「大指向」是無庸置疑的。指向確立後，奮鬥的目標，自會隨時浮現（emergent property），並導引著自利利人的合理行為。當然，行為選擇，必然會趨向最佳判斷，此時天人交戰、內外煎熬在所難免。故此，衝突亦是尋常、可理解的，一如物理布朗運動的實情，借佛家偈語就是「煩惱即菩提！」（煩惱就是本質）煩惱與去煩惱如聲隨音，待其去來從容，無須徒費機心，去追求完美的烏托邦，只要方向不偏離「繁衍」，其他出入由他。

3. 物理萬有定律是行為理則。物理作用力包括重力、磁力、強核力、弱核力及可能的第五力，規範了所有物質之結合及其運作規則。這五種力量，如何在環境中互為消長，甚或結合為統一原理，如能獲得明白，則任何有機、無機的作用力大小、方向，包括行為必然之途徑，更將清楚，則人類可經由數學運算，實現「以易馭繁」、「百世可知」的夢想，千百年的臆測如易經、星座、命盤、手相、摸骨……終將戛然而止！這個道理，就如同今日大腦功能模組（或中心）研究的知能，將取代無稽的浪漫顱相論。若果如是，則天道（物質運作原理），指導人道的原理，更將清楚明白，所謂道行有常，不為堯存，不為桀亡！道的原料，就是大腦對應知識價值之統合。道而有常，則人類從此就沒有「人心不古」、「世事難料」……等無奈的嘆息了！同時，過去道德倫理觀採行宗教家、倫理學家甚至社會政治家等以假設性的「天酬有道」為勸之神秘思維，亦均應改以務實的「公道」、「平等」、「自由」、「功利」等理念為基礎的俗民化倫理學為主。因為行善不是為酬報（因果報應或神祇的賞罰）乃是為公道（每個自己均應受到應有的對待，且投桃報李）這種生物為共生互利，才是真相、真理、真知、真行，她無須假以超自然者及另外的審判！

(三)以科學為主流學問的統合探索

　　人類文明發達史是一方璀璨的集錦。她由不同年代「主流學問」所共織共成。每個朝代所編織的圖案、色彩也許各有特色，然而依據演化論的實證，她們是演化的，也就是每次的改變，都是最有利於適應的設計與體現，其中最重要因素有二，第一：環境變遷所產生的難題或壓力不同，如疾病、天災人禍、飢餓等等均直接影響圖案內涵。第二：則是人類大腦所思考，能解決問題的策略及工具，尤其是學術研路數的更新，如對天命與人性的研究工具，遞演為領導者意志（君王學）、玄祕猜想（玄學）、體驗信從（宗教學）、邏輯運算（哲學）、邏輯與事証（科學）……等等，對現象不同層次的詮釋與生死觀之建構，均直接衝擊到生活方式，甚至族群的存活。這些變異就會影響到圖案的色澤。合而言之，使用工具不同，所能見的真相，自有深淺之別，如運用望遠鏡或顯微鏡，所見之天文或微生物，便大不同於推論（測）者所知。又如，應用大腦科學研究暴力行為，查明及處理案主的額葉缺陷，或掌握「衝動抑制」腦區位，及「憤怒抽離」之能力欠缺的實證，就比傳統倫理教條或環境教化改善的策略，來得高明許多。思維方式不同，則價值的取捨或對研究「標的」的見解，也會大異其趣。如傳統上以為靈魂為一實體，則其探索的重點，就在「組成此一實體之結構」為何？是上帝的一口靈氣？是萬物與人同一氣而生？是眾生之善惡業（結）……等等；而現代大腦科學家從實證研究，認為她是大腦的作用力，則探索的重點，便是大腦之運作如何？各組織器官如何作業？傳輸物巴多胺、血清張素、乙醯膽鹼……分泌平衡否？神經網絡連結如何？總之，虛無的結構論，是六萬年大約十萬種宗教的主張（根據人類學的估算），她們都是靈魂不滅的永生倡導者，其影響力雖然至為深遠，不僅庶民倚賴，就是帝王、知識分子亦多所攀緣附麗，即便是17世紀哲學家，仍然為之服務，這就是總其成的所謂笛卡爾二元論證。然而，唯實主義的真確，將使這些虛無戲論歸為烏有！就如同落花流水，一去不復返。

　　「哲人其萎，必有後進者。」的確，各領風騷百年的學問，亦如演化歷程，生滅相續、遞嬗相緣。「主流學問」為當代最可解決存活的策

略，人類若不能掌握此種「變易」原理，徒然以舊瓶裝新酒，則先哲遺智斷裂難免；而新酒塗地，亦將成為蹧蹋，後悔莫及。所以，與其立於「宗教」而論靈魂，自不如打開大腦看「自我」形塑（或是判斷思考之生滅）來得實際，所謂百聞不如一見也。耶穌的門徒多馬堅持要「親探」老師的釘痕，為的就是「我要看到真理」，「我要觸摸真理」。靈魂對生命體而言，何其重要啊！人們怎可用「聽聞」替代「見證」呢？人們尋找真理，怎能不用現代科學，融通領域知識，統合普遍觀照，遵循「文明的新生紀」規則，卻仍要死死懷抱過時之玄學、宗教、哲學呢？那不是緣木求魚，是什麼？

(四)行為及文明來自演化決定論

數千年來哲學家，神學家分成「文化決定論」與「生物決定論」兩大陣營。這些對抗的思辨，牽引到「先驗主義」與「經驗主義」的人性深層探討，甚至推衍到「存在與本質」置換的爭執。基督文明建立在「上帝照祂的形象，捏土塑人，並吹入靈氣，使人類成為代理上帝管理萬物者」的假設上，這個假設就是本質（上帝）先於存在（人類）的原理。依照這個基督宗教的宣示，則人類的行為是道道地地的「先驗主義」者論，如同「嬰兒」的吮奶；「嬰鵝」的辨識鵝媽，躲避天敵老鷹等不學而能。不僅如此，更可推衍到「有其父必有其子」，意即子代的聰明才智、身材、性格、興趣……等都是親代的生命復演。換句話說生命的本質除了上帝、自（佛）性還是上帝、自（佛）性，別無他物，他是永恒不易的存有（To Being），而身體（to being）只不過是復演的工具，工具壞了就應丟棄（壇經云：法猶應捨，何況非法！），這就是生物決定論。敵基督者・尼采（Nietzsche, Friedrich, 1844-1900）及其後的歐陸哲學家如沙特、齊克果、雅斯培、卡謬等，對這種過度的宿命論，則採取「反骨式（Antithesis）」的見解，提出了所謂「存在主義」。他們認為存在先於本質，意思是說先有生命體，然後有生機（狀態）需求，再後，又有各種求生存的經驗（記憶）……，最後這些過程因素，才組織成就了「本質」。若以人類而言，則「人之所以為人，以其受教育（經驗）故。」意即可從反面推論，則人而無受教育，則為禽

獸，則爲木石。一個知書達理的文明人，他的行爲是來自經驗的架構，這個見解引申結果，正是文化決定論。

對於前述二種決定論立場，不願採取「yes or no」態度的，傳統上便有所謂的「折中論者」。如中國儒家之「中庸論」，提出扣其兩端，常用「調人」心態看待現象，更而，游移不定於眞理。他是既不敢否認「麻生蓬中，不扶而直」爲眞確；又承認「性相近，習相遠。」爲事實。「調人」也許義同「不點破」，也就是可能對事理已有所察明，但格於現實，乃發表兩造皆可接受的見解。一方面以人情事故，勸說雙方捐棄成見，日後好見面；另方面則爲因應普羅大眾，不求甚解的陋習，而提供糊塗界說，以滿足「差不多」的心態。理論上，她對眞理的尋求與實踐，不鼓勵發揮「雖萬人吾往矣！」的求眞勇氣，相反的，卻是苟全性命於亂世的合理主義者。總之，這種「去眞理而求合理」的論調者，對文化、行爲的深層原理，雖能洞知，只是爲求和諧，莌回應執二邊之間說，對事理的發現及行爲的決定，仍然是「並無第三種見解」。

另一個折中派，就是佛教。她是「佛性」與「業觀」並舉的二階段說。自（佛）性是　起性空，是一種「諸法無我」的高論，認爲生命體來自合和因　，本來就無有「本質」的問題。而行爲或文化莌來自對生活的道德觀，所做的思維與實踐的結果。行爲若有善惡，就構成了「現世業」，並如影隨形終身纏綿案主，即使六道眾生盡壽，亦仍帶業往生，歷劫償付，直到「業空」歸眞。換句話說，佛之悟入本質是「空無」的，緣聚則生，緣散則滅，若無生滅，無垢淨即爲本來面目；而「存在」則爲累劫經驗（個業與共業轉世）所架構，業之依附，猶如璀璨光芒之於海市蜃樓，是「存有」實亦無一物可得，故謂涅槃寂靜－本體與現象兩皆如夢幻光電，如朝露之於陽光……。此萬有之實相然，若眾生一旦智慧大開，直了本性，不住相，亦不爲相所住，則業之虛無，一如浮光掠影般的幻滅，而本質復歸幃槃空無，這就是所謂「一切空」也。佛教這種「消業與斷滅」論的指陳，原是爲了附麗於空無本體之上的業，求取一個解套的觀念，其關鍵因於悟與迷之間，來決定所相對產生「虛無空泛與實有業障」之別（識）。這是唯識的，頓悟的，目的在於方便迷者求佛的設譬。這個佛之原理本意味著「假有（本質）之上的

有（業），亦爲假（不是法有性空）」。故金剛經說：「因聲求我，以色身見我，是人行邪道，不得見如來」——不拘於身者，方能見本性。因之，才爆發了「漸修」與「頓悟」的議論——「時時勤拂拭，莫使惹塵埃」對抗「本來無一物，何處惹塵埃？」。大乘佛教入華，爲便於傳教，採用「認同」中華文化策略，而大開方便的見解。導致於「解佛」者眾，如八宗、十宗等等，可以說游移在認同（華化）與迴歸之間，家家皆自謂爲眞佛，佛不能肉其白骨，奈何！這個「六經皆我註腳」，導致浮屠，百花齊放現象，眞令人無所適從，就是大譯經家鳩摩羅什門下四賢，亦言人人殊，最後僧肇提示所謂「格義迁而乖本；六經偏而不即」（大正藏）的警語，想糾正「因權害眞」的大乘通病，但大勢所趨，佛之精義在中華是顯晦互奪。故漢魏之後，佛家才有一方面「與人方便」（乘急戒緩），另方面卻不斷地強調「凡所有相皆爲虛幻」的認知等等現象。論者以爲，這是佛入華初的一種權宜措施所致，可是若以佛入滅不及百年，而上座部與大眾部之間的理解爭執，乃至於佛住世的教示，涉及空無與輪迴之間的發明，亦已露出難以統一的困境。試看，只要基於「因果」原理，就必會演繹出「業不可轉」的信仰，因而發生了弟子們對「一切空」的教導外，另有「法有性空」的企盼。事實上，佛陀爲處理果報問題，早就爲德不卒，仍承受婆羅門教義（只是將種姓改爲業觀。即以「文明」替代「遺傳」爲假設性輪迴的原因！），被迫確認「業爲實有」（？）的思想，這就牽涉到虛無的「六道輪迴」假說，以及佛陀自創的四聖，即永離生死、歸空無等命運或報業之問題（有學者指出：佛陀此種猶豫與認同（波羅門教）決定，確實是狗尾續貂，其所帶來的後遺症，終使佛教爲婆羅門、印度教所消融，且幾乎滅教！）。調和的佛教除了一再反復宣示二階段教義，而把報復因果及貪瞋癡主導等行爲（文化）的理念，做成「苦集滅道」等邏輯外推之根據外，對行爲決定的最後原理，並無贊一辭半語。其間，雖曾一度縱論中道（超絕），條析佛法「去業」的殊勝訣竅，主張聖潔的生活，去除情欲矇蔽，其勇猛過激行動，直非常人能及（如不能殺生應對於不能殺人！）。可這也只是探究解決「表面惡因」的方法，眞正對更深層「無明」之前的存活原理，是毫無著墨的。換句話說，對文化生成，行爲選

擇，除了業的牽引理論外，並無有「最終（最先）決定論」新解。

　　演化決定論，不落入傳統左右及折中的推論或假設，而是真正來自邏輯、經驗及事實的論證。她的主要證述，第一是只有演化成功，宇宙生命才能出現，存活與繁衍。第二，演化的可能方向是朝向為繁衍而調整。所以演化成功所施行的策略，都是當時最有利的選擇，同時亦意味每次往前推進的適應，都會有一些「進化」的實情。（怪不得，民國初年，嚴復將赫胥黎的作品，翻譯為進化論！雖然不中，但仍有幾分事實呢！）。這兩個論述，就是前文，所提到的天擇與適應，也就是達爾文演化的精義。生物體（如人類）為了從千變萬化的環境中，獲得「適應」而求存活，途徑之一就是需改變基因，使之符應內、外在環境要求；途徑二則在競爭（或改變）的環境之中，獲得天擇青睞，而勝出。所以演化決定論，便是主張行為的決定優先，首在符應「基因」的演化生成及其構造，即順從個體千百萬代祖先基因的（有物）混成趨向（是祖先演化，而不是上帝本質！）。如有好音樂基因者，優先決策可能會選擇學習音樂，並尋找音樂相關工作。其次，則配合個體基因啟動，適應身心發展階段需求，以能獲得個人生存本領者為考量，最後才是遵行當前環境文化的導引或迫力。同時，整個「決定論」若涉及個我與群我的判斷時，均會在「自我基因」傳衍的考量之下，而優先實踐之。（此考量係基於「群我」為服務「個我」的原理。即「人人為我」為第一式敘述，而為確保第一式之實現，才有第二式「我為人人」之補充。易言之，政治家所謂「人生以服務為目的，是一個不究竟的主張」）。總之，演化決定論，確認行為來自個體對刺激（Ｓ）的解讀，其所根據的資料是演化智慧，如嫂溺手援；如感冒不吃含鐵量高的食物；如見蛇即跳開。其次，就是「自利」見解，包括遠謀與近利。再其次，就是文化規範所要求，如上文道德經所提到的仁義道德等等，（其實，倫理亦來「自保」與「保證祖先」基因，廣傳與久傳的設計。這就是大功利等同大道德的原理，另文討論），最後才考慮當前客觀環境條件（如不食嗟來食的下場！），而做出反應（Ｒ）。這個理論「消解」了先驗與經驗的鴻溝，也平撫了性善與性惡的對立，並且是「實事求是，不做調人」的不糊塗見解，同時也匡正了業觀來自「貪嗔癡」未能究竟的假設。萬

物之自性，在求生存，原不在「為善」以求讚美；亦不在「為惡」以求滿足慾望。這就是演化的智慧，一位不曾言語的智者（祖先）、一隻市場的舵手（祖先的示警），規範著子孫們應行的生存大道。所謂大信不言，大德不謝，大行出入可也。因此人類本於這種認知，而積極發掘萬物萬事的「真相與真理」。如1940年代經濟學所提出的「囚犯兩難」理論（Prisoner's Dilemma）探討的經濟行為，政治決策，都是從人性，而環繞著賽局「零和」與「非零和」的模式建構，1995年諾貝爾經濟學獎得主納許（John F. Nash）就是根據「數學（邏輯）」及「人性的自利（基因）」觀察，建構了劃時代的「納許均衡」，「納許談判解」及「納許綱領」等描繪人類的經濟、政治行為模式。其後2005年經濟學諾貝爾獎亦為人性「非零和」賽局理論（Zexosum gametheory）的傑出成就者所獲得。可以說，整個二十世紀最重要的學術，就是在深化達氏理論及相關學門的運動。而其中，由班澤所領導的基因行為研究，所開拓的學門領域成就，最為輝煌，尤其對自由意志基因的探討，更可能影響到新文化的趨勢，至關緊要，下列特別討論之。

　　也許人類有特別發達的「自由意志」基因，或者大腦網絡神經的運作，有較自由的判斷空間。但由於人類天生喜愛探索與預測（也是自由意志？），因此，雖明知事件處理之態度，來自個別自由意志，卻仍然想從「自由」意志之中，尋找出可測得到的「必然」奧秘。因此，形成一種極為吊詭的行為，此猶如不甘心地、不斷質問：「亂數的原則何在？」（定義上既是亂數，又怎麼會有不亂的規則？）結果就將自由意志「原則」併入「預測、推理、判斷」等活動，而構成了人類文明的主要內容。這些必然（規則）和偶然（機率）的預測、探索的對象，從宇宙、生命到各種行為、命運結局，再到生死之後，茫茫的未知，甚至連再生、永生的憧憬……鉅細靡遺地無所不包。在觀念規則上的運用，如因果、邏輯、體驗、經驗、觀察、測量……等至為綿密。即便使用的方法，亦十分多元，不過，大約還是根據工具的精粗而定，如由超自然的巫覡、祭司主觀釋疑，到術數演算，如水晶參問、龜甲卜筮、占星、鐵板神算、風水羅盤、紫徽斗數……再到邏輯、心理、科學調查、分析、統計等等不一而足。然而，文明是計日程功的，正確有利存活的智慧，

必會累積成為生活內涵。至於，不正確卻有利生存的短見，如重言贅語，妄誕飾詞，裝鬼弄神等騙術，或失去範疇的演算等等，當人類能以知識根除迷信時，這些「戲論」均將被淘汰，而消失在文化舞臺之上。而「演化」又是貫串了一切，從闡明生命由簡易到複雜的原則，到證實生物能否存活，不遭滅絕等適應（性狀及行為）系統，以及無生物的存亡軌道（如星球的形成、老化、爆炸、死亡！）等等，無一不在天擇獲得到消解。如生命體之對環境，就「不變」而言，漢時明月，秦時圓；就「變易」而言，則江東水流，曾不有一時駐足。變與不變間，人類自會掌握此一動態外緣，而發展極高明之策略，以求自活。易言之，人們所使用的工具及思維模式，為順天應人，則日益縝密；預測與處理的能力，亦日益高明，而切實際。這些變動不居的思考，事實上，就是「自由意志」的作用了。可是「自由意志」清清楚楚地，來自生存的盼望（物質力的消長運作）與物自體的結構功能。有怎樣的基因密碼，便會怎樣按計畫，適時適地啟動身心建構，而發展出體系組織，並在取得一定能源（營養與知識）時，進行一定方向的作為，以求取最有利的效果（主觀上）。這個作業過程是有一定的大方向軌道，但也有可容忍的多元旁支歧道的。

三、結語

曾祖母、祖母的異常行為，基本上是組織器官的病變，或自保的機轉設計。她們不會受到鬼神作祟，或是心理（？）受到傷害，或是心靈受到桎梏……簡單地講是「基因／大腦／行為」發展受損，而產出生理失算（作）的必然，一如風中缺損角版的風箏－看似自由、自在，其實是依風吹角度漫舞。總之，她們不是神秘不可解的精神病，而是真正的神經病—大腦及神經異常下的自由意志展露。試看以下科學家研究出，所謂的「精神病」原因，看看他們的描述，是否應改稱為神經病，較為妥當？當我們真實確認並勇於面對、不再依違「身體與心靈」兩可之間時，承認曾祖母、祖母均罹患大腦神經之病時，我們才能從所知的生理疾病知識，予以對症治療了，這樣她們被痊癒的機會，也許會大增。

1995年科學家研究發現「精神病」患者可歸納為三類，分別說明如下：

(一)封閉在睡眠中

在胎兒發展過程中，額前葉皮質上的某些神經細胞，無法和大腦其他部分進行正常溝通的細胞搭上線，以致無法製造信使RNA，亦即無法指引神經傳導物質GABA，迫使神經細胞無法發生功能。此種缺陷使心理架構不能連結外在刺激——大腦被封閉在睡眠中，自己創造世界。（加州大學研究）

(二)錯認海市蜃樓為實有

原因是大腦前帶扣皮質失去功能。因而降低了大腦歸納外界資訊的能力，結果使清醒的大腦，產生非理性、夢境般的虛構故事。案主的自我邏輯怪異自存，但自身不會發生衝突，因為他不理會他人一般邏輯。這可能是一種機轉——失常，但有利存活（不會自我衝突，故不會自殺或殺人。）。

(三)狂妄與狂熱一線隔

基因DNA結構突變，發生了遺傳效果。人類第六號染色體的短臂上，有一個可能導致精神分裂的基因。此一基因會表現於大腦發展，成為人格分裂或多重。即使該基因未發病，仍然可能產生對政治、宗教、藝術等的狂熱份子。（一個基因，一種疾病）

希伯來聖經曾提到有四件事費思量：「老鷹翱翔天際；蛇盤踞岩石；船揚帆汪洋大海；和男女之道。」。然而，時至今日，「行為本身可以像生物其他各種遺傳一樣定位，繪出圖譜。人類一直以為超乎肉體之上、脫離肉體、屬於精神性靈的超自然性質，說不定就像眼睛色素，這樣尋常的基因一樣，可以定位。」已經載明在班澤的「果蠅聖經」裡。希伯來人萬古的疑惑，如今卻是班澤的常識言論，時間不過是五千年！（本文轉自96年度得渡鼓鐘文集）

參考文獻

王道還等，黃政傑主編（2007）。生命是什麼，高雄：復文。

仇萬煜、左蘭芬（2005）。Erwin Schrodirger (1961) What is life?& Mind and Matter）

生命是什麼。貓頭鷹。

洪蘭譯（2004）。Elkhon Goldberg, The Executive Brain Frontal Lobes and the civilized mind。大腦總指揮。臺北市：遠流。

梁錦鋆譯（2001）。Edward O. Wilson (1921)。知識大融通（Consilienle）。天下文化。

莊安祺譯（2006）。Jonathan Weiner，Time, Love, Memory。果蠅、基因、怪老頭。臺北市：時報。

洪蘭譯（2006）。Martin E.P. Segligman。What you can change and what youcan not改變。臺北市：遠流。

洪蘭譯（2005）。Steven N.Austad，Why We Age。揭開老化之謎。臺北市：商周。

趙淑妙（1995）。Richard Daw Kins，The Selfish Gene。自私的基因。臺北市：天下文化。

廖月娟譯（2004）。生病、生病。臺北市：天下文化。Randolph. M. Nesse & George C. Williams。why? Why We get sick.

鄭清榮譯（2004）。論人性。臺北市：時報。Edward O. Wilson,(1921). On Human Nature.

CH 13

以我的成長談意志力

（郭博昭）

2004年我獲得十大傑出青年獎。陽明大學成立至今三十年，終於在2004年有校友得到這個獎，一位是我做基礎研究，另一位是榮總婦產科王鵬惠醫師做臨床研究。從小我就喜歡做模型飛機、玩電腦，理工性向明顯。1986（民國75年）就讀高三，擔任雄中三年二班班代。雖然是丙組班，大部分的同學立志習醫，但我仍在課餘時，跑去和甲組班比賽程式設計，同時還設法利用當時簡陋的個人電腦算圓周率，算了一萬位都是正確的，並在高雄中學校刊上發表這輩子第一次的「學術論文」。也有機會參加全國科展，那也是從國小、國中就培養的興趣，高二得到生物組全國第三名，題目是磁場對綠豆生長的影響。練小提琴也是從國小就開始了，直到高三都持續在練。當大部分的同學都在讀書準備升學考試的時侯，我還是堅持寫程式，參加科展及拉小提琴。我總覺得把全部的精力都投注在一件事情上的風險太大，生活也太狹隘，若失敗了豈不一無所有？高三結束後與大家一同聯考，那年雄中很慘，考上臺大醫科的只有三位，我是第四位，離臺大醫科不到1分。其實我在高中的成績不是最好的，大學聯考時卻有如神助，可能是上天要叫我到陽明去，結果考的分數都很高。我本來以為考不上醫科的，考上陽明醫科當然很高興。1986年就在命運安排之下進入陽明，這是我的第一個大學，雖然聯考成績進入臺大電機足足有餘，清大或交大也令人嚮往，可是我爸爸說怎樣還是要唸醫科。我想陽明是國立的，分數也不低，應該也不錯才對。那時看過未央歌、愛因斯坦傳，對大學也有些憧憬，所以開始準備體驗大學生活，感染學術氣氛，吸一口自由學風。想像教授學生間密切的互動，學生為了追求真理而充實知識，處處是大師教授，同學間有人將成為諾貝爾獎得主，多彩多姿的社團活動，又期待又怕受傷害的感情世界。但開始大學生活沒多久後，發現整個學校像是一所巨型的醫學院，想學電機沒有電機系，也不知該去問誰；想學音樂沒有音樂系，也不知該去問誰；圖書館中除了看不懂的英文醫學專業期刊外，其他領域的書籍少得可憐，更別說是電機或音樂的資料。校園內好像也看不到書本中所謂的「大師」，雖然有不少國外回來的新銳科學家，好像都很利害，但整天忙於自己的研究，沒有空理我們這些大學生。出了校門，方圓幾公里內的書店都很小，沒有電影院，沒有音樂廳。學長安慰我們

說，我們唯一曾經勝過臺大的是醫師職照考試的成績！在陽明，唯一能做的好像只有K書，所謂書中自有顏如玉，書中自有黃金屋？讀書的目的跟高中一樣還是為了分數，至於分數是為了什麼？大家各自表述：

　(1)分數高，將來就會找到好工作，自然就買得起黃金屋，取得到顏如玉。

　(2)為了提升能力，將來看病能看得更好。

　(3)老師比較喜歡成績好的學生，而當掉是最大的災難。

　(4)反正從小到大早已習慣有書就讀，有試就想辦法給他考高分。

　所以孩子，你不要想太多。因此大學生活三部曲：學業、社團、愛情轉變成了：K書、吃飯、睡覺。尤其那時醫學系全部都為公費生，畢業後都要下鄉服務，而成績較好的學生就留在榮總，成績較差的就只能選擇到偏遠地區，所以競爭非常血腥。白天到晚上都在唸書，每天除了K書還是K書。另一個是同儕壓力，那時所有學生都住在學校，我只要想發展一下自己的興趣，拉拉琴、玩電路，回到宿舍時看到另外三個同學都在K解剖學，自己會覺得自己正在fooling around。只要享受一下「自由學風」，旁聽一下哲學課，欣賞個歌劇，下個月的考試成績就會很明確的跟您提醒：孩子，不要想太多，將課本K好最重要！於是，日復一日，月復一月，有一個感覺正在形成：我正在加工區的生產線上，將來會和所有同學一樣，變成同一個模子打造出來的成品，並將通過品管檢驗，行銷全臺！這項產品就叫醫生。那麼，我還在嗎？我還算活著嗎？我有選擇權嗎？可能我想得太多吧！但一百個人總會有一、二個人想得比較多一點。另外我覺得校風也偏冷漠，大三時，沒人願意出來當班代，大四時，沒人願意出來選系學會會長，幾年後學生會會長難產。至於社團的社長，只有腦筋不清楚，還是注定要當掉的人才會去當。很簡單的等式如下：當班代 = 減少K書時間，減少K書時間 = 降低成績，降低成績 = 耽誤前途。所以，當班代 = 耽誤前途。而且，我們將來都是專業人士，其實也不需特別去當班代來培養人際關係。但是，現在對公共事務不聞不問的人，將來會成為一個深具愛心，守護國人健康的好醫師嗎？現在會對你的班級見死不救的人，以後就會以各種完美的理由對病人見死不救！在這種環境下，經過了二年後大概已沒什麼夢想可言了。大二時，

有一天我突然想起來，我曾經拿過程式設計比賽冠軍，夢想當一爲很屬害的程式設計師。我曾經創辦過弦樂社，夢想當一爲很棒的小提琴家。我曾經爲大學生活有所夢想。不知不覺中，美夢早以支離破碎，殘缺不全。爲什麼所有的同學，學長，老師與父母都說夢是不實際的，現實生活（K書、考試、成績、前途）最重要！我這一輩子真的就這麼被決定了嗎？一個個沒有夢的人還會有熱情嗎？沒有熱情的人還會有動力嗎？我在大二時作了幾個現在看似不怎麼樣，當時卻是轟轟烈烈的抉擇：

　　⑴搬離宿舍，不再跟同學爭那個便宜大碗的學生宿舍。

　　⑵每星期去臺大旁聽哲學課，重新拾起幾乎發霉的小提琴。

　　⑶開始自修電子學。

　　趁重慶南路書店出清舊書的機會以六折或三六折，買了半書架的電子與電腦書籍。不管是研究所、大學還是五專用書都來者不拒，中文英文日文也沒關係，只要我看得懂而且買得起。盡量選那種圖比較多，文字比較少的，讀起來比較容易。做自己有興趣的事格外起勁，進步也蠻快的。一年多之後，我在大四暑假已經可以用單獨的IC零件拼湊出一套微電腦系統，以組合語言進行一些簡單的程式控制實驗。另一件重要的事，就是開始到實驗室尋求打工的機會。本來想主動去兜售，看哪個老師需要工讀生，正好那時的導師李不偏教授需要有人幫忙。而他所經營的實驗室專注於呼吸系統的研究。我本來打算去那裡洗洗試管，順便學一學東西，可是教授說不需要我來洗試管，卻指定要我來寫程式分析實驗數據。李老師也是我從大一起的班導師，這個導師對我來說太重要了，我本來像個無頭蒼蠅，經過老師的指引，開始有了方向。大三時，我在實驗室第一次看到神經訊號，心中感動莫名，然後我就開始嘗試用電腦來寫程式分析神經訊號。當然也會碰到不同的聲音，有的老師說：「醫生的待遇很好，好好學做醫生就夠了，幹嘛還來實驗室混？」但也有老師說：「聽說你的程式寫得最棒！加油，這方面要靠你們了！」。這些話我都一直牢記到現在。那時國科會開始有鼓勵學生到實驗室去進行研究的制度，所以大三時我第一次參與研究計畫。那時醫學系120人當中將近有20人參加，成爲一股風潮。大部分人做的是試管研究，而我作的卻是所謂的「乾式研究」：寫程式。教授與研究生給狗動手術，並

記錄到神經訊號，而我就把神經訊號輸入到電腦裡進行程式運算。那時我覺得我是以大學生的身分享受研究生的訓練，很慶幸遇到有耐心的老師。雖然說我從小學到大學寫過一堆的研究報告，但那都是有標準答案的報告。而這是我第一次在教授的指導下，探討未知的問題並寫出「真正」的研究報告。交報告時是四年級，裡面有我創作的程式所畫出來的神經訊號，其實很多東西在那時就已建立了基礎。大五時李教授出國進修一年，我擔心我的「研究生生涯」就此結束，不過李教授介紹我去找陳慶鏗老師。「他是位國際級的學者」李教授如此跟我說。於是大五時我便向陳慶鏗老師學習。陳老師實驗室成員人數眾多，在實驗室裡除了做自己工作外，還得學習人際關係的經營。那時我的資訊「本行」繼續在精進，自製類比數位轉換器在實驗室收集血壓資料。在陳老師的指導下，我開始進入研究所的課程，以醫學系大學生身分參加藥理學研究所內的書報討論會（seminar），第一次製作幻燈片，講述我如何在一堆雜訊中分離出神經訊號。不只如此，我還知道研究生有個很重要的機會，那就是一年一度的全國大會，叫做「生物醫學年會」，那是陽明研究生畢業前都要參加的年會，因我有一些成果加上老師的支持，在大五時第一次參加年會的報告，心中非常的緊張，於是把每張幻燈片要講的文字稿都做成筆記背得滾瓜爛熟。陳老師是成果豐碩的教授，每年都會發表好幾篇論文，在陳老師指導下，我第一次練習用英文寫研究報告。大五快結束時，我還是有些疑問，我都在做電子電腦的東西，可是陽明是以醫學為主的學校，我怎麼確定我做的方向是正確的呢？我問陳教授：「老師，您跟我都沒正式修過電子電機的課，充其量只是業餘的愛好者，我們如何作到最正確，甚至「世界第一」呢？」老師回說：「走，我們去投稿，從審稿者的意見中學習！不過投稿的過程是很辛苦的，你願意嗎？」我回說：「老師，我不怕苦，我願意。」這有很重要的意義，投稿會讓很多人心生敬畏，因為一旦投入下去會花很多時間，很多研究生都沒辦法在畢業前投稿成功，我為什麼敢這樣呢？因為我那時是大五，還有二年的時間才畢業，所以我願意一試。因此我開始進入「戒嚴時期」，醫學系的課程一向很重，時間的運用必須更有效率才有辦法兼顧學業與研究。在精心規劃下，我將時間分成「承平時期」與「戰鬥

時期」，承平時期我每天規劃一個小時拉小提琴，一個小時運動，晚上8點到12點是寫程式與研究時間，一個星期就有28小時的研究時間。考試前十天變成戰鬥時期，以2個小時為一節來規劃，一天就有6節讀書時間（早上、下午、晚上各2節）這時已沒有拉琴的時間，晚上11點就早早睡覺，如此才能持久作戰。這是我住宿舍外面才能這樣安排，就這樣撐過了這段時間。接著我以更高的標準，完成可投稿等級的論文，這是我這輩子第一次投稿論文到國外期刊。1991年8月大六時第一次闖關《美國生理學期刊》（American Journal of Physiology），有著高度期待，但被退稿了，那時有點沮喪，覺得從大三混到大六還是沒有混出些名堂。陳老師知道我會很在意，鼓勵我投至「生物訊號」（Biological Signals），也是個國際知名出版社所創的期刊，修改之後榮獲刊登。當期刊印出來時還是很興奮，看到自己亂七八糟的文字及圖被排列的工工整整，並可能出現在全世界的圖書館，我突然覺得自己站在世界的舞臺上！不過上次的論文未能被「美國生理學期刊」接受，仍然留下難以磨滅的創傷，不禁讓人懷疑陽明其至臺灣的研究是否真能達到國際水準。蘊釀半年後，以另一篇電腦分析血壓的論文再次闖關。經過多次的投稿、修正、投稿、修正、等待、溝通，耗時超過一年，從大六投到大七，終於在1993年1月如作夢般被接受了。在大學畢業前第一次將做品刊登在國際第一線期刊。但回到高雄家裡，我爸爸顯然比較喜歡我當臨床醫生，較不熱衷我作基礎研究，所以我還是面臨到一些困惑而不知該怎麼辦。其實這些投稿經驗對我有很大的啟發性，讓我覺得我做研究這行好像可以存活。我父親說：「你既然可以考上醫學系為什麼不當醫生呢？這樣做研究不是走回頭路嗎？」。一切問題等畢業後再說。

　　大學七年風光畢業，我有兩張成績單，第一份是正規的成績單，平均分數普普通通，全班排名中等；而另一份是沒有學分的成績單，是我的著作列表，在畢業時有四篇論文是以第一作者，二篇是以第二作者的身分發表在國內外期刊。接著面臨的是畢業後的選擇，我到底該與大部分的同學一樣，進入醫院服務，還是持續已打下的研究基礎，著實憂慮了一陣子。後來決定暫時先告別臨床工作，走回我父親說的回頭路。第一步先申請留校助教，那時陽明有一個制度，每年醫學系有6位畢業生可

以留下來擔任助教進行研究，我畢業當年恰巧也是該制度的最後一年，我因此成為陽明醫學系傳說中的「末代留校助教」。另外，我曾想申請直升研究所，但得到意外的消息：沒有通過。原因是學業成績不夠優良（未達前20%），不符資格。雖然有點失望，但經過這麼多年的訓練，既然直升不成，就用考的！反正都已經考七年了，再多考一次也沒差別！口試時候遇到各種問題，考官1問：「好好的醫師不當，幹嘛來考研究所？」考官2問：「國外水準比較高，你為什麼不出國讀研究所？」我那時想說，我跟著陳老師做得很順利，還有好幾篇論文要等著發表。

另外還有更實際的問題，我是公費生，我必須要留在國內服務（如擔任助教），我不能自由的出國。因此我便選擇一面留在學校服務一面在職進修。之後研究所考試放榜，我以第二名錄取！第一名的沒來報到，聽說出國去讀名校了！進入研究所後，由於早在大學時期已練過許多基本工，加上李老師和陳老師的訓練，也寫過研究報告，所以研究所的環境已很熟悉，甚至可以說研究生的訓練都已完成一半，所以研究的進展相當快速。一年後我便以第一名的成績直升博士班，那時侯的研究題目也相當特殊，就是如何在血壓中榨取出最多的資訊，甚至可以預測人的生死，又稱「算命機」，曾陸續受到媒體的報導。博士班滿二年就申請畢業口試。博士班口試的申請資格沒那麼容易，第一要修過所有必修學分，第二要發表論文，因為持續大學時期開始的研究題材，博二時已累積了十幾篇論文，包括進入研究所後完成的三篇主論文，足以達到畢業門檻。那時侯還邀請了幾位嚴格的教授來口試，包括二位院士及三位理事長，在七位口試委員的簽字下，我通過了博士口試。之後學校通過我副教授的申請，並邀請我擔任課外活動組長。我的研究仍持續在進行，又累積了不少論文，1999年以這些研究榮獲中華民國基礎神經科學會的青年研究獎。我也持續在電子學上精進，設計心電圖儀器，可以用最少的零件成本完成製作，不但可自用，也可供別人使用。這個儀器後來得到國家生技醫療品質獎的肯定，我也靠它所蒐集的資料發表不少論文。後來我以這些生理訊號分析的經歷參選中華民國資訊協會之李國鼎青年研究獎，成為第一個非科班畢業者拿到這個獎的得主。2000年升等為部定教授，被任命為慈濟大學神經科學研究所所長。2001年獲選全國

優秀社會青年，2004年獲選為十大傑出青年。在2005年我們的睡眠研究成果受到Circulation期刊編輯評論之高度肯定。此外開發全世界最小之一的多頻道數位式無線心電腦波儀，可戴在老鼠頭上，把老鼠的腦波傳送出去，用完全無線的方式同時測量4種生理訊號，也可用在人體身上。我想後來研究進展這麼快速，先前所打下的研究基礎與鍛鍊出的意志力相形重要。所以對我來講，大學教育與高中教育都是很重要的！2006年再度回到陽明任教，其中一個任務就是幫忙推展「醫師科學家培育學程。」

　　其實類似我的故事也發生在很多人身上，現在希望藉由較有制度的方式來進行，透過更有效率的管控，幫莘莘學子進行更好的安排，讓有興趣的人有更多的機會。我們教育的目的不只在教會看病或做研究，也希望訓練出領導能力，帶領未來的生物醫學界走出一條新的路。感謝所有堅守崗位的教育家，與曾經一同共患難的同事，助理，學生。最後也要感謝那些參與研究的實驗動物們，它們所提供的資料已成為人類醫學進步中不可或缺的一環，謝謝大家。

CH 14

道德涵養與提升生命品質

（張美櫻）

一、只要是我喜歡，為什麼不可以？

依照天性，每個人都希望自由，如果可以隨心所欲，喜歡什麼就做什麼那該有多好！所以才有只要是我喜歡，有什麼不可以的心聲吶喊出來，也得到了很多的迴響。先不論這句話對不對，只去看，這句話，道出了什麼樣的想望？每個人都不希望違逆自己的心。人會有這樣的希望是天性，同樣地再看如果人們是「處在只要我喜歡，有什麼不可以的情境」之下，會不會需要喊出這句話？就明白，在現實裡面，人沒辦法如此任性。

為何現實中，人們不能完全順從自己的想法做事？這個問題的答案和為何人類社會產生道德意識，會講究道德規範相同。試想如果所有的人都可以任性而為，那麼群居的人們是處在一個什麼樣的情境底下？真的自由嗎？沒有任何意識可以讓人們不做想做的事，這是毫無疑問的。然而卻可能因為別人的為所欲為而讓自己不能為所欲為，因為彼此的為所欲為有嚴重的衝突和矛盾。簡單的說就是甲想做的事情，是乙不想要甲那麼做的事，甲為所欲為地做，乙也為所欲為地阻止他做。所有的人都必須各憑本事地在對立衝突中得勝，才能達到自己的心願。任何事情都要以爭鬥的形式解決，所以人們要時時處在備戰狀態。這時自由還存在嗎？

由此可知，道德是人們在社會發展的過程中，為了建立秩序而產生的一種理性思維，藉以解除人們因利害衝突產生的生命危機。因此古人才有道德是立身之本的概念。

隨著時代的改變，人們的想法也跟著改變，古人的品德修養要目，是否還適合現代人？怎樣的依循古人的遺則是記取歷史的教訓，怎樣的效法古人是食古不化呢？思考這個問題，同樣人們也會有所疑惑，前人所留下來的道德標準，是否適合現代社會，畢竟以前是農業社會，現代是工商社會。古代科技文明沒那麼發達，合作合群非常重要，所以著重在人際關係的和諧，講究禮讓謙退，現代社會型態改變了，在講究競爭力講究表現自我的時代，大家都爭相展現自我，禮讓謙退的人不是會白

白失去機會嗎？

再從不同的文化發展上看，在東方是美德，在西方可能是壞事，在甲地是禮貌，在乙地就成了侮辱。道德是隨著文化不同而不同的，從全球化的趨勢看，道德有其必要嗎？身處多元化的時代，任何事情都呈現了多元的觀點，多元的價值，在過去視為絕對價值的事物，如道德，在現代，出現了相對的思考概念。

身為二十一世紀初的高中生，將來會是整個世紀的奠基者，會是這個世紀的中流砥柱，應該如何看待目前整個教育環境所推行的品德教育的意義呢？完全無條件地接受上一輩的教導，引以為規範，或完全排斥上一代的教誨，引以為教條，都失去了自體思考判斷的主權。

二、何謂品德

所以先請大家想想，什麼是品德。再來覺得要不要品德。

何謂品？品的原義：眾庶也。就是眾多的意思。品的延伸義有：性質曰品、等級曰品、官階曰品、人格身價曰品、評斷曰品、區畫曰品、嘗滋味曰品。

什麼是德，德的字義：行得正也。李敬齋：行得正也，從彳（十上四下）聲古直字。一曰直行為德。吳大澂以為（十上四下）為古相字，相心為德，得於心而形於外也。所以德引申義有：人生應遵行的法理曰道德。善道曰德，如孔子說君子懷德。萬物的本性曰德，如「天有好生之德」。恩惠曰德如詩經的「忘我大德，思我小怨。」福曰德。教化曰德。

三、如果世間沒有品德

縱觀品德兩字的意義，那麼讓我們想想，如果世間沒有品德，會是怎樣的世界？

首先我們來看：品是眾多的意義，沒有品，就單調了；品又有區別的意思，沒有品，就無從區別，無從區別容易混亂，一片混亂會缺乏效

率；品又有評斷的意思，沒有品就無法判斷，無法判斷，我們如何下決定？品還有嚐滋味的意思，所以沒有品，就等於沒有滋味。

請問有任何一個人想要這樣的人生嗎？單調無聊，混亂沒有秩序，沒有效率，什麼東西都一個樣，沒有品質可言，沒有任何滋味，無從判斷好壞？然後再想像，如果一個沒有品，那麼他也就會是個單調無聊，混亂無序的人，讓人不知如何看待他，當然也會不知如何對待他，同樣他也不知如何對待人，看待人。試想，這是你所要的人生，是你想要相遇、相處的人嗎？

再問，這世間沒有德會怎樣？

德是行事的方向，沒有德，人就沒有行事方向，這樣會不知所措。德又是恩惠的意思，沒有德，這世間沒有恩惠。各位可以想像這樣的情景嗎？你願意在你的人生中沒有任何恩惠的存在嗎？那代表不會有任何人對你好，善待你，為你付出，不止如此，也代表我們在這世間，看不到任何好事發生在人和人的作為裡，更代表上天沒有任何好事降到這世間，也就是沒有福澤。

除此之外，德又有教化的意思，沒有德也代表沒有教化。沒有教化意味著人們任何事都要從自己的人生經驗裡體會，沒有所謂前人的殷鑑，沒有所謂歷史的教訓。前人失敗，我們也要跟著失敗一次，才會知道那樣做行不通。請問，我們要自己的生命在這樣一再嚐試錯誤、付出慘痛的代價中，不斷受傷不停修正地渡過嗎？

接著請再想一想，如果一個人沒有品德，會怎麼樣？首先想想如果我們的父母沒有品德，我們會怎樣？餓死、病死，這是無庸置疑的答案，沒有品德的父母對孩子就不會有恩澤，被生病的嬰兒吵得受不了，不管他。沒有品德的父母也不會有判斷力，於是做出餵嬰兒毒品這種愚昧行為，對嬰兒而言一樣是死路一條。所以我們很容易在報紙上、新聞報導上、街坊鄰居間得知這樣的訊息，父母性侵子女、凌虐子女、為保險金謀害子女。

同樣地為人子女沒有品德，也會看見弒父逆母，凌虐父母，這樣的新聞，所以兄弟姊妹、樓上住戶、隔壁鄰居、隔壁同學、甚至於我們的親密愛人，有沒有品德，都直接影響到我們的生活品質，乃至於生命安

全。

就連與我們無關的人有沒有品德，都可能影響我們的生命安全。雖然，現代社會的法律，清楚地訂定了公民的權利義務，但是法律無法解決所有的問題，而且法律是消極的裁制。別人有沒有品德，對我們而言是很重要的，如果用路人沒有品德，雖然法律禁些酒醉駕車，仍然酒醉駕車，出事了，吊銷執照，刑責處罰，但無辜被撞的路人，卻丟掉一條性命。官員沒有品德，所制定的政策，可能傷害全國百姓，所以無論從公領域和私領域看，別人的品德對我們而言都很重要。

品德的缺失極有可能毀掉人生所有的成就，以及歷代以來經營的成果。我們很輕易地可以在社會新聞中看見這樣的例子，如臺鳳集團總經理黃宗宏，有著早稻田大學畢業的顯赫學歷，二十八歲即擔任臺鳳公司總經理，然後舉得臺鳳集團經營主導權擔任總裁，曾經被富比士名列世界最年輕的首富之一。他擁有一般人無法望其項背的先天條件，然而，缺乏品德涵養，非法操作股票與銀行貸款，以致整個集團破敗，毀掉父親一世辛勤所創的產業。

以下是隨便一天上網搜尋的社會新聞標題：
○今日新聞圖片
○醉警亂倫　性侵11歲女兒
○安檢遊艇　海巡遭圍毆
○弱智3姊妹　難逃惡爸魔爪
○職棒簽賭案再傳訊／La new熊3球員　2釋回1交保
○汽油彈恐嚇麥當勞　謝新琳落網
○國中生撕票案　測謊突破心防　張文蔚招了
○嘉義名女人　詐財1.6億
○白吃2360元　千萬富翁挨告
○2千萬集保股票遭盜賣
○毒殺無辜　扎針鴛鴦成擒

從這些新聞標題，我們可以看見不講究品德的社會，是一個隨便的社會、是一個失序的社會，隨便搜尋一下，就可以看見的社會隨便的結果，隨便一個案件都讓人觸目驚心，社會變得這樣隨便，都是因為人們

沒有注意品德修養的結果。

在譴責這些做壞事、敗壞社會的人時，請想一想，這些加害人，難道他們願意自己做這樣的事，成為這樣的人嗎？如果可以選擇，沒有人願意自己是一個壞人，沒有人願意無端傷害人，更沒有人無緣無故要傷害自己親近的人。

但是那些人卻做了傷害人的事，為什麼？因為缺乏了品德的涵養，讓他們在面臨生命的考驗，或生命的痛苦時，沒有判斷能力，只能失控地跟著不理性的念頭或慾望走。他們是加害人沒錯，但是他們同時也是受害人，他們是失乏品德涵養的受害人。

於是我們可以清楚地知道，為什麼人類社會會產生道德規範，會出現道德意識，也應該很清楚地體會到，雖然時代不停地變著，生活形式也不斷起改變，可是人類的生命活動依然和社會有著密切的關係，社會生活中，秩序的建立仍然很重要，所以個人的品德仍是攸關人生的平安喜樂與幸福。

四、品德修養對生命的意義

此外，我們還可以探索一個問題，除了社會價值，品德修養對生命本身有何意義？

孟子說：「人之所以異於禽獸者幾希？」意思是人和其他動物的差別是很少的，也就是說人類這種動物，和其他動物大多數的動物有著絕大多數的相同點，差異只有一點點。事實上從現代基因的研究中顯示，人類和黑猩猩的基因只差百分之一點二三而已。但我們可以從人類文明的發展看出是那一點點的差別，導致人類發展出高度、複雜、多元而精致的文化。其中非常重要的一項差異，就是人類所發展出來的道德意識，以及道德實踐的能力。

可見，道德的實踐也是人類的本能之一，出生為人，是一個自然人，我們有動物的野性，也存在著人類的道德屬性。若不發展道德屬性，我們會停留在動物世界的生命階段——依著適者生存的法則，每天和其他競爭者展開生存保衛戰。

但是人類有理性，有學習的能力，透過後天學習，我們知道道德的重要，明白道德是維持社會秩序的重要因素，因此要求所有人去惡爲善，建立共同價值標準，使人們學爲有依循的規範，成爲一個社會人。

品德修養對人生的意義，並不僅僅只達成社會功能而已，還更進一步地具有提升人們生命品質的作用。基於社會秩序的建立，因社會共同期待而產生的道德行爲，是孟子所說的「行仁義」，行仁義很好，可是被仁義限制了行爲的自主判斷，失去了自由。然而道德屬性是人類的天性，從這種天性發展出來的自主行爲則是由仁義行，因爲是從天性發展出來的自主行爲則無自由失落的問題，這時即可以達到孔子「從心所欲不逾矩」成爲一個人格健全的人。

人格健全，才能擁有自由卻不危害他人及自身發展的生活，所以品德修養對於一個人的人生，非常重要。巴菲特說人生要成功，只需要做對幾件大事就好，其中一件的大事就是品德的建立，讓自己成爲一個有德性的人，用道德來涵養我們的生命。而且這是人人都有的本能，一個人要讓自己具備品德並不困難。

根據報導，史丹佛大學的研究人員讓被測試對象觀看了一些他人在體育活動或車禍中受傷的錄影，然後觀察了他們的腦部活動。研究結果發現，當人們看到別人受傷時，與自身遭受同樣傷害時相比，腦部的活動情況是一致的。這樣的研究結果，可以爲孟子「側隱之心，人皆有之」這句話提出科學證明。即當人們看到別人痛苦時，不只是感到難受，而是在大腦上也會有反應，就像是自己也在遭受著痛苦一樣。所以每個人都有建立品德，依仁義行事的能力。

既然每個人都有建立品德的能力，那麼我們到來談談，成爲一個有品德的人，對自己的人生有什麼影響。

五、品德可以使人和自己建立良好的關係

一般我們講的人際關係，通常著重在與他們的關係，然而在達立與他人之間的關係前，有種關係非常重要，就是和自己的關係。和自己有良好的關係，才有能力與他人建立良好的關係。一個有品德的人，可以

和自己建立良好關係。想想看，我們的自信如何產生？我們的自我接納如何產生？我們的自我肯定如何產生？這些答案可以很多，例如得到別人的支持、看到成果、被表揚……但在那麼多的答案很多都和外在環境和際遇有關，需要天時地利人等許多因素來配合，但這些答案都有一個是道德的選項。

相信大家都有這樣的經驗，當你做一件對得起自己良心的事，雖然沒人看見，沒有得到讚許，沒被發現，沒被表揚，沒看見成果，可是你會安心，你會支持自己，你會知道沒人肯定被別人誤會也沒關係。因為你對得起自己。於是你和自己達到一種和諧，達到一個同步的狀態，你會喜歡自己。這就是和自己建立良好的關係，因為品德可以讓人建立自尊，會讓人覺得自己值得尊重，覺得自己難能可貴。

這就是孔子所說的「人不知而不慍」的心境，為什麼一個人不被了解卻沒有挫折，沒有負面的情緒呢？因為有品德所以有自信，能夠在任何情境之下了解自己的定位，不需要由別人的定位來找到自我肯定，當然不會因此而有負面情緒。這樣的人比較不會被外在環境所影響，完全是自己情緒的主人。

六、品德能確保和他人的和諧關係

品德也能使人建立社會關係，孔子說「恭則不侮、寬則得眾、信人則人任焉」這些話，都是說明了有品德的修養，能夠待人恭敬有禮，自然受尊重，不會遭人侮辱；待人寬厚，則可以得到人們的認同和支持；為人誠信，則人們願意信賴此人。被尊重、被支持、被信任，當然是種和諧人際關係的展現。所以說品德修養有助於我們和他們建立和諧的關係。

品德的修養，必須長期投注，而且必須由當事人自主自覺地進行。最好在學生時期就養成良好的品德，不僅這是為學的基本內涵，同時也可以成為將來在社會競爭中的決勝條件。

逢甲大學歷年來的畢業生，經榮獲企業主最愛任用的人才的優秀排名，在逢甲大學與企業主座談的場合中，校方請企業主們提出對於他們

培育學生的具體建議，與會者提出企業最需要大學培育的是學生的品德。因為專業知識或經驗的不足，可以在進入職場後由公司訓練，但是品德無法訓練，所以企業主希望大學好好加強大學生的品德教育。亦即品德是企業任用人才的重要考量，若無品德為後盾，企業主無法放心將業務交給下屬。那麼擁有品德的人，將是企業主放心任用的人才。這說明了，擁有良好的品德有助於和上司建立信任以及互利的關係。

七、品德的建立由生命的根源開始

既然道德屬性是人類本能，又是社會關係的重要環節，品德涵養是絕對需要的，現代社會一切講究方法和效率，讓我們來想想，品德的建立從何開始，最有效率呢？在此提供兩則論語的內容讓大家思考一個問題：

有子曰：「其為人也孝弟而好犯上者，鮮矣；不好犯上而好作亂者，未之有也；君子務本，本立而道生。孝弟也者，其為仁之本與！」

曾子曰：「慎終追遠，民德歸厚矣！」

俗話說「百善孝為先」，請大家想想，為什麼是孝而不是其他德目是善的開端呢？回答這個問題之前，我們必須先了解，孝道在個人的生命裡面的意義是什麼？

曾子說：「慎終追遠，民德歸厚矣！」意思是從辦理親長的喪事可以看出人性的真相。也就是說親子關係是利害關係？還是道義關係？可以從子女對於親長的喪事看出來。如果基於利害關係，那麼當親長的生命終結，彼此的關係也終結了，喪事變成是生人為了滿足其社會關係需求而舉行的，這樣是不需這個「慎」字，不必在乎死者的感受，當然無須「父在觀其志，父沒觀其行，三年無改於父之道」了。反過來說，一個人能夠用心的辦理親長的喪事，即表示親長對他的意義，不因生命終結而結束，親長對他而言，不是東西，不是工具，親子之間關係的建立

不是只在功利上，而是眞實的情感，因此能愼終，因此願意去體察親長的心意、了解他的言行、體貼他的生命，以他的生命作爲自己生命的參考。愼終追遠就是能對生命的源頭感恩，這樣的人，他的品性是敦厚的。

可見孝道的意義，不在於這是傳統道德，能夠維持社會結構；也不在於理性的公平原則，父母有恩於子女，子女理該報恩。孝道的眞正意義，在於呈現出人的價值。人不是東西，東西沒用或者是壞掉了可以丟掉，父母沒用或是生病了不丟掉不是因爲那樣做太忘恩負義，而是因爲人在感情上無法以如此粗糙的方式來處理和我們有長期親密互動的人。所以孔子才會說：「今之孝者，是謂能養。至於犬馬，皆能有養；不敬，何以別乎？」想想看，人和動物最大的差別在哪裡？不就是更精密更細緻的情感與精神活動嗎？所以光是給予食物、給予住所的安頓是不夠的，最重要的是情感上的安頓──敬重讓人感覺到肯定、接納與尊嚴。

親子關係是人際關係之中和個人最密切、難以迴避，也不能迴避的關係，縱觀人的一生，在常態的狀況下，持續最久的關係，是親子關係。長久而密切的互動中，不免造成難以承受的摩擦與傷痛，如果不能由情感擔當的角度來面對，只管從利害關係作判斷，自然很容易因受傷而彼此誤解，因誤解而再加深摩擦，算計所有的付出回收，機關算盡以致恩斷義絕，試想那麼長久又密切的關係走到最後是如此境地，情何以堪？這難道不是生命中的一大傷害嗎？

親子關係決定了人的品質；而孝道觀念，則呈現出人的能耐。只有人才有超越生存本能的利用共生關係而建立價值意義的孝親思想；跳脫利害、跨越對等，展現出生命能夠承擔、能夠給予的力量與不被取代的尊嚴。

八、讓自己經歷美善的人生

總而言之，孝道的呈現，就是一個人懂得感謝自己的生命來源。明白自己的生命是值得感謝的，才能感謝自己生命的來源，也就是說懂得

感恩是種幸福，感恩代表自己體會到自己的幸福，了解到自己的幸福，感謝自己的幸福，自然會對和生命有關的人感恩。懂得感恩的生命是幸福的，懂得感恩的生命也是美好的生命。想想一個人如果連自己的生命都不感謝，他能有什麼心力做善事呢？這就是為什麼說孝是百善之先了。

為了我們自身的幸福，提升我們生命的品質，讓我們盡可能地經歷一個美善的生命過程，所以我們要給自己一個感謝自己的理由和機會，要活得讓自己能夠感謝自己，就必須要從修養自己的品德開始。具體的方法是從我們最切身的家庭關係實行起，讓我們好好體會如何以善良品質的互動方式與人相處，從而擴展到我們和他人、社會、大自然充滿善意與和諧的對待。這樣我們的生命是在自尊、自信、自愛、快樂、分享中經歷的，這是多麼美好的生命經驗啊！不是嗎？

動物的生命，只滿足於生存的需求，人的生命，有可能只停留在生存的層次，但不應只停留在生存的層次，否則，不是蹧蹋了我們所擁有的精密而細緻的生命體嗎？

CH 15

藝術與倫理

（黃光男）

藝術之所以可貴，在於能忠實的表達人性。無論在創作或欣賞的過程中，藝術的存在體現了人類內在具有普遍性的共知共感。然而，人性中除了美感生活的追求，亦必須面對世俗生活的種種威脅與妥協。因此，人類藉由倫理的規範與秩序，維持群體的安定，希望在約束下，使多數人獲得最大限度的自由與幸福。

然而，美感與秩序之間是否有共通處？今日人們所認知的藝術，往往指向一種精神上的激情與對極致的追求，而倫理則是社會認同上的限制與秩序。兩者皆因人性而生，卻似乎爲完全相異的領域。

事實上，從宏觀歷史的角度而言，何謂藝術？何謂倫理？隨著不同時代與文化背景，在內涵上有所差異。藝術與倫理是否爲人性中的衝突或互補，可以有多元的詮釋。而這些探討的基礎則根植於人類主體性的客觀角度。

一、藝術與倫理─美與善的體現

人類生活中無時無刻不遭遇美感的衝擊與倫理的命題。由於兩者關懷對象的不同，在形式上的表現亦有差異。過去諸多對藝術的詮釋往往伴隨著對美的詮釋，而對美的詮釋又往往延伸爲對價值、現象、感官、精神與思維的探討。廣泛而言，藝術需將感情融入技藝，透過感官的體驗達成，以飽滿的語言結構創造精神性的超越與感動，將人帶離日常生活的瑣碎，體驗精神上的超越。

若將藝術形容爲人性中不安於現狀，追求創造的因子；倫理則是秩序的傳承。倫理源於世俗性，深植於關係網絡中的倫常之愛，如人與天地、父母、師長、夫妻、朋友等關係，透過世代的傳遞，爲社會建立普遍的道德秩序。當然，如同人類文明發展過程中諸多變遷，倫理的內涵亦隨著不同的時代而有所調整。

藝術與倫理皆源於人類群體，是人性中美與善的體現。藝術傳達精神層次的感動，倫理維繫現成的世俗情感與社會價值，兩者在人性中具有互補的意義。藝術追求的精神自由固然美好，但若未具備人世的終極關懷，通達人世倫理的核心，則可能將藝術追求的自由推向自私任性，

或毫無目的感官與精神刺激。同樣地,倫理維繫的社會秩序固然良善,但若未具備主體性的思維,不求甚解的盲目跟隨世俗的價值,則消磨了人類本應具有的理想性、創造性、想像力與勇氣。

當前社會中,仍然充滿著許多以美為名的自私,和以善為名的暴力。以近年來世界關注的動物保護議題為例,人類為追求感官與衣著上的華美,不惜大規模的捕獵動物,以掠取牠們身上的皮毛,使許多動物瀕臨絕種。這種對美的追求與動機,乃出於人性中的自私,所呈現出的行為卻是醜陋的暴行。以善為名的暴力,則更頻繁的出現在今日的社會事件。許多假藉宗教之名的神棍,抓住人心脆弱的一面,以詐騙或威嚇的方式控制人的行為與思考,這種行為不僅是一種偽善,也使得人與人之間的信任感消失,製造更多的恨意與惡行。

藝術與倫理,分別象徵著人性中自由與愛的企求。兩者的關係即是美與善的相輔相成,使人性得以圓滿。然而當代西方美學的觀念中,較傾向兩者的衝突而非共融。以盧貝松1988年所拍攝的「碧海藍天」(The Big Blue)為例,將潛水家的渴望和理想對立於他的生命、愛情和親情,電影的結局主角選擇放棄性命,奔赴他對海洋的渴望。在西方文化中,追求美的過程相當於建構主體的完整性,而此往往和人世間的善產生衝突。也因此,存在主義哲學家沙特提出:「他人即地獄」。

二、道家的精神超越與儒家的安身立命

不同於西方思維中強調個體與人世倫理的衝突。中國傳統哲學的思維傾向將本體融入客體,關注人性精神需求之外,也需具備一套自處於世的行事法則。觀察傳統中國人過年,一定要穿新衣、戴新帽、進行大掃除,以象徵除舊布新;又依照輩份順序互相拜年以表迎新賀歲之意。再來,門面上也一定掛幾幅春聯,作為對未來新年的祝福。從這些依照倫理所行之習俗來看,人們想著如何穿新衣、戴新帽,一方面是對新年的祈願,另一方面也激發對美感的追求。

在中國傳統哲學的思維中,藝術與倫理可謂一體的兩面。孔孟哲學中的安身立命與老莊哲學的精神超越,使中國傳統一脈相承的文化與藝

術，多能呈現儒道互補的觀念。孟子曾云：「惻隱之心人皆有之。」美感源於每人心中，藝術之情，因為能夠深切體現人世的悲歡離合，故可藉由創作達到眾人之共鳴，進而激發人性之光輝，闡揚倫理之珍貴。以清末民初的黃花岡之役為例，熱血青年為了實踐為國為民的愛國倫理，甘願為理想的信念拋頭顱灑熱血，在此戰爭中犧牲的勇氣與情操激盪出燦爛的人性光輝，此種絕美是倫理的實踐，亦儼然成為人世間的藝術絕作，長存於後代的緬懷中，久未遺忘。

　　孔孟的「里仁為美」、「充實為美」或老莊的美是自然，是善水，都在人類求知的演化中所體悟的共通原理，它是自然的道理，也是人為的秩序，賦與藝術品的符碼。以水墨畫中的文人畫為例，畫家可藉由其作品，對社會現象發出批判或情感上的抒發。而從社會學的觀點而言，繪畫境界就是個人意念的強烈反應，亦為創作者人格的投射，故畫能反應人格的高低。故畫將反應人格的高低，其性雅志高，其畫所表現之意境必清；其性乖戾，其畫必暴。畫者，心志也。「師造化，不如師我心」的說法；心即意，意即靈，那麼心靈就是作者的軸心，也是欣賞者的視焦，更是創作者與觀者共感的資源。唯有表現出藝術家心神意念的作品，才能震懾人心。否則便流於如同裝飾品的廉價。

三、道成肉身

　　倫理可解釋為對人類群體的合理分類和道理。而道有一，藝術的形式卻千變萬化。藝術家從事繪畫創作的靈感，除了來自瞬間的激情，亦是將日常修為的體現。作者超脫現實的情境，在意念中燃燒，即時付諸行動，因此畫面的表現，便呈現出個人生命體的投入，作者與環境的互動共創時空永恆。

　　藝術是創作過程中的動能，藝術必有人性認同的中心。換言之，藝術創作或欣賞藝術品時，其共知共感的意涵在於人性的普遍的想像力。那麼人性在何處呈現，有何特徵，它不僅是倫理的問題，也宇宙秩序的循環，每一條理或某事件的發生也必有其因果關係。

　　在傳統中國的哲學思維中，藝與道兩者相通，是為通達事物本質的

途徑。人在其中能尋求感性與理性的融通。時至今日，藝術亦經常以極端與挑戰社會的形式實踐創作，在解構常規的過程中，重構人性。此時的藝術能顯現創作者獨有的倫理觀與思維，並在不斷地反省與內化中，倫理不再只是外加於人的規範，爲人心與道心的統合開闢一條出路。

藝術美在於知識美，並不全在於自然美；因爲自然美存於宇宙的眞實，是物質互動平衡的存有，它具有強烈的社會藝術的性質。藝術美是人性認同時知識判別的選擇，這項意念植入美學領域，使成爲藝術創作根源。它無預設善惡，沒有主觀的偏見，卻是客觀的實體。

藝術形式本於藝術內容的產生。藝術內容所呈現的形式所具有的特徵，必與人性共感有關。在此略分爲視覺秩序與心靈歸屬。視覺秩序具有客觀形式的普遍性，好比形式分布的形質，如強弱、枯榮的對比，或是對稱、漸層、均衡的協調，將這些形式符號擴充在心靈歸屬時，必能了解藝術品創作的意義。

藝術品是藝術創作的成果，不一定是有名的藝術家，凡是人性共感的創作，它都會感動觀眾，因爲藝術外在的型態，包括線條色彩，圖地翻轉，都是人性調適的結果，在判別資訊的知識性感應時，它呈現的普遍性與獨特性，使成爲作品是大格局或小記號的要素。具體地說，藝術品能否被接受或喜愛，必須在觀眾知識範圍內，得到精神感應的共鳴。否則藝術品只是在「應酬」間，無情意的交易，在時過境遷後，便一無所悉。所以藝術品要具有時代、環境與個性的凝聚。

以西方文藝復興時期，經常出現的宗教藝術題材爲例，藝術家透過繪畫，呈現宗教藝術之美並非爲了自己的利益，而是希望藉由美的創造與感動，使大眾理解耶穌救贖人類，甘願被釘十字架的犧牲與愛情；並由此引發人性光明，呈現之神性光輝與人性之美。

四、藝術與生活

藝術是人生的修行、生活的態度，與倫理互通聲氣。東漢陶淵明因其高風亮節，不爲五米折腰，以簡樸清幽的態度過生活，此種生活態度讓陶公身處紛亂喧囂的塵世混濁，仍能使內心保持清明如鏡，因此才能

感悟到「採菊東籬下，悠然見南山」之美境，讓藝術發軔於生活當中，也讓生活處處充滿美感。蘇軾被流放南方，顛沛流離之下，仍貫徹作為人民父母官的職場倫理，受到人民的愛戴，今日江南才有蘇堤春曉。雖然蘇軾的宦途並不順遂，但他卻能以怡然自得的心情去發現生活之樂趣。因而能寫出：「惟江上之清風，與山間之明月，耳得之而為聲，目遇之而成色。取之無禁，用之不竭。是造物者之無盡藏也」如此豁達樂天之美詞，縱然過了幾千年，人們仍能從他的書法、詩詞造詣，感受他對生命之熱情與對家國之想念。

山嶺青岩，白雲嵐氣，虹橋彩光，小溪游魚，或晨曦暮靄，美嗎，秉燭夜讀，功成名就，或自強不息，也美嗎？其中的洞房花燭夜，金榜題名時，老友重逢日，也美嗎？它和有形的藝術品比美，可高可低否？

人世千變萬化，藝術的呈現更顯得多元。藝術生活指的是精神生活，是倫理生活，更是創意生活。我們愛護人類，便有「己所不欲，勿施於人」的想法，我們有「萬物靜觀皆自得，四時佳興與人同」的感悟，甚至「我見青山多嫵媚，青山見我應如是」的同理心，那麼藝術倫理便與生活倫理結合，所以有天、地、君、親、師的論點，也有人溺己溺的同情。藝術在不斷的調解生活秩序，美學於焉產生。

而今政治人物多以低俗言語相向，踐踏污蔑與之不同立場者，以為威風凜凜。縱有流利口才，與令人望其項背之高學歷與職位，行為卻難登大雅之堂。螢光幕上的政治人物的醜陋嘴臉，映出倫理的反常，更敗壞社會風氣。道德倫理反常凸顯出藝術生活美感之瓦解，所謂包著文明外衣之島國卻在短視近利的價值觀侵蝕下，不斷上演匪夷所思、難以理解的事件。其實，生活原本就是一種藝術，唯有將藝術與倫理容入生活中，人類才能體現人性中真善美的境界，亦才能擁有生命的光彩，繪出屬於我們的生命藝術。

CH 16

性相近，習相遠

（釋慧開）

「人性是什麼？」當我接到邀請撰寫這個題目時，腦門迅疾閃過一這真是個「大哉問呀！」探討人性這個問題，從春秋戰國時代的諸子百家大鳴大放起，就不乏有大哲為「性善論」、「性惡論」著書立說，迄至今日仍然爭論不已，足見「人性」是如何的令「人」捉摸不定。亦不禁教我想起蘇軾的〈題西林寺壁〉：「橫看成嶺側成峰，遠近高低各不同；不識廬山真面目，只緣身在此山中。」但身為人，卻對人性看不清、摸不透，說起來多少有點慚愧。

然從另一個角度來看，斑斕多彩的大千世界中，芸芸眾生每個人的思想言行及其所散發出來的氣息本來就不一樣，也不可能完全一致，那麼我們要如何才能透析人性？人性到底是什麼？如果說人性就藏在每個人外顯的表象裡頭，那它絕對不是只有簡單的一層、二層、三層……，因此不論中外，幾千年以來的大思想家、大哲學家均為之絞盡腦汁、費盡心思以樹立一家之言，但見一山還有一山高，一波未平一波又起，直到現今尚未有普世都能接受的定論，或放諸四海皆準的標準答案或結論。是故，說到人性，究竟其本質如何？我認為它依然是個歷久彌新的生命課題，絕不能因為一直沒有結論就放棄探索。我們可以試著像剝洋蔥般層層剝除的方法，去看個端倪；或如巧妙的抽絲剝繭模式，來理個頭緒，為我們的人生找到一個清朗方向。

以中國傳統文化儒、道、釋三家而言，儒家傾向於從道德形上學的立場論斷人性的善惡；道家則從天道、自然、無為的層次避開落入二分法的論斷；至於佛家的觀點雖然比較複雜，但是基本上也是避開形上學論斷的盲點，認為人性的善惡不單是理論上的問題，更是實踐上的問題；換言之，人性的善惡不是光用理論就可以解決，而是要透過實地修持的功夫來轉化與驗證。職是之故，佛家從關懷世俗世間的善惡與苦難出發，重視有情每一個體善根的薰習與智慧的開發，以轉化自我的惡習及對治煩惱，進而發菩提心，自覺覺他，普渡眾生。

承上所述，論及人性，無論是哲學、宗教學、倫理學、心理學，都已經有太多的理論了，惟理論歸理論，自古以來，縈繞在人類社會日常生活當中的善惡問題依舊揮之不去。人性的善惡與世間的善惡現象，有如眾生相一般，千差萬別，遠非道理的論斷所能規範，而是個人心念與

意志的抉擇。《三字經》有云：「性相近，習相遠」，倒是滿貼切的寫照。基於此，本文不偏談理論，而嘗試從日常生活的實際經驗層次，就一些發人深省的真人真事與所見所聞，有的顯露人性的墮落，有的彰顯人性的光輝，邀請讀者一起來觀察與思考。

一、人性不但難以捉摸，還教人難以信賴

前陣子看到一則新聞令人感觸良多─有「刻薄女王」（Queen of Mean）之稱的美國飯店女大亨李奧娜・荷姆斯莉（Leona Helmsley），儘管生前以吝嗇和刻薄聞名，但是對她的愛犬「麻煩」（Trouble）倒是很大方，2007年8月間撒手人寰之後留給牠1,200萬美元（約臺幣3億9,000萬元）的遺產，兩個孫子女卻分文未得。但是這隻身價不凡的狗一如其名，麻煩接二連三，甚至引起黑道綁匪覬覦，有時一天接到二、三十通恐嚇電話，有人威脅殺牠，有人想要綁架牠，迫使牠只好化名為「Bauble」遠離紐約，搭飛機到佛羅里達州避難。在這個真實的故事中，凸顯人性不但難以捉摸，甚至還教人難以信賴。但是為何狗子卻值得信賴？以前曾聽一位非常重視環保、寵愛動物的朋友說：「我之所以這麼寵愛動物的原因是，在牠們身上可以找到我在職場上所接觸到的任何人都缺乏的信任與忠誠。」如此一說，不僅讓人感慨萬分，也教人更深刻地思索，身而為人我們最在乎的究竟是什麼？人與人之間相處之道的核心是什麼？誠如美國飯店女大亨荷姆斯莉以及那位愛狗朋友有感而發所展現出來的實際言行，無疑是一種「信任」（trust）。

二、倘人與人之間沒有了信任

「信任」的一般定義為，除了相信之外，還敢於託付。知名的德國社會學家尼克拉斯・盧曼（Niklas Luhmann）對信任定義為：「信任是為了簡化人與人之間的合作關係。」大體說來，倘人與人之間沒有了信任，就好像失去了依靠。譬如愛失去了信任，就不會長久；因此，許多戀愛多年的情侶，一旦發現被對方欺騙，不值得信賴，即頓時感覺彼

此之間什麼都沒有了，而宣告分手。又如一般公司或企業失去了信任，無論技術、規模、名氣、能力再好，也極其可能產生兵敗如山倒的效應。而個人如果信用不良，則無法向銀行申請貸款或現金卡。因此，孔子曰：「自古皆有死，民無信不立。」又曰：「人而無信，不知其可也。」在在強調為人必須有信用，一個人沒有信用，就如「大車無輗，小車無軏，其何以行之哉。」試想，車若無輗、無軏，必不能行；人而無信，亦必不能行。這也就是為何許多好朋友、老朋友不管你平時如何戲謔、開玩笑都無所謂，然一旦發現被朋友（尤其是推心置腹的好朋友）出賣、背叛，寧願割席斷義、老死不相往來的重要原因。

三、信守承諾─信心能破除一切障礙，雖然難行卻能行

2007年11月初，各電視臺的新聞畫面上出現一位頭戴斗笠的中年人─黃智勇，用一雙滿是風霜卻堅定的手推著軀體日漸僵硬的太太蔡秀明，兩人蕭瑟的身影沿著臺灣海岸線前進。蔡秀明是小腦萎縮症患者，只因為「想看遍臺灣海岸，是秀明最後的希望」，也「沒有人知道秀明還可以活多久」，曾經答應要帶妻子環島的黃智勇，即使知道這是個艱難的圓夢之路，依舊遵守自己的承諾，從桃園觀音開始出發往南走。他沒有充裕的旅費、沒辦法放棄工作、沒有多餘的休假，還有兩個尚在就學的孩子要照顧，只能利用休假以分段接力方式為妻子圓環島夢。他們選擇搭火車或客運分段旅行，到了目的地便以推著輪椅方式慢慢走；為了節省旅費，晚上有時搭帳篷，或夜宿涼亭、車站、候車亭及廟宇等，至今行腳遍及桃園、新竹、彰化一直到臺南。

隨著蔡秀明的身軀日漸僵硬，如今每走二十五分鐘，就需要停下來休息好一陣子，要圓環島的夢就像運動選手在和時間競賽般的珍貴，片刻不得浪費，惟時光滴答滴答流逝，要走的路卻還很長很長。雖然如此，黃智勇的腳步卻未曾停歇下來，只要蔡秀明還可以支撐，就會繼續走下去。這種情況對許多人來說恐怕是一種不可能的任務，但信守對一個人的承諾，並且認真付出，心裡將不會有所遺憾；而且信心能破除一切障礙，雖然難行卻能行。

四、真愛不棄

更早些日子，在2007年農曆七夕情人節，報紙與電視新聞都報導了一則感人的故事。臺中一名牙醫師張鈞堯，夫婦兩人都愛好旅行，但在十三年前妻子陳銀雪不幸罹患了運動神經元疾病，肌肉不斷萎縮，成了「漸凍人」；在陳銀雪發病之後，雖然全身漸漸萎縮，但是在張鈞堯的細心照顧下，依然和以前一樣樂觀開朗、幽默，並且她還能用腳趾頭打電腦，經常幫漸凍人病友寫文章。雖然陳銀雪全身只剩下眼睛和左腳趾還可以動，張鈞堯捨不得熱愛旅遊的太太被病體困住，為了達成她周遊列國的心願，即便是背著輪椅，也要幫太太繼續圓夢。因此，他不辭辛苦地背著輪椅，每年都帶著太太出國，發願要環遊全世界，如今埃及金字塔、撒哈拉沙漠，甚至萬里長城，都留下他們跋涉的足跡與溫馨的記憶；十三年來，他們已經一起跟團走過北韓、蒙古、埃及、南非、尼泊爾、日本與印度等12個國家，飛行了27萬哩，足夠環繞地球7圈。張醫師對太太的愛令人動容，絲毫不因她的身體不能行動而有所改變！

五、大難臨頭各自飛─違背誓言，人性的墮落

相對於以上二個例子，在2007年10月初，有一起離婚判決，引起社會輿論譁然。彰化有一對結婚二十二年的蔡姓夫妻，三年前妻子突然腦溢血變成植物人，蔡先生以「上有老母、下有子女以及事業要照顧，三年來不堪照顧中風癱瘓妻子，身心無法調適」為由，向法院訴請離婚，法院竟然也以民法規定，夫妻一方患有不治之惡疾，判決離婚。更離譜的是，承審法官竟然破天荒引用民法「配偶一方有不治惡疾可訴請離婚」的法條，居然判准離婚，硬生生推翻結婚誓辭裡夫妻終身相互扶持的承諾。這項判決引起社會上極大的爭議，有人認為法官太不顧情理，等於無情宣判妻子的死刑。有法界人士認為，中風應不屬於惡疾，法官若以這項理由判離，太不近人情。社工人員也認為，此例一開，將造成嚴重的社會問題─這些弱勢團體的照顧，原本應該由其家人負起最大的

責任，卻可能變成是全民的責任。

其實，這一家人原本幸福美滿。蔡家是彰化的紡織世家，蔡太太進入蔡家後，生了三個可愛的子女，平日相夫教子，家庭融洽，直到三年前她中風癱瘓形同植物人，曾許下廝守一生承諾的蔡先生就完全變了一個人。據說蔡先生名下的紡織廠占地就上千坪，家境相當不錯，照顧罹病妻子根本不成問題；可是每當他出門，中風成植物人的妻子卻都被他鎖在房間裡，連看護的外傭都進不去，非常不近人道。蔡先生雖然在法庭上承諾會負責前妻日後生活的費用，但是當臥病在床的妻子最需要有人扶持的時候，他卻選擇離婚收場，實在太過無情、負心。如此面對當初「執子之手，與子偕老」的誓言承諾，顯得相當諷刺；為了離開傷心地，蔡太太目前已經由家屬帶回臺北。事實上，夫妻本是同林鳥，豈能大難臨頭各自飛？所以，蔡先生即使簽立了照顧妻子信託金的切結書，但是對共同打拼了數十年的妻子，只因其罹患重病就予以離棄，亦充分將人性墮落的一面表露無遺。再反觀兩人結婚時願意相伴一生的信誓旦旦，頓時化為烏有，直宛如美麗的氣球被一根小針尖就給輕易的戳破一般。

現實生活中像黃智勇這樣深情又信諾，或是像張醫師這樣不棄不離的丈夫，雖然並不多見，但是像蔡姓先生在妻子最需要扶持的時候卻選擇遺棄的例子，也是絕無僅有；兩相對照之餘，不僅心頭對世態炎涼、人情冷暖衝擊蕩漾，更教人不勝唏噓！其實，這幾個事例的背後都凸顯出更深一層的人性問題—人性，無論是向上提升、或是下沉淪，都不是法律條文所能規範，更不是法官的判決所能解決。

六、用「教育」來調伏「人性」

然而人的念頭瞬息萬千，不管是主張性善的孟子，抑或是主張性惡的荀子，仍然都認為要以禮教約束或以法律制裁，否則「性相近，習相遠」，或近朱者赤、或近墨者黑、或傷風敗俗、或離經叛道……，積習已深則宛如脫韁野馬，不知其將奔向何方。為了趨之於正道，提升人類生活的文明與精神的層次，乃有賴「教育」來調伏「人性」。

　　猶記得有位好友曾經跟我講過一個真實的故事，他小時候有兩個童伴，有天下午一時玩心大起，相邀偷採鄰居家後院的芭樂，很不幸被逮個正著，水果主人揪著他們的耳朵、拖拉著到他們家中質問，其中一位母親不管事情原委就說：「我的小孩一向乖巧、聽話，絕對不會做出這種事。況且家裡要什麼有什麼，怎麼會偷採你們家的爛芭樂！……」大呼小叫的把水果主人轟了出去！另一位母親知道事情原委後則直向水果主人道歉，並拿起竹子打得小孩哇哇叫，直喊「不敢了！不敢了！」這兩位童伴長大後，備受母親寵愛的那位仁兄好吃懶做、經常換工作，最後索性賴在家中不出去工作，並且染上毒癮，進出牢獄成為家常便飯；另一位雖然功課不是很好，國中畢業就出去工作，但是勤奮地學習一技之長、踏踏實實地努力工作，非常受到老闆賞識，還把獨生女許配給他。每次想到他們的命運，總是有幾許感慨在心頭，愈加感受教化的重要──不論是教師或家長所施予孩子的點點滴滴，就像灑播在土壤的種子，它們不會憑空消失，機緣成熟時，自然就會開花結果。

七、習性具變幻性與涵容性，似如善惡不斷組合變換

　　舉了這些故事個案，我們再回頭來談「人性是什麼呢？」就佛法的觀點以簡單、方便言說，唯習性爾。但光是習性，就有許多值得我們去參究了。眾生的習性，非善非惡，亦善亦惡，同時還牽涉「三世業力牽引」的道理等等；換句話說，這一生剛開始的習性，乃是在前世中已熏習成型的；如前世所熏習的善根多，今世便生而近乎性善；反之，若前世所熏習的惡種多，今世便生而近乎性惡。因此，人性是什麼？概括的說，乃生生世世所不斷熏習的根性。然而，習性具變幻性與涵容性，有如在善惡之間不斷地組合變換，於焉產生無量無邊的身形心識，千千萬萬、無常不定，顯得異常複雜；且從不同的角度或立場觀之，每個人都會給予旁觀者各種善惡不同的風貌與感受。基於此一觀察，社會上常見十惡不赦的作姦犯科者，可能在他們父母心中卻是個孝子、在妻子心中是個好丈夫、在孩子心中是個好父親、在朋友眼中是個大好人，譬如名噪一時的綁架犯陳進興，是孩子心中的大玩偶、妻子眼裡的好丈夫。又

或如南部某資深優良教師平日予人文質彬彬、熱心助人的形象，卻爆發性侵女學生案，令妻子無法置信、親友與同事驚訝萬分等等事例。

八、不分有情眾生或無情草木，事出必有因

　　人性為何如此變化莫測，教人如此難以捉摸呢？那是因為一切有為法都是從緣而生……，因無自性爾，所以「緣起性空」。我想，大家一定常聽到「緣起性空」四字，如果想再進一步了解，可能得到的答案是：「法不孤起，仗境方生」、「諸法因緣生，諸法因緣滅」，或「一切諸法皆無自性，無生無滅，本來寂靜，自性涅槃」。看似簡單幾句，卻常搞得大家腦袋空空，越來越糊塗了。其實，從現象上觀察，人性跳不出人的習性；而習性則是於不同的緣起情境中所熏習出來的，所有眾生的習性亦如同人的習性一般。舉個例子也許大家可以比較明白：某天到朋友老黃家，他正在訓練新養的小狗，教牠握手、坐下、趴下等口令，突然異想天開的叫牠翻滾，一開始小狗巧合的配合翻滾了一下，老黃高興的說：「你看，我的狗實在很聰明，聽得懂我說的話，叫牠滾牠就滾！」但剛說完就漏氣了，再叫牠「滾」，卻直愣愣地望著主人不動，眼睛直盯著他手上的狗糧。不過，經過老黃不斷的訓練，最後小狗聽到主人說「滾！」就立即翻滾兩下來取悅主人，而牠也能獲得龍心大悅的主人賞賜—得到美味的食物。狗子聽口令的熟練動作，不管牠是真的聽得懂人話，還是為了美味的食物，基本上就是熏習而來的。還有「會吵的孩子有糖吃」也是同樣的道理。我們常說，某人大小姐脾氣、某人紈褲子弟，某人脾氣好、某人脾氣壞，某人熱情隨和、某人孤僻難搞……，如果仔細去探究，就不難發現並明瞭這些個性都不是憑空而生，皆是從不同的緣起情境中造就出來的。不分有情眾生或無情草木，事出必有因，所以「種瓜得瓜，種豆得豆」、「一分耕耘，一分收穫」，天底下沒有白吃的午餐，想要有什麼收穫，就得知道要如何去栽。

九、在時空的遞移下，演變出各式不同的種性

千百萬年來，我們所處的時空不知更迭多少次，尤其現今全球變遷加速進行，溫室效應是大家可以感同身受的其中一種變化；很多的動物（包括人類）在這種時空的遞移下，演變出各式不同的習性。據說模樣可愛的貓熊最初不是以竹子為食的，而是肉食性動物，但後來因為生存的環境改變，所以牠不得不以竹子為食。人類的飲食習慣以及社會文化也都是因地制宜的產物，隨著緣起之不同遂產生各種不同的習慣與文化。故而知曉，習性乃從熏習而有，並非「本性」（即原有面貌）。如更進一步去解析，則本性是空。又以無自性故，而能兼具涵容與變幻，現形為森羅萬象的大千世界。因此，每天當我們醒來，眼、耳、鼻、舌、身、意六根便開始活動，眼根能夠看，耳根能夠聽，鼻根能夠嗅，舌根能夠嚐，身根能夠觸，意根能夠覺，念念覺受，就好像公司的機器開始運轉，片刻不停的轉動，此即佛家所謂：「六識發動六根而接觸六塵，六塵又映入六根轉成六識……」，如此不斷的交互、激盪下，於焉造就了我們生生死死的生命之流。又因為每個人都在不同的緣起中，產生不同的了別作用，且個個分分秒秒之間念念不同，是以發展出無量無邊的差別相用。換言之，因性為真空，才能體現為妙有。

十、培養良好的品格，才能體現種種的「妙有」

今日大家所見大千世界繽紛多樣皆因於無自性而起，但人們心中總有一股向美好方向前行的希望，也就是渴望向上提升的力量，對於向下沉淪基本上有一種抗拒與排斥。就像農夫經營著一畝田，總是希望看見它欣欣向榮，而不是恁由它雜草叢生。亦即世人皆希望生命是美好光明的，但想要有此成就必須下一番功夫─好好的培養良好的品格，才能體現生命種種的「妙有」，否則不管是自願或非自願很容易就走向沉淪之途。從我個人的修學與教學經驗來談，良好品格的培養法門主要為：去貪嗔痴三毒、返貪嗔癡為戒定慧三學，以及勤修慈悲喜捨四無量心。以

下分別說明之：

(一)去貪嗔痴三毒

有人說煩惱千千萬，但歸諸凡人所有的煩惱不外乎貪、嗔、痴（貪欲、瞋恚、愚癡）三者而來。佛家認為這三種煩惱通攝三界，係毒害眾生世出世善心中之最甚者，能令有情眾生長劫受苦而不得出離，故特稱之三毒，又作三火、三垢，亦稱三不善根。我們若平心從自己日常生活及週遭朋友的言行觀察，當不難發現此三毒為身、口、意等惡行之根源，是我們所有煩惱之首。經常在報紙上看見許多人為了購買名牌衣物，完全不考慮自己是否有能力購買，就直接刷卡消費，最後不是淪為卡奴就是向地下錢莊借貸，惹出許多麻煩來；更有甚者，有些人竟為了想擁有這些名牌服飾或皮包，而出賣自身下海撈錢。

也有一些人喜歡貪小便宜，對於小利小益特別感興趣；如幾天前在某個場合見著兩位老菸槍，甲煙槍拿著空的香煙盒向乙煙槍說：「我的煙剛好抽完了，可不可以向你借一根菸？」乙煙槍立即爽快的給他一根菸；隔不久，甲煙槍又拿著空的香煙盒向乙煙槍說：「我的煙抽完了，可不可以向你借幾根菸？」乙煙槍有點遲疑的給了他兩三根菸，如此來回好幾次後，乙煙槍有點不耐地說：「我的煙也快抽完了，隔壁不是有7-11嗎？」隨意想想，不管是大貪、小貪，俯拾皆是。瞋恚、愚癡所引起的煩惱的事例也屢見不鮮，美國有位女子因求婚被拒，憤而持刀殺害情夫的幼子；臺灣也有女友欲分手，而慘遭律師男友當街砍殺的悲哀情事；總的而言，貪嗔癡三毒者，為人生煩惱的源頭，《達磨大師悟性論》云：「心中有三毒者，是名國土穢惡；心中無三毒者，是名國土清淨。」如果能明瞭此三毒禍延身心無窮，時時反省、提醒自己遠離此三毒，即可消除許多的愚癡煩惱，也不會做出許多壞事、傻事。

(二)返貪嗔癡為戒定慧三學

承如上所言「心中有三毒者，是名國土穢惡；心中無三毒者，是名國土清淨。」若能返照觀諸自身，就能了了見曉貪嗔癡性並無實性。稍舉數例說明：其一，有個女孩看見姐妹淘好朋友和先生夫妻倆感情很

好，她很羨慕也很渴望能夠擁有這樣的感情，於是就想盡辦法去接近好朋友的先生，那位先生受不了她三番兩次的主動示好，於是發展出婚外情，促使好朋友和先生仳離，最後她才發現其實自己並不愛好朋友的先生，深感懊悔不已，但失去的友誼卻不再回來了。其二，幾年前清大洪姓女研究生愛上學長，去妒忌學長較喜歡許姓女同學，兒將許女殺死並企圖滅屍，導致學長休學、自己身陷囹圄。其三，屏東縣某技術學院有位郭姓學生暗戀同班邱姓女生許久，日前鼓起勇氣向邱女示愛，沒想到不但被拒且遭辱罵，一時情緒失控將她殺死，雖然事後立即自首，但大禍已經釀成。類似案例不勝枚舉，因此古德說「貪嗔癡外更無別有佛性」。惟若能返貪嗔癡為勤修「戒、定、慧」三學，則能止息諸煩惱。

戒、定、慧三者簡單的說：「戒」，防非止惡；「定」，六根涉境，心不隨緣；「慧」，心境俱空，照覽無惑。是以，戒、定、慧能夠防止身、口、意三業造作邪非—由「戒」生「定」，再由「定」生「慧」，心湖自然澄明，就可自照萬象。煩惱是從自身而起，要止息也是要從自身做起，《禮記·大學》有段話：「定而後能靜，靜而後能安，安而後能慮，慮而後能得，物有本末，事有終始，知所先後，則近道矣。」講的也就是先從自己做起而約束自己的行為，樹立起正確的人生觀，發揮個人對社會的作用。此理與勤修戒定慧三學是相通的。而當一個人能夠以智慧覺照宇宙萬事萬物的涵義和修為時，言行舉止就能運用自如。

(三)勤修慈悲喜捨四無量心

在佛陀時代普遍受到教內、教外所接受的一個法門就是慈、悲、喜、捨—四無量法門。又名四無量心、四梵住、四等心、慈心觀等。簡約而言，慈—愛念眾生，時常以安穩樂事來饒益眾生，希望能為眾生帶來幸福快樂；悲—愍念眾生，不忍眾生受六道中種種的身苦心苦，欲拔除其苦難；喜—即欲令眾生，從樂得歡喜；捨—捨心作意。勤修四無量心，能促使我們常以利他的心服務眾生，亦能擁有同情之喜或讚美之喜，消除對他人之忌妒、嗔怒，更能讓自己不悅樂的心情止息。所以，透過慈悲喜捨的修行，便能對所有的煩惱如實觀照，破除我見，智慧的

化解問題，達到安定、平和的力量。

十一、淨信力不可思義、無可限量

　　佛經上對於眾生的心性有另一層次的見地：「如水清珠，能清濁水」，意指信是心的歸趣，能產生熱誠與力量。所以，《華嚴經》云：「信為道源功德母，長養一切諸善根。」但此處所說的信是指「淨信」，也就是一心一意、沒有其他雜念，其力不可思義、無可限量。凡人當淨信生起時，內心立即清淨，能斷除一切疑惑與雜念。真正能夠得到此種淨信的，不但內心的一切煩惱、憂鬱即時開脫，且能引發精進，成就一切佛法的功德。別以為這是佛家的專利，普羅大眾亦可以取用於生活，相信行一分便能得一分功德，姑且不說看不見的了生脫死，祇要真能時時長養善根，內心必然可以得到真實的信心，存在於內心的恐怖、憂慮、煩惱等無明就能漸漸消除，轉而日益充滿喜悅之情。

　　古人說：「吾心信其可行，則移山填海之難，終有成功之日；吾心信其不可行，則反掌折枝之易，亦無收效之期。」若信念達到百分之百，修一切法門、行一切事，都能感應道交，圓滿無礙。所以，無論世間法、出世間法，都必須要有堅強的信心，才能獲得成功與圓滿。

十二、時時清除心中的雜草

　　佛說：「大地眾生皆具如來智慧德相」、「一切眾生皆有佛性」，但為何大家或多或少都感受到失落、不定、空虛、無力、恐懼……，那是因為眾生皆由於無始以來的無明覆障而致，就像農夫所經營的一畝田長著各式各樣的雜草，需要一一祛除，才能使田地上的農作物長得美好。如果不即時祛除，往往雜草會破壞稻穀的生長，終至荒蕪一片。此就好比鳩占鵲巢，搞不清楚誰才是真正的主人。又譬如世界各地都有外來物種侵吞原生物種場域的情況，不但農民深受其害，政府農業相關部門單位也深以為苦，通常外來種生長情形的繁殖率都高於原生種許多，在臺灣各地普遍可見的是這幾年迅速成長的小花蔓澤蘭，許多的茶園、

果園一經覆蓋，幾乎就等於宣告「死刑」了。但是從小花蔓澤蘭的實際情況，可以給我們一個警惕與教訓：要時時清除自己心中的雜草，否則將失去原來面目。

把心中的雜草袪除，也可逐漸達到禪宗所謂的明心見性的境界。老子也說：「為學日益，為道日損，損之又損，以至於無為。」其意為：求知識、做學問的功夫是須要不斷地累積增加，學業才能進步；但是修道則是反其道而行，須要不斷地減損、遣蕩、破除、去執，唯有如此，自己的毛病、惡習、執著才會愈來愈少，道業才能上達。最終的理想是毛病、惡習、執著通通清除乾淨，到達無為的境界。

我們可以花為師－蘭花若失去了根，即飄零無依；人若失去了本來面目，則煩惱叢生、沒個安定。因此，我們應該時時刻刻記得要不斷清除自己心中煩惱的雜草，讓智慧的花果得以持續增長。登高必自卑，行遠必自邇，轉化習氣之心地功夫的修持，本來就是要一步一腳印地從根本做起。對大多數人而言，儘管一時無法達到六祖惠能大師「菩提本無樹、明鏡亦非臺，本來無一物，何處惹塵埃」的悟道境界，也需要學習神秀上座「身是菩提樹，心如明鏡臺，時時勤拂拭，莫使惹塵埃」的老實修行功夫。

CH 17

從基督教信仰看「人性」是甚麼?

（黃伯和）

一個基督教的觀點

一、前言

人性（humanity）指的是人之為人的方式與內涵。講人性與人的本質（human nature）有共通之處，卻也有強調點的差異。人性強調的是人作為人應該有的本性（ought to be），因此它蘊含有人道、慈愛的價值在其中。所以當我們強調「人性化」時，所意指的就是合乎人道的，具有悲憫心懷的。探討人的本質則偏向對人之實況的描述（to be），對構成人之為人之要素的探求與揭露。當然這兩者是無法截然分開的，人的應然是立基於他的實然之上。換句話說，實然之內必定醞存有可能性，應然才可能發生。兩者因此是不可分離，卻也不應混淆的。

處理「人性是甚麼」這樣的題目，預設了一個開放性的空間去探討人的本質與命運。它必然牽涉到人是甚麼？人的生與死，起源與終末，以及生命的意義與價值的定位等問題。這也就是說，探討人性是甚麼的問題，涉及了人存在的所有面向。因此是一個牽扯廣泛的問題。

本論文將從基督教信仰的觀點做為論述的基礎，來處理有關人存在的問題，並藉之討論基督教所持有的有關人性的立場與態度。

二、基督教有關人的教義（人觀）

基督教信仰對人的存在是採取「創造論」的說法。基督教的創造教義，設定世界及人的由來是出於上帝的創造。不同的基督教傳統對「創造」的了解也有不同，比較保守的傳統認為創造的故事是事實的陳述。因此是和科學的宇宙觀彼此對立的。近代神學對聖經的研究，採取科學的批判理論，對聖經的文本性質，有比較客觀的評比與解析。創造故事的經文一般為學者歸類為「神話」的部分。認為這些經文是以象徵手法用來表述宗教性的真理。它的價值不在於否定科學的論證，也不在於故事情節的歷史真實。而在於宗教信仰上對「人類實存」的洞察與認知。

說上帝是世界的創造者，乃是承認上帝是「造物主」，整個被造的世界都具有揭露、啟示著上帝的莊嚴和自足能力的效果。聖經中有關

「造物主」和上帝「創造世界」的教義，並非上帝諸多啓示的一種，而是啓示教義的根基。此一教義將聖經中所說的上帝的「超越性」，以及「他與世界的密切關係」之基本觀念完全表明出來。這一個「創造的教義」是以一種「神話的」（mythological）或是超理性的觀念來表明的[1]。

基督教的「創世論」教義一方面確保了基督教信仰所堅持的，上帝的「自由」和「超越性」的特質。另一方面，告白世界是上帝所創造的，也暗示了被造的世界雖然不是上帝本身，與上帝有別，但卻不是邪惡的。相反的，聖經的信仰前後一致地主張正因爲被造世界是上帝所創造的，所以它是善良的。被造的世界是良善的這一個教義與信仰，則提供了把人類歷史視爲正面的，是具有意義的思想的重要基礎。聖經信仰與希臘哲學不同，它不認爲歷史因爲旋轉在自然的變遷中，所以它是邪惡的或是沒有意義的，也不以爲人因爲是依靠肉身，所以也是邪惡的。基督教的創世論一方面避免了自然主義者的錯誤，自然主義者既以因果爲意義的原則，就不能爲人類的「自由」留餘地，也必然的將人的地位降低到自然的階層。另一方面創世論也避免了理性主義者所犯的錯誤，後者以心智爲意義的最後原則，從而不免趨向於將人分爲在本質上能分享神性或屬乎神性的理性，以及受邪惡轄制的屬肉體的生活。[2]

基督教的人性觀與其他一切別的人性觀的顯然不同之處，是在於它解釋人生的三個面向，並指出其中的聯繫。第一，在「人具有上帝形象」的教義裡，它指出了人靈性中的自我超越之可能性。第二，它堅持人是軟弱的，依賴的，有限的，深深陷入於自然世界的必然性和偶然性中。同時這有限的人卻不承認有限性的本身爲人性中的罪惡之源。最純粹的基督教人性觀，以人爲「上帝的形象」與被造之物」的合一體。當人處在最高的靈性地位時，他仍然是一個被造者，而即使在自然生活的最鄙陋行爲中，他仍顯出若干上帝的形象。第三，它主張人心中的罪惡

---

[1] 尼布爾著，章文新譯，人的本性與命運，東南亞神學教育基金會、基督教文藝出版社，香港，1970，頁132。

[2] Ibid., pp.132-133.

乃是由於人不願意承認他的依賴地位，也不願意接受他的有限性和不安全的處境;，這一個不願意的態度，雖不是不可克服的，但卻是人受造的處境所無法避免的，而人愈是抗拒承認自己的有限性，就使他更加深陷於他所想要逃避的那不安全的境界中。[3]

三、人是按照上帝的形象造的

　　基督教的聖經說人是按照「上帝的形象」造的。傳統神學對什麼是「上帝的形象」有許多爭論。然而在神學家奧古斯丁的影響下，所謂的正統基督教神學始終一致地以靈魂中的理性功能來解釋上帝的形象。而這裡所謂的理性功能在許多不同的認知、思辨能力之外也包含著認識上帝的能力，以及人在尚未爲罪所污染之前靠著順服造化主而得到的福澤及美德的功能。加爾文對此曾提出他的看法說：

　　所以靈魂雖然不是人的整體，然而說人是上帝的形象若是指著靈魂而言，是沒有謬誤的。不過我還是保留我所立下的原則……所謂上帝的形象是指人性超過所有其他動物的一切優點而言。這一詞語，乃是指始祖亞當在墮落以前具有的完全品性；這就是說他有正當的智力，有理性所控制的情感，和其他一切管理得宜的觀感，並因天性上所有這些優點，是和他的創造者的優點相類似。[4]

　　總括的說，聖經中「上帝的形象」這一概念，對基督教思想所主張之「人性雖包含著理性才能，確也有超理性才能」的解釋頗有影響。近代神哲學家對基督教人性的特質中有關「上帝形象」的說法提出不同的詮釋，其中以海德格與席勒最值得我們參考[5]：

　　　　海德格（Heidegger）認為基督教信仰中有關「上帝的形象」之主張的著重點乃是指人的「超越觀念」而言，就是説，

---

[3] Ibid., p. 149.

[4] Ibid., p.155.

[5] Ibid., pp. 157-158.

人是一種超乎他自己本身之物，他不只是一個理性的被造者而已。

　　席勒（Max Scheler）則依據聖經的傳統提出「靈性」一辭，來與希臘字的nous對立，用來表明人性中的這一種特別品質與才能。這個字對席勒而言是包含著理性，卻於思想觀念之外，含有了解原初現象或意義概念的特殊能力，且具有一種為善、為愛、為悔罪與敬虔而有的特殊情感與意志能力。他說：「人性和那可以稱為人的卓絕品質的，乃是超乎心智與那抉擇的自由的，即令有將人的心智與自由提高到無可再提高的可能的話，仍然不能達到那種卓絕的品質。」

　　人是自由的，他能超越自我與宇宙。然而若不能找到一個超越宇宙的根基，他對宇宙的探尋就不能構成一個有意義的世界。「意義」的問題乃是宗教的基本問題，它是超乎那尋常探索萬事萬物的相互關係的理性問題之上，正如人的靈性自由超越他的理性自由一樣。這是神哲學家對「上帝形象」的哲學角度的洞察。

四、人為被造之物

　　除了確認人生而具有上帝的形象之外，基督教的信仰也告白人是「被造之物」，並視一切被造之物為善良的。這是根據創世紀（1.31）所說的「上帝看一切所造的都甚好」。整本聖經對於上帝所創造之生命與歷史的解釋，都是假定被造的世界雖然是一個有限，依賴的世界，卻不因它的有限性而淪為邪惡的。人的肉體也不是人類的罪惡之源。聖經的看法是，人的必朽生命之有限性、依賴性和缺欠原本就是上帝創造的計畫。對於這樣的事實，我們必須以謙卑敬虔的心來接受。

　　在聖經的經文中有關表達上帝的莊嚴和榮耀最美麗的一段，即是將人生的短促、有限對比上帝的莊嚴：「凡有血氣的盡都如草，它的榮美

都像野地的花。草必枯乾，花必凋殘……惟有上帝的話必永遠立定。」[6] 個人的、集體的和民族的生命雖然給人一種超乎個我的永恆性之幻覺，卻同樣被那位生命的作者視為是處在同一的有限性中。聖經從生命和意義的中心之遠景來透視人生的殘缺性，使每一個殘缺部分都與上帝旨意中的整個計畫發生聯繫，所以不算為惡。

惡不是殘缺的本身。惡之由來乃是因為那殘缺性的分子欲藉著自己的智慧來了解整體，並靠自己的能力來達成「完全」。基督教的的「上帝觀」認為上帝的旨意與智慧必然是超過人對他所能做的一切解釋，否則他就不是那包括萬有意義的中心。而我們如果不能洞察此一真相，我們也仍然不能了解那似乎是混亂的現象，背後所隱藏的，使之變為整體的和諧的可能。

這就是約伯記這本書所要彰顯的意義。約伯想拿人的標準來測度上帝的正義，他受挫折和嚴重的打擊，至終因上帝將一切人所顯然不能了解的宇宙莊嚴和奧秘顯示給他，而完全克服了他。上帝以一系列具有挑戰性的問題中向約伯提出質問：「當我為世界建立基礎的時候你在哪裡呢？」這問題終於迫使約伯悔改、順服地說：「所以我所說的，是我不明白的，這些事太奇妙，是我不知道的。……我從前風聞有你。現在親眼看見你。因此我厭惡自己，在塵土和爐灰中懊悔。」[7]即使新約聖經對於人與被造的世界之存在的短促與無能，比舊約所記載的要少，但它的著重點與基本看法並無二致。

基督教的創世論對人性觀所以有意義，乃在於它對「個體性」的強調。基督教以「個人」為一個具有無限可能性的被造物，這可能性不能在人的有限生存中完全實現。而人的得救也不等於是它的被造地位之完全取消，而使他進入神性的意思。在另一方面人的「個體性」雖然不因它的有限性而被認為邪惡，但它的有限性是毫不含糊的。那自我即使在其「自我意識」達於最高度的時候，仍然是一個有限的自我，它若企圖超越個體性的限度而幻想達到普遍性，就算為罪。

6　聖經以賽亞書四十章6-8節。
7　聖經約伯記42章3，5，6節。

五、人為罪人

基督教的人觀最為顯著的特色就在於一方面認為人受造而具有「上帝的形象」，而同時又認為人「生而為罪人」。聖經說明罪是從宗教與道德兩個方面來說的。在宗教方面，罪乃是人違抗上帝的的旨意，妄想僭越上帝的地位。從道德方面來講，罪是不義。人的自我在他的驕傲與野心上妄以自己為生存中心，從而將別的生命置於自己的意志之下，因此損害別人而生不義。

如我們在前面所提及的，人因為受造有「上帝的形象」及「是罪人」而處在「超越的自由」以及「肉體的有限性」之間掙扎。人的生命過程就是不斷的試圖要解決這種「有限性」與「自由權」的衝突。而其解決方法往往不是以掩蓋一己的有限性，來主張自己能支配宇宙，就是以否定它的自由權，而使自己服從在某種生機之下。這兩種情況造成了人的罪不是表現在「驕傲」就是發生於自我否定的「奴性」。而在人對自己的有限和自由之衝突問題無法獲得圓滿解決的狀態下，人的罪就不只是驕傲而同時是「情慾」，這裡所指的情慾不是人性中的自然衝動而已，而是人內在矛盾的抒洩與顯露。

聖經中對於罪作為人之有限性與自由的矛盾關係的表現，試圖以試探、驕傲和情慾來做說明[8]：

(一)試探與罪

聖經雖然始終堅持罪不是從人性以外產生的，人也不能藉口原諒自己。卻承認人會遭受試探。聖經記載人類墮落，是由於蛇對人試探。它藉著對人的地位的分析，煽惑人說上帝是出於嫉妒，為了要保障自己的權力，他深恐人的眼睛開了，「能同神一樣分別善惡。」才禁止人去採食「分別善惡的果子」。[9]而人之所以被蛇引誘，為的是要解除並超越上

---

[8] 參見尼布爾著，章文新譯，人的本性與命運，東南亞神學教育基金會、基督教文藝出版社，香港，1970，頁178-183。

[9] 創世紀三章4-5節。

帝所加於他的限制。所以試探之來，可以說是由於人所處的自由和有限的矛盾地位與處境所延伸出來的。

人是自由的，也是被綑綁的，是無限的，也是有限的。所以他會憂慮惶恐。憂慮惶恐正是人陷於自由與有限之矛盾的無可避免的結局。憂慮乃是罪的內在因由。憂慮也是站在自由和有限的矛盾情況中的人所不能免的靈性處境。憂慮是試探，卻不是罪的本身。因為信心可以澄清憂慮，使之不至於發展成為犯罪的事實。這是一個理想，這個理想的可能是因為我們相信在上帝愛裡面的的最後安全能夠勝過自然與歷史的暫時不安。這說明了正統基督教信仰何以始終以「不信」為罪的根源，或視之為走在「驕傲」前面的罪。耶穌吩咐人「不要憂慮」，同時說「因為天父知道您們所需要的一切」，這話是很有意思的。耶穌所吩咐的不要憂慮，只有在那完全信靠上帝的人身上，才有可能。這種免除憂慮和完全信賴，是否為人生中的實際可能，還有討論的空間，但是我們可以確知的是，即使最敬虔的聖人，也難能完全順從主的吩咐而免除憂慮。

然而，如上面所說的，憂慮並不是罪。我們必須將憂慮和罪分別，一方面因為憂慮只是罪的預先條件而不是罪的本身；另一方面也因為憂慮同時是人類創造作為的基礎。人的憂慮不只是因為他意識到自己是有限而不能獨立的，同時也是因為他在意識到自己的有限的同時，卻不知到這「有限性」的限度。他之所以憂慮是因為他不知道自己的可能性之最後限度。他無法以自己所做的事已經臻於完全，因為它的每一成就都表現著那更高的可能性。

正因為我們不可能將憂慮中的創造與破壞性成分貿然分開，所以我們也無法像道德家所想像的，把罪從道德的成就中滌除。同一行為，可以用來表示人超越自然限制的創造力，也可以用來表示人妄圖將無限的價值加給人生的有限性與偶然性，而這種「妄圖」正是人的罪的本質。人可以同時因為未曾達到他所當達到的，也因為恐怕自己歸於消滅而憂慮。有自由就有憂慮，那永遠與自由並存的憂慮之心，既是創造作為的淵源，也是陷人於罪的試探。人生一有憂慮，就可能產生驕傲之心或情慾之念。人想要抬高自己的偶然性生存來進入無限之境，他就陷入驕傲中。而當人想藉著沈湎於「易變之善」當中，來逃避靈性的自由及人所

被賦於的無限可能，藉以免除自我抉擇時所必須肩負的責任與危險時，他就墮入於情慾之中。

(二)驕傲之罪

聖經和基督教信仰，都在若干程度下堅持「驕傲」是比「情慾」爲更基本的罪。而且可以說，情慾往往是從驕傲而來的。上面已經提到聖經中認爲驕傲是基本的罪。這是以聖精神學爲基礎的基督教神學思想所堅守的立場，不受那傾向以罪爲肉體情慾或愚妄無知的唯理主義的古典人性說的影響。即使基督教的唯理主義者，雖然認定罪的本質是情慾，他們對罪的說法並不全然排除聖經的觀點的，至少他們也同意情慾不只是肉體的衝動，也具有一種因靈性自由而來的失調行爲。因此，也是與驕傲有關的。

從人類一般可以看到的行爲來觀察驕傲與自私之罪，我們可以將之分爲四個種類，包括：權力的驕傲，知識的驕傲，和德性的驕傲。以及由第三種自以爲義的驕傲所延伸而出的另一種靈性的驕傲，或可歸類爲第四種驕傲。不過實際上這四種驕傲是分不開的。下面我試著對這幾種驕傲的罪做簡單的說明[10]：

1.權力的驕傲

指的是人自以爲是、自滿自足的、自作主張，滿以爲自己足以應付一切的變遷。他不知道人生的無常和依賴性，卻相信自己爲生存的主宰，命運的支配者，和價值的裁判者。這種自大的驕傲之心在人生的各方面多少都存在著，尤其是在擁有較高社會權勢的人心中，更爲強烈。與那種想擁有自由與自主的驕傲密切相連的，即是一種以自我爲保護對象的權勢慾。也就是自我覺得不夠安全鞏固，乃進一步試圖攫取更多的權勢，來使自己覺得安全與鞏固。前者的驕傲出於人對自己生存有限性的無知，後者的驕傲則是因爲人對自己缺乏安全感的恐懼。

這種「追求權力」的貪慾，在近代文明中是一種特別顯著的罪惡，因爲近代的技術文明引誘人高抬自己，過分地估量自己有勝過自然中之

---

[10] 參見尼布爾著, ibid., pp. 184-196。

不安全威脅的能力。因之貪慾成了資產階級文明特有的罪過。這種文明不斷地誘惑人把物質的舒適與安全當作人生的目的，並希望超乎人之所能達到的這目的。

正因爲人的不安全感不只是由自然之無常而來，也是由社會之不安全而生，很自然的，人就有慾望想要克服社會所帶來的威脅，於是想要將「駕馭人」而不只是「駕馭自然」的慾望也就顯現出來。人爲了築構安全感，乃藉著將敵對者的意志壓制使之屈服，來克制那意志對自己的威脅，又利用許多被屈服的意志連結成爲一種勢力，以防止那因屈服的人之意志的行動所誘生的敵意。於是，那「追求權力的意志」不免又促成的他原來所要解消的那不安之感。

2.知識的驕傲

人心智的驕傲可以說是權力驕傲的更進一步昇華。有時這種知識的驕傲會與權力的驕傲糾纏在一起而讓人分不清楚其中的區別。歷史上的統治者往往爲了要確保他們的統治權威，而試圖以洗腦的方式來在思想上主宰人民。當然，知識的驕傲不只限於政治上的統治階級，或者社會上的學者專家。人類的一切知識都或多或少沾染有一種「主義」（絕對化）的惡性，妄以之爲具有那超過其實際的眞實性。據以把有限的知識視爲終極。與權利的驕傲一樣的，知識的驕傲一方面是因爲人類不知自己心智的有限而來的，另一方面卻是由於人欲掩飾其知識之有限性以及他所主張之眞理所沾染的自私色彩。

知識的驕傲就是一種理性的驕傲，他不知道自己是處在一種時空限制的過程中，卻妄以爲自己是完全超出歷史之上的。這種知識驕傲的不安心理，有時可以在一個思想家的妄見上流露出來；有時個別思想家所藏匿和所顯露的不是他個人的不安之感，而是他那個時代、階級或國家的不安之感。總之，任何知識的驕傲都明顯地是從人的具有自由，又同時缺乏安全保障這兩種試探而生的。若果人不是一個能夠超越他的處境的具有自由靈性的存在者，他就不會關切到那終極的眞理，也不會陷入以自己的偏私見解爲絕對眞實的誘惑裡。

如若人是完全沈淪於自然的無常和必然，他將能安於他自己的現實，而不會被試誘去將自己的現實與絕對眞理相互混。這樣，對他來說

就無眞理可言了，因爲他不能使任何個別的事件或價值具有絕對的意義。反之，若人是完全超越的，則他必不至於被誘惑去將那暫時的、必然與有限的事物妄指爲眞理。他也不至於被誘惑去否認他的知識的有限性，藉以逃避那在承認自己的無知時所產生的懷疑，並隨之而來的失望。藏匿在這種驕傲背後的不安，並不如驕傲之顯而易見，然而他卻是看得見的。這種驕傲的僭妄，正是一種抵抗他所懼怕的競爭者的武器。有時驕傲之心所圖謀的正是要救自己脫離自我輕蔑的威脅。

3.道德的驕傲

一切道德的驕傲都牽連於知識的驕傲，並顯示在一切自以爲義的判斷中。判決別人之不義，是因爲別人不服從他自己的武斷標準。人既用自己的標準來判決自己，所以發現自己是善的。當別人的標準與自己的標準不同時，人用自己的標準來判決別人，總是發現別人是惡的。這正是刻薄所以與自義有關係。當自我誤以自己的標準等同於上帝的標準時，它就自然傾向於將邪惡的因素都歸之於那不順服它的標準的人。

換句話說，道德的驕傲乃是有限者妄以它的有限德性爲終極的義，以它的有限的道德標準爲絕對的標準。所以道德驕傲使德性成爲罪的器皿，因此新約中每將義人與「稅吏和罪人」比較時，總是嚴格地批評義人。而這正是耶穌與法利賽人之爭執所在，也是保羅所以堅持人得救「不是出於行爲，免得有人自誇」的理由。事實上這是保羅反對一切『善工』之答案；也是宗教改革運動的主要課題。路德所堅持的是對的，一個罪人之不願意承認自己爲罪人，即是他的最終罪案。人不認識上帝的最根本證據，是他不認識自己的罪。凡自以爲義的罪人，必不知道上帝就是審判主，也不需要上帝作爲他的救主。

自義的罪不只在主觀上，在客觀的意義上也是最根本的罪。自義使我們有了最大的罪咎。我們極端的刻薄，不義，和對人的詆毀，都是由自義而來。種族、國家、宗教和社會的整個鬥爭歷史，都是說明那由「自義」而生的客觀惡行和社會慘象。

4.靈性的驕傲

道德驕傲之罪既懷了胎，就生出靈性的驕傲。道德驕傲隱含著自比神明的意味。最後的罪乃是把這種自比神明的靈性之罪表現出來。當我

們將自己的偏私標準和有限成就當作無上的善，而且爲之要求神的裁可，我們就犯了這種罪。因此，與其說宗教是人的內在德性對上帝的追求，毋寧說他是上帝與人自抬身價之間的最後衝突場所。在這個爭端中，甚至那最敬虔的宗教設施，也成爲人表現驕傲的工具。

　　基督教原本不以其本身爲一種人在追求神，並在追求的過程中使人自己成爲神的宗教，而是一種啓示的宗教。啓示作爲有限人生的目的與淵源，使人在面對上帝時，能粉碎自我意志與驕傲。但若是基督徒以爲自己比別人更悔罪，並因得到了這個啓示而比別人更能稱義，他就增加了他的自義之罪，而終於使宗教的各種悔改儀式，成爲他的驕傲的工具。我們對人的靈性驕傲是沒有一定的保障的，即令人在上帝面前承認自己是罪人之舉，也可以被利用來做爲驕傲之罪的工具。倘若驕傲之罪的這種最後奧秘不爲人所認識，基督教福音的意義就不能爲人所了解了。

(三)情慾之罪

　　聖經對罪的界說無疑的是以人的驕傲與自私爲主。古典基督教神學思想對罪的見解都沿襲此立場而論點與此相同。不過受希臘哲學影響的基督教思想則有不同的發展，受希臘哲學影響的神學論點認爲「罪」在基本上是肉體的情慾。從希臘哲學的觀點看，情慾乃是人因爲內在的衝動與慾望而摧殘自己內心的和諧。各種情慾的罪，諸如淫樂、饕餮、奢華、縱酒、以及各種肉體上的享樂，較之那基本的自私之罪，更易受社會的嚴厲指責。「那處分他那浪蕩不羈的弟兄的審判官，往往在教會和國家中獲得聲名，而事實上他是藉著一種較那罪人所犯的罪更有罪性的自私野心所從事的作爲」[11]。而基督教文化大概也與非基督教文化一樣地對情慾之罪施以嚴厲處分，這種迷思的原因，顯然是因爲情慾的罪比自私更容易看得出來。

　　傳統的基督教道德把罪與情慾視爲同一，使近代批評基督教的人以爲基督教在性生活問題上，不啻是暗中鼓勵色情，也鼓勵那些自認自

---

[11] Ibid., p.224.

重、自尊而到自義的人，對那些陷於肉體罪惡的人採取嚴厲的態度。其實只有那些趨向希臘思想或接近理性主義的各教派，才認為情慾是主要的罪，或傾向於視情慾與淫佚為一物；而且這些批評者的思想所接近的，正是理性主義的思想，而不是傳統的基督教。

不過即使我們將希臘神學以情慾為根本的罪，並以它為肉體生活的天然傾向之見解排除，我們仍然會發現基督教以奧古斯丁或半奧古斯丁（阿奎那）為主的傳統神學雖然不以情慾為主要的罪，卻也都同意情慾是由人根本的驕傲、自私之罪延生出來的。也就是說，情慾是人以自我代替上帝作為生存中心後，更進一層的紊亂情形。人既喪失人生的真實中心，就再也不能以他自己的意志作為他生命的中心，而淪為慾望的俘擄。由是，情慾一方面是一種把自己當作上帝而作的偶像崇拜，另一方面也是自我因覺得崇拜本身是不夠的想要另找一個神作為自己的逃遁之另一種偶像崇拜。

六、人類的命運與盼望

綜合上面的分析，我們可以說基督教的人性觀是把人放在具有「上帝的形象」以及「人是罪人」這兩個極端的意象之間作為人之現狀的描述。人為被造物，他一方面受了自然必然性的支配，然而另一方面他又是具有上帝形象的人，是自由之靈。他知道人的壽命有限，因此不斷試圖依靠其內在的能力來超越時限。人因能超越自然變遷，使他有創造歷史的能力。人類歷史雖植根於自然的過程中，然而卻是超乎自然因果率的決定結局，而不受限於自然世界的遷流變異。這是人的處境，也是無法超越的命運。

然而另一方面作為救贖的宗教，基督教在其啟示內容之每一個方面，無論是關於上帝與歷史的關係，或人與永恆的關係，都指出了人不能全然成就人生之真實意義，同時顯明罪是因人試圖依靠自己來成就人生之意義所產生的。基督教福音向世人宣布：在基督裡面世人可以領受讓人得救贖的「智慧」與「能力」，那就是說，基督不但把人生的真實意義啟示出來，而且也賜給人有完成人生意義的能力。在基督裡面，信

的人不只是有「眞理」也有「恩典」。[12]因爲基督教相信人生之完成是靠著一種超越人之能力，因此，我們之所以能完成人生的目標是出於恩典，這與認爲生命歷史不能自己完成其生命意義，以及視「罪」的本質是人妄想依靠自己來完成它的生命，這兩個基本信念是一致的。進一步說，這信念與那認爲人只有靠信心才能超越自己的缺欠來達到完全，並因而能超越自己的罪而達到聖潔的主張也是相符的。因爲人若能依靠信心認識人的缺陷，且領略那超乎人的缺陷之外的神聖；人也就能依靠信心去把握那超乎人的缺陷之神的能力。

按基督教的信仰，上帝不是人所仰望的高高在上的完全者，乃是降臨於人間的愛，智慧和能力。人若能領略「上帝的智慧」及靠信心使生命的意義達於完全，他必同時領略到上帝的「能力」的同在。因爲我們若能超脫我們自身去了解人生的限度與可能，這個了解必能助人完成人生的意義。這了解能打破那妨礙並敗壞人生正常發展的各種自私和自我中心的企圖。因爲這個原因，我們不能對信心與悔罪，就是那對超乎人理解之外之眞理的領略（信心），和那超乎人能力之外的自我粉碎（悔罪）這二者之間的關係做確切的邏輯說明。人若不能領略那超越於人自我擴張之上的上帝（那只能靠信心去認識的眞理），他就不能認識人之以自我爲中心，欲圖片面完成人生是不當的而悔改認罪。人若不悔罪，他的自我中心若未粉碎，他總是以自己爲主，而不自覺，也不能感覺認識那眞實上帝的必要。然而，從悔罪與信仰的經驗中所流出來的『新生命』無論是怎麼清楚，它若眞的被基督化信心所支配，就必知道自己的不完全，及罪性是如何的固持。因此，人悔罪信道後所有的平安，並不全然是因爲成功而來的滿足，卻是由認識神的赦免而來的平安。[13]

七、歷史的終局及其意義

基督教對人類命運的看法必須以它所相信的人生終局爲根據，並對

---

[12] Ibid., p. 387.

[13] Ibid., pp. 388-389.

歷史的意義作觀察。若人生最後的完成是在實現而非取消歷史的意義，那麼，這歷史意義的眞正內容必爲人的信心所啓發。那麼，根據基督教信仰中的「末日」來探討歷史的意義，就必須先辨明永恆對實現的雙重關係：永恆一方面是超越時限的，而另一方面卻是站在時限的終點上。說永恆是超乎時限，乃是說他是一切非自立的存在體之究竟淵源與能力。他並非另一種生存境界。因爲這個緣故，過去把「永恆」視爲「超自然」之觀念乃是錯誤的。永恆是時限的根據與淵源。因爲神能同時領略萬有，所以神的心意賦於各種連續的自然事項以意義；正如人的心智，藉著記憶與先見給與各種片段的事象以連貫的意義一樣。

　　永恆對時限的雙重關係產生了雙層歷史意義的觀點。有些事情我們不需顧到其歷史的連續性，即可辨別他在歷史上的意義，好比殉道及完全的犧牲行爲，不需問它的歷史效果，不管他有沒有看得見的歷史功效，即可賞識它的美德。在另一方面，一個「最後」的判斷也許要顧到某一特別事件在歷史中的因果影響。[14]

　　人既有自由在歷史中從事創造，這表示他也有自由超乎歷史之上，這自由與永恆是有直接關係的。歷史意義在一方面驗證了「歷史與時間的每一刹那對永恆都有同等的距離」這一名言，另一方面也說明了歷史是一個整體的過程，需從某種「最後判斷」去了解它的整體性。所以我們若要有那認識人類命運的智慧，便要謙卑地承認我們的知識和能力都是有限的。最高的了解乃是從「恩典」而來的，在這了解中，人的信心能彌補人的愚昧無知，卻不至於叫人妄以自己所確信的爲絕對知識，而且悔改的心可以減除人的驕傲，而不損毀人的盼望。[15]

[14] Ibid., pp. 577-578.
[15] Ibid., p. 593.

CH 18

展現生命的真善美

（釋敬定）

一、前言

　　世界已進入科技文明的時代，人類所過的生活，較之過去，照理應更快樂；可是，事實並不然，從犯罪年齡層下降，自殺率上升的情況來看，時代愈進步，人類卻愈痛苦。有人說：我們的社會病了。何以會如此？原因當然很多，主要由於人性的進化，不僅沒有跟上物質的進化，反而在追逐物質中，逐漸喪失了人性，以致亂象層出不窮，而人類，便愈來愈痛苦不安！

　　不容否認，人並不是盡善盡美，各有其醜陋的一面。因此，怎樣美化自他的人性，使自他的人性，得到清淨無染，該是探索「人性是什麼？」所應注意的重點。人人與生具有靈覺的本性，因放縱欲念、妄想紛飛、執著貪取，使原本單純的性靈受煩惱塵垢遮蔽。雖身為人，卻少了人性的善美，這個嚴重的病症，如果不積極對治，人類可能會走上自我毀滅的下場。因此，當前對治藥方，必須喚醒人性的自覺，將人人本具有的真心找回來。所以如何破除妄心貪著，乃是回歸靈明覺性的著力處。因此，關懷「人性是什麼？」應從觀照自身清淨真心做起，並幫助他人也能找回真心，唯有大家都自覺，才能擺脫貪染愚癡煩惱的支配，進而解除人類的痛苦。我們需要每個人循著人性自覺的大道，完成人格，充分發揚人性的光明面，展現生命的真善美，共同建立和諧安樂的國土。現在就從「捨妄歸真」、「萬行歸善」、「完美人格」三方面來加以說明。

二、捨妄歸真

　　佛陀證悟成道時驚歎地說出：「奇哉！奇哉！大地一切眾生皆具有如來智慧德性，只因妄想、執著不能證得……」。原來每個人的清淨本性，智光朗朗，與佛無異，能洞徹宇宙萬有的真實相。人人各自之性靈，若從深一層來說，就是佛法中所說各個本具之佛性。每個眾生雖沉浸在煩惱中，但內在都有成佛的種子，因此所有的眾生都有開發自己佛

性的潛能。佛性，又稱覺性；即佛之本性。所謂「心、佛、眾生三無差別」，佛與凡夫，只在真妄之別、迷悟之隔、聖凡之分，覺悟即是佛，癡迷即是凡夫。一般世人只知生命之可貴，而不易了解開顯佛性，更為重要。佛陀與祖師大德，廣開無量法門，即是為引導眾生，回歸到自己清淨的本性。人人既有佛性、覺性，若能自覺人格的尊嚴，就不應該自暴自棄的自甘墮落。只有在如實的境界中，才有善美的存在，也唯有真心，才能夠引導我們達到完美人格的理想境界；所以要達到這個理想，不為外境塵緣所迷惑，使人解惑開慧、遠離癡闇之關鍵，皆在捨妄歸真、轉迷為覺。

天臺宗認為性具善惡，染淨同源，真妄並存，而真心是覺，妄心是迷，所以必須捨妄歸真、轉迷為覺。然而，人之志性隨時都會變，如老子所言：「五色令人目盲，五聲令人耳聾，五味令人口爽，馳騁畋獵，令人心發狂。」雖然，物質乃人之所需，但若無限制的放縱，卻成了欲望之性，在工業科技發展的現代，人們無止境追逐物欲而忽略了性靈的淨化，純真的本性漸漸地消失，陷入自我毀滅之中。佛陀的教育，有完備的理論與具體可行的方法，依佛法而言，要解脫這個苦境，破除人們對幻化不實的身體執著，首先要從四念處觀照做起，也就是「觀身不淨、觀受是苦、觀心無常、觀法無我」。觀照，就是靜下心來返觀自己，了解與看清自己，進而修正與肯定自己。達到如《般若心經》所言：「照見五蘊皆空，度一切苦厄」。

(一)轉化污穢真清淨

觀身不淨：觀想自他色身之不淨而止息貪欲煩惱的觀法。一切眾生，當觀想自身七種不淨：種子、受生、住處、食噉、初生、舉體、究竟不淨。人從煩惱業因之內種與父母遺體之外種結合受胎、住胎的整個身體，到出生，乃至最後生命結束，都是究竟不淨的。人只是一層皮膚覆蓋著，當中所包裹的是不淨的血肉和尿溺。活著時，九孔長流不淨物，五官七孔之外，還有便溺糞尿等排泄物；死亡時，屍體隨時間而變化為醜惡之形狀，很快就會敗壞、腐爛、蟲噉、惡臭。若能常常覺察這個臭皮囊是污穢不淨的，實在沒有可愛之處，就能減少對身體的貪愛，

逐漸對世間的種種貪戀淡化。清淨的本心，去惑存明，便不再為此身軀造惡而招受苦果。

　　人生有因緣果報，有生死輪迴，人要向上才會解脫，如果終日隨五欲色聲香味觸、財色名食睡而轉，終究會墮入痛苦的深淵而不得解脫。因此，要創造幸福安樂的人生，擺脫痛苦的根源，必須從人心淨化做起。所謂「心淨則國土淨」，每個人都是自己心田的園丁，要讓心田播植善的種子，收成善的果實，或要任其荒蕪，雜染叢生，全由自己決定。用心靈的一面鏡子探索生命的內涵，看清自己的真實面目，接納自己的不完美，知道自己還要繼續學習，使理智、感情、意志都昇華；戰勝煩惱，漸能降服貪、瞋、癡、慢、疑、邪見等不良的習氣，消除生命中的混濁，發揮生命的良能，達到修身養性之目的。倘能啟發自己與他人都淨化身、口、意，這裡就是真善美的人間淨土。

(二)解除苦因常知足

　　觀受是苦：觀受有苦受、樂受、不苦不樂受，乃至憂、喜受皆是苦。所謂受，即是心中的感受，隨時隨地注意自己感受的生起、持續、變化、消滅，心中都清清楚楚，了然分明。這是感官對順逆境之認識所產生的感覺，會影響生理、思想、情緒，世人只想追求快樂，擺脫痛苦，若不知道感受的虛幻性，常會起妄想、執著心，就會有求不得苦、愛別離苦、怨憎會苦……沉淪在痛苦中。若能覺觀身心受逼迫之憂苦，以及一切喜樂的各種感受都是變化、不穩定性，透過觀照了解世間萬物既然是緣生緣滅的，當用樂觀精進取代貪取或厭惡的心，就能淡泊知足，處處滿足；因而少煩少惱，解除苦的原因，過身心輕安的生活，人生將會更豐足而美好，孟子亦云：「養心莫善於寡欲」，這就是「知足常樂」的道理。

　　佛教修行之目的，使人能夠離苦得樂，但此安樂必須經過「真理」或「真心」的體證，否則在物質享受中，人心貪著物質上的富足，便很容易受欲望所奴役，因此在追逐的過程中縱容欲念而廣造惡業，招感苦果，又怎能與真理相契合呢？人生的一切苦，都源於不知諸法雖然有相卻是假相，在假相無常變遷之下，人的貪求落了空，才感受到苦。由於

對假相的貪求、執著、依賴，會給人們帶來痛苦；因此，我們可以了解，釋迦牟尼佛為什麼要教導弟子觀照五蘊、六根、六塵是因緣和合的、是假的？當然，了解六根五蘊是空，並不代表要捨棄或忽視它們。因為，如此觀照，能夠認清事物的真相，從而去除對假相的執著與貪愛。所以，佛教主張破除執迷，少欲知足、奉行正道，才有可能真正離苦。

(三)徹見無常播善種

觀心無常：觀此識心，念念無常，剎那生滅。前滅後生，相續不絕，如水流注，無時無刻不在遷流變動。人類心理有四種變化：生、住、異、滅。生，心念所生；住，心念執著；異，心念變遷；滅，前念滅除。人的心念不定，一下想東，一下想西，反覆無常，妄想紛飛。不斷地攀緣外在世界，迷失在世俗中，隨波逐流，造成身心不得安寧，這就是缺乏「定」。我們能隨時注意自己的心理狀態，一切都了了分明，可進一步認識自己並幫助自己，改善生活方式，改掉不好的行為、言論、感受、觀念和習氣，必能建立良好的人格。

我們從觀察自他瞬息萬變之妄心，能體會一切皆是變幻、無常的，漸能消除自己的痴欲，學習將自己的思想言行安住在佛法修行中，經常以靈敏的心去覺照自己，不可迷惑於世間的幻相，懂得時時把握當下，多培養善心，多一念善，則多一顆善的種子；少一分愚痴，則增一分智慧的光明，念念分明，則處處做主，如此日日消除心中的惡念，便能漸漸將心中的煩惱污濁清除，顯現晶瑩明朗的清淨覺性，因而達到更真、更善、更美的境界。

(四)藉假修真莫染塵

觀法無我：觀諸法因緣生，無自主自在之性。生命體是由「四大五蘊」和合所成，所謂「四大」，是指我們的生命體，是由地、水、火、風四大元素所組成。我們的肉體所包含的毛骨皮肉歸於地；涕唾膿血歸於水；體溫暖氣歸於火；呼吸轉動歸於風，若有一大不調，就有百一病起，所以說四大不調，就有種種的病苦呈現。所謂「四大皆空」，是指

觀察四大組成的生命體，是因緣所成的，並無實自體，所以說當體即空。

我們的生命體，有肉體與精神兩大要素。「五蘊皆空」，包括色、受、想、行、識；色蘊，是身體；受、想、行、識，是心的作用，是指精神。此五蘊所組成的生命體，若一一推求，皆無我，其實，這個「我」只不過是一個代名詞。依《八大人覺經》言：「生滅變異，虛偽無主，心是惡源，形為罪藪，如是觀察，漸離生死。」我們的生命體時時刻刻，都在遷流變化，顯示生命體的不能做主。表面上看起來，好像是完整的統一體，實際分析，是由許多元素組合而成的緣成體，並沒有它的獨立性。我們把四大五蘊看作是自己的身體，因而錯認「有我」之法，同時深深的執著而迷惑造業。如《圓覺經》所言：「一切眾生，無始以來，種種顛倒，妄認四大為自身相，六塵緣影為自心相……病者妄執也，故輪轉生死，謂之無明。」四大五蘊是因緣和合，也就是隨著因緣而變化，自然會有生、老、病、死的現象。我們雖不願意它這樣，卻又改變不了，如此煩惱就產生了。因此，佛法說「四大五蘊」皆是幻化無實自體的，就好像《金剛經》所言：「如夢幻泡影，如露亦如電」。如是真實了解，一切現象都在變動之中而存在，決不執著有我。這種方法可以破除我執，唯有去除我執，乃能撇開私慾，以無我之精神，為仁道救世的理想往前奮鬥。

人們的妄想與執著，成為滋長貪欲的因由。有覺性的人，不同於一般的人，就是懂得借假修真，無論是行、住、坐、臥，在任何時候都要歸向清淨的真心本性中，也就是要開顯出佛性。如果執著於假相，就是顛倒眾生，是故想要「遠離顛倒夢想」，就應當時時觀「四念處」。當我們以調伏與專注的心觀察五蘊時，就會清楚地了解身與心都是無常、苦與無我的。因而不隨著妄心迷惑自己，進而修正偏差的行為，扭轉錯誤的思想，使人安住在真心本性中。若能以智慧透徹這些因緣和合的事物，了知生命的真諦，心中自然不再貪取或執著，便不需如老子所言：「吾之大患，在吾有身」了。所以，佛教主張「藉假修真」，就是要懂得運用這個身體修身養性、開顯佛性。

三、萬行歸善

佛不但自己勇猛精進，也鼓勵弟子要精勤修道，而且告訴弟子修道與證道之方法，使弟子們了解，佛道是眾生不斷地精勤努力所成就的。所以，在經中曾開示說：「了知一切諸法之起滅，應修已修，應斷已斷，以名為佛。佛在世，如蓮華，生泥中更不著泥，在世不著世，破一切煩惱，究竟離生死際，以名為佛。」我們要培養自己的心念，時時與佛心相應，在穢惡的世間，如出污泥而不染的清淨蓮花，不受外在環境的染著，常保內心清淨，同時也能啓發別人，所言所行都為淨化人心，把快樂而真善美的種子，散播到家庭、學校、社區，祥和社會，乃至全球，以求天下無災難。

(一)培養四勤增善根

世間人常說：「人講落土八字命，天生命運註定定。」是這樣嗎？凡夫俗子被業所轉，因為過去業力的影響，使現在的心念無法控制；若不想讓業力牽引、煩惱痛苦、流浪生死，輪迴受苦，就必須「隨緣消舊業，更莫造新殃。」雖然，我們尚不能免除做錯，但要懂得懺悔，所謂懺，就是以前所犯的過失，永不再做；所謂悔，就是以後所有的惡業，更不造作，逐漸使身、口、意三業得到究竟的清淨。所以向上向善的人，發現自己錯了，能懺悔而改過遷善，必定可以轉惡成善，此是消除宿世業障的最得利法門；惡業若消除，善法就容易深入。尤其，最好不要存有不好的種子，否則生生世世都會由不得自己，隨著業力不停地流轉，牽引造作惡業而召感苦果。如享譽國際認知神經科學專家洪蘭教授在其著作中提到：「大腦像個黏土，他有可塑性，壞習慣一直繼續下去，到最後積習難改。」所以，避免惡習難改，從小就要培養好習慣，有壞行為要馬上改。中國《三字經》言：「人之初，性本善，性相近，習相遠，苟不教，性乃遷。」由此可見，培養人的善根最需要教育，薰陶，方能成長而茁壯。

來到這個世間，每個人在紅塵滾滾中都有許多苦難，人與人之間，

必須互相輔助。佛教強調淨化身、口、意，要依佛法端正自己的見解與行爲，不僅防止造惡，並且還要積極地行善修福，並幫助他人守持善念、斷除惡念與惡行，使更多人去發心教化眾生，帶動社會善良風氣，以滅除天災人禍。只有增長大眾的善根，爲人群多培養一分福緣，促進社會更和諧溫暖，每個人的苦難才能減少。先從自身做起，依四正勤轉化自己的心念，使「未生之惡令不生，已生之惡令斷除；未生之善令生，已生之善令增長。」以此資助修行，因此「勿以善小而不爲，勿以惡小而爲之。」就在斷惡修善的過程中，不斷增長善根，累積福慧，廣積善事功德，強化自己的心行，學得能夠「用心轉境」，轉變業力。洪蘭教授也曾提到：「大腦從出生到死亡都有可塑性，是可以改變的」。又說：「大腦是『凡走過必留下痕跡』，自己的一舉一動會在大腦的神經迴路上留下痕跡。」由此可知，人人有必要好好的塑造自己。

(二)廣博自心入真理

世間上，有些人行善之目的，是爲了私利，例如：求名、求利、求福報，往往在善事中夾雜著罪業，這就是不單純的善，所以仍然是與貪心、妄心、煩惱心相應，不得解脫。眞正的善，絕對不是自私自利的，如《大方廣佛華嚴經》云：「應以善法，扶助自心……應以佛德，發起自心；應以平等，廣博自心。」由此可見，如果只求自己好的心態，絕不能與眞理相應。唯有遵循眞理之教導，注意自己日常生活的心行，才能在無私的奉獻中，超越凡夫心。從《四十二章經》中，弟子請問佛陀的一段對話，可以了解眞理與行善是相輔相成的。弟子問：「何者爲善？何者爲大？」佛陀回答：「行道守眞者善，志與道合者大。」由此可知，能夠守持眞理，斷諸攀緣，精進行道，漸達聖位，就是最善；意志與所修的眞理合而爲一，時時守於正道，淨化自心，道業自然精深博大。

因此，完美人格，正確的人生方向，絕不只是自己爲善而已。就儒家而言：「大學之道，在明明德，在親民，在止於至善。」至眞至善至美的境界，是希望一切人都如同自己一樣具有完美的人格，把善推及到極點。善與美合一，才是充實的、和諧的、幸福的生活，也唯有個人

美，才能成就整體美。佛教說：「慈愛眾生，猶如己子」，孟子亦說：「惻隱之心，人皆有之」，慈悲心可以說人人本具，此心一發，必能造福人群。因此，不要看輕自己，自己的一念善心，就能救濟芸芸苦難的眾生，成就無量的善事。所以，我們不但是消極的不作惡，而且要積極的廣從善。

(三)無善無惡心之體

王陽明先生應弟子所請，提出了著名的「四句教」，即：「無善無惡是心之體，有善有惡是心之動，知善知惡是良知，爲善去惡是格物」，史稱「天泉證道」。至此，陽明心學終歸圓滿。若以此來傳達眾生之本體，乃如六祖惠能大師所言：「不思善、不思惡」，是眾生的本來面目。想要還回本來面目，就次第而言，須經「知善知惡」、「爲善去惡」；然後，必須如佛教所言，達到「三輪體空」的境界。雖做善事，能夠體達施者、受者、施物，三者悉皆本空，所以不起貪念，摧破執著之相，這才能證得「無善無惡」的心之體。

萬行歸善，是回歸人之本性的方法。「爲善去惡是格物」，而格物的眞正落實，也在於「平天下」，透過「格物致知」而達到「誠意、正心、修身、齊家、治國、平天下」。這是澈悟本性，善心的充分發揮。心性的啓發，使人安而行之，不用一點兒勉強，發出自然合道之心，從個人改善，推及到家庭、國家，乃至世界。如此，在個人的修身中，還能美化人間，當下即是展現生命的眞善美！

四、完美人格

人生的意義，生命的昇華，在於具有人品、實踐德性，這是完美人格的關鍵。太虛大師說：「人成即佛成」，「人成」二字，即是「人」要成爲一個眞正像「人」的人。人性能得開展，佛性也就可以完成。所以，欲成佛道，先要把做人處世的道理做好，因爲，佛陀是從正正當當的人格昇華；從人生的思想、行爲一層一層的提升，至身、口、意三業純然清淨。若人們肯立聖賢之志，只要反求諸己，則事事物物皆可?發本

心，如陽明先生所言：「立志而聖，則聖矣；立志而賢，則賢矣」，一旦立定方向，念念專注於志願，向前精進不懈怠，猶如康莊大道，無論於何時何地都可恭行實踐。

(一)自心是道莫遠求

人人本具清淨佛性，需要從修行中開發出來。所以，佛陀的教導重點不是談神通，而是從實踐中開發清淨佛性。因為，一切眾生，在生死海中浮沉，受種種苦，而其佛性，隨緣不變，猶如金寶，雖作種種形像；但其寶性是一，始終不變，佛性亦如是，雖輪迴生死中，受種種形，而其成佛之性，永遠不變。誠如，惠能大師的教化，《六祖壇經》開宗明義就明白的提醒世人：「菩提自性，本來清淨，但用此心，直了成佛。」意念清淨的人，就能徹見光明的本性，覺性自然就會產生。

世間一切善惡、種種相狀，無非是心的作用。人的惡緣惡果，是由心念所產生的；人的善緣善果，也是由心念所成就的。所以說，成佛做祖這顆心，地獄天堂也是這顆心。《華嚴經》云：「心如工畫師，能畫諸世間，五蘊悉從生，無法而不造。」萬法唯心造，因緣是自己造作的，是福是禍，端看人心向善或向惡。因為心力能指揮身體及言語的動作，所以心要保持純正，才能帶動身體不作惡業。《維摩經抄》云：「解脫生死，皆從心起，故云，解脫心行中，求一念本心，即成解脫。」人類種種問題，根源在於自己，都是自己內在的煩惱在作弄自己，使自己不能發出心光，不得自由解脫。因此須時時返觀自性，把心念照顧好，平時要多多培養善法功德，久而久之，就會養成堅固的向善意志，真正做自己生命的主人，自然不會隨境而轉。懂得把握當下，創造好因好緣的種子，是改造命運的最大動力。

(二)探究真理覺路開

從事佛法的修學，不是為了知識的獲得，而是為了人性的美化。佛教的真精神不在萬卷經典之中，而在於修行實用之中，不但最積極而且是最入世的。佛陀教育我們方法，所有的人都可藉由它修行並了解「法」。如果只講究知解而不理會修行，或只重視修行而不研究理論，

那就如古德所言：「學而不思則殆，思而不學則惘」，解行並重，須理論與實踐相輔相成。當然，讀書，或研究經論，可以啓發人，使人的眞心本性易於呈現，但那只是助緣，最重要還是須自己覺悟，若沒有本心覺性的存在，終日忙碌外求，雖是具備了一切知識，也不一定會有德性的實踐，甚至用所學知識去做非法的犯罪行爲。這種爲了滿足私欲的不當行爲，亞聖孟子評論，這是人與禽獸最大的差別，孟子認爲，人如果汨沒於利欲中，而不能以自律的本心作生命的主宰，不擴充仁、義、禮、智四端之心，則人雖在外表上是一個人，其價值實在和禽獸無以異。

然而，眾生的根機千差萬別，面對千差萬別的苦難，必須廣開法門，對症施藥，始能眞正受益。佛教到中國分出許多宗派，如淨土宗、天臺宗、華嚴宗、禪宗、律宗等，這都是祖師們的悲心，使能隨著眾生的根機得度。不外是爲說明如何認識自己生命中的本性，以及如何培養而開顯佛性的施教方法，換句話說，這是許多修行的方法，方法雖不同，但其總目標卻是一樣的，都是爲了返本歸眞，開顯佛性的清淨本體而得大解脫、大自在。

但是，我們爲什麼不能開顯呢？只因愚昧無明，背覺合塵，長久的不良習染，受一切外物所主宰，失卻本具眞心，如《楞嚴經》所云：「一切眾生，生死相續，皆由不知常住眞心，性淨明體，用諸妄想。此想不眞，故有輪轉。」這就知道，背塵合覺、找回本具眞心是轉迷成智、解脫痛苦煩惱的關鍵所在。我們要運用佛法來開啓覺性，不要依著自己的習氣，與貪、瞋、癡、慢、疑、邪見等煩惱相應，而造諸多惡業，招致苦果。從開展人性到開顯佛性，透過眞實的體驗過程，發展人的理性，實現人的美德，斷除煩惱，獲得究竟安樂，絕不同於世間的苦樂交錯。

(三)日常生活守正道

若要離苦得樂，必須靠有利的方法來扭轉，八聖道是共通之良方，如《妙法聖念處經》言：「修八聖道，寂靜現前，破壞一切諸煩惱苦。」所以說，最根本的處方，就是建立正見、修行正道，修一條人人

可行的康莊大道。通向這條覺道的路標有八種，稱爲「八正道」或「八聖道」，即正見、正思、正語、正業、正命、正勤、正念、正定。人生需要有正見的引導，培養堅固的正念，勇於克服種種的考驗，通往聖人的道路。確立方向之後，一定要落實在日常生活中，循序漸進的證悟，修一分，則證得一分；修十分，則證得十分。

佛法引導人們互相尊敬、友善。世人之舉止動靜，皆不出身、口、意三門，而受持五戒者，即能培養德行，人天福報具足。人與人之間的相處，由於行爲有所規範，所以不致侵犯、干擾別人的生活。五戒是做人處世的根本，佛在《演道俗業經》中，提到五戒之要義：「一曰慈心恩仁，不殺。二曰清廉節用，不盜。三曰貞良鮮潔，不染。四曰篤信性和，不欺。五曰要達志明，不亂。」一般而言，佛教所說的五戒，近於儒家的五德，譬如不殺生，屬於仁；不偷盜，屬於義；不邪淫，屬於禮；不妄語，屬於信；不飲酒，屬於智。要求「克己復禮」，是珍重自己，不使自身隨俗流飄浮。我們要創造嶄新的生命，應隨時反省警惕自己、改善自己，即能「苟日新，又日新，日日新」。

當今社會，因爲人心的貪婪、無知，才帶來許許多多的天災人禍。一個人在日常生活中若能守持五戒，不但自己幸福快樂，社會也多了一分安寧祥和。因爲，不行殺生，亦不念殺，壽命極長。廣行布施，於現世中得色、得力，眾得具足，天上、人中食福無量。不他婬者，身體香潔，亦無邪想。不妄語者，口氣香芬，名德遠聞。不飲酒者，生便聰明，無有愚惑。若能信受奉行，常保身、口、意三業清淨，即能由戒生定，進而因定發慧。

勤修戒、定、慧三無漏學，息滅貪、瞋、癡三毒，是解脫生死之苦的要因。依《解脫道論》所云，戒、定、慧三無漏學，乃是解脫道，因爲，「戒者威儀義，定者不亂義，慧者知覺義，解脫者離縛義。」戒律可分爲威儀門與律儀門，若有戒律來修正心行，便能莊嚴身心，約束「貪欲」的擴張。若有定力，則能安定身心。有句話說：「身安茅屋穩，心定菜根香」，正是最適當的詮釋。若有智慧，便能覺察、覺悟，探究宇宙人生的真理，解開繫縛煩惱的繩索，解決生死大事。三世諸佛皆由持戒、禪定而證得智慧，由智慧與慈悲雙運，利樂一切眾生，成就

無上佛道。

　　人是群居的動物，人與人之間懂得彼此相互尊重、感恩、扶持，我們的社會自然祥和安康。尤其現在是個團隊的社會，有團隊精神的人，必能與人和諧共事。所以，我們不但要求健全人道，把人做好，而且要修學佛法，從自律自覺，進而利他覺他，即是與佛陀悲智相應，達到學佛成佛的目標。成佛，必須在人道上磨練、修行，因在地獄、餓鬼、畜生道中，很難修學佛道；所以，無論在家居士或出家僧眾，於人世間，修學戒、定、慧，須進而受持「六和敬」的團隊精神。外同他善，稱為和；內自謙卑，稱為敬。「六和敬」包括：身和同住、口和無諍、意和同悅、見和同解、戒和同修、利和同均。六和敬適用於家庭、學校、公司、政府，乃至整個社會各階層、各單位，都可以透過六和敬，做到歡喜共事、和合無諍、同心努力、和氣喜悅、相互尊重、利益均享，人與人之間親善互助，有紀律而充滿和諧友誼，這就是佛陀心目中的理想團體，是一個人人展現生命真善美的樂土，而且是皆大歡喜的世界。

五、結語

　　人，活在這個世間，真正的價值，是對自己有益，也能利益眾生。每個人對於自己的生命，無論男女老少，都是無常變化的。此生不珍惜，下一世是否還能再來做人呢？不一定，要看自己造了什麼樣的業；所以，有一句話說：「人身難得，一失人身萬劫難復。」可見，生命是多麼的寶貴。我們生命隨著歲月推移，不斷老化，如佛經所言：「是日已過，命亦隨減，如少水魚，斯有何樂？當勤精進，如救頭然，當念無常，慎勿放逸。」唯有自覺人生無常的人，才能確實的寶貴人生。認清生命的有限性，就是要將生命運用得當，所以，不要別人造業，自己也要跟著造業；別人墮落，自己也要跟著墮落。在生命歷程中，平時要懂得反省改善，把自己的心鏡擦亮，明白因果，常存正念，就不易受外在的環境所搖動。尊重自己所選擇的覺道，努力實踐，自能昇華人格。

　　深觀釋迦牟尼佛起大慈悲心，示現人間，欲令一切眾生解惑開慧，入佛之知見，同獲究竟安樂。一生的行化，就是如何利益眾生。我們現

處於人身，處在世道衰微的時代，對於修道的歷程，自應有一番省思：佛生於人間，吾等亦生於人間，他已於人間成佛，我們仍在生死輪迴。我們要深信，以平凡生命可超凡入聖，人人都有成佛的潛能。所以，這個身體在活著的時候要善加使用，但不要以為追求名聞利養、富貴權勢，才是生命的價值，其實，這是大大的錯誤，並沒有看清真相，不懂得善用這個身體，只有增加自己的罪業而已。應珍惜現有的一切，從根本上尋求身心靈的淨化，改善生命的內涵，使生命昇華，完美人格，發揮人之所以為人的精神！

　　佛教的人生意義，不但自覺，還要覺他；不但自度，還要度他，處處以利益他人為前提，這種具足悲智的救人救世精神，絕對是正確的人生觀，應該廣博宣導。因此，想要建立個人正確的人生觀，生存在和樂的社會，必須擴大自己的心胸，從落實博愛心、慈悲心、平等心出發，而這份慈善之心，是從平凡的人生中建立的，就在個人、家庭、人群的生活中完全表露出來。只要堅定從善的長遠心，向自己選擇的正道，身體力行，便能具足定力與智慧，不但美化了自己的心靈，使生命更美好，也使人與人之間更加圓融和諧，進而促進世間的光明面。期望：每個人每天做些善行，時時以覺性為導，提升自己的靈性，而且，在靈性之路上，有更多的自覺，用這份醒覺的心，善導人生的前程，頂天立地，懷抱理想，開展慈愛，向前邁進，展現生命的真善美，創造全民安祥和樂的淨土！

CH 19

品德教育的問題與展望

（黃政傑）

一、品德教育的意義與目的

　　品德一直是教育的重心，品德教育是指對教育者對「品德」這個面向的教育，教導學習者道德核心價值和行為準則，強調的是真善美之「善」，期望學生知善、納善、行善及樂善，能夠明辨是非，實行善念，變成自然習性，且樂在其中之謂。不論教育目標如何說，是智德兼備的「二育」，智德體兼備的「三育」，知德體群兼顧的「四育」，或者是德智體群美均衡的「五育」，「德」都是其中的重要成分。這裡所說的「德」，社會上有多種不同的用詞，例如道德、倫理、品德、品格、品行、操行、操守都是，還可包含個人的人格、性格，教養、涵養、品味、人品、情操或氣質等等，其中都蘊含著好壞高下之別。

　　品德可視為兼含個人「性格」和「德行」，「性格」乃是個人與眾不同之特性的所有品質或特質，亦指強烈的個人品質，如勇氣或毅力，「德行」則指合乎道德倫理規範的行為舉止。品德是個人在社會上生活或就業，在知識和技能之外所需具備的條件，這個條件在職場是不可或缺的。有了良好的品德，才易於被接納、被僱用，才易於成功；否則沒有人要用，找不到工作，或找不到合適的工作，距離成功之目標必然很遙遠，所以才會有「品格決勝負」這句話出現。

　　一個健全的人，關鍵不在於外貌、財富、學歷、電腦、英文等能力，更重要的是品德。個人在社會上生活，沒有品德，只剩下半個人不到；不重視品德的教育，最多也只教育了一半。個人的就業能力中，知識和技能都很重要，但這些都可以在有限的時間內學習，而更重要的是需要長期培養才能學得好的品德、情意、態度，例如，熱誠、合作、責任感、抗壓力、主動積極、虛心學習、終身學習、情緒穩定、尊重關懷、多元價值、專業倫理、工作態度、時間管理等。

　　人的性格表現有許多特質值得討論，例如，正直、忠貞、友善、自信、樂觀、勇氣、負責、誠信、溫暖、仁慈、親切、有禮、積極、獨立、勤奮、善良、包容、堅忍、膽大、理性、情性、同理心、自我克制、照顧自己、喜悅快樂、和諧關係等。這些特質不會有絕對的善惡，

例如樂觀看起來是很好的，但是太過樂觀而不能預見危機就會出事了。個人很勤奮且能吃苦耐勞是很好的特質，但勤奮到不休息，吃苦耐勞到不給自己恢復活力的時間，不給自己一點休閒的獎勵，也是會出問題的。個人做事膽大是不錯的，這種人處事積極，易於向前衝刺，但膽大也要配以心細，否則就變成膽大妄為了。德行著重的是人在各種倫理關係上，都能遵循著道德規範而行為，他要知道在倫理關係上該怎麼做，為何要這麼做，如何去做，還要確實去做，且樂於去做。這其中很重要的是接納美德、實踐美德，而且能夠樂在其中，持續行善而不中斷。

二、人性與品德

品德既然如此重要，但社會上又常批評品德教育成效不佳，不免令人懷疑是否每個人都可以學到良好的品德。品德是否如同國英數的成績，有的人學得好，有的人學得差，有的人甚至要被當掉。人天生在智力上有別，有的人聰明，有的人平庸，有的人愚笨，社會上用智力測驗衡量人的智力高低，以智商為代表，藉以設計每個人的教育方案和教育過程。但品德，到現在還沒有像智力這麼做，顯示學術界和社會各界對於品德的觀點，有別於對智力的觀點。談到品德，總會討論人性原本是如何的，當然也會討論品德和智愚的關係，其後再考量教育應如何因應處理。

(一)人性的善惡

在社會上，經常可見到個人的善舉，也可見到個人的惡行，顯示社會是由善惡程度不同的個體所組成，到底這是先天如此，或是後天形成，或者是兩者的混合呢？對於品德的差異，中外學者都從人性的角度來討論，探討人性本來的善惡，及其後的教育措施應如何處理。有的主張人性本善，品德教育只要安排好的環境，讓善良的本性得以自然發展出來就可以了，就好像種子具有植物的一切本性，農夫不必自外部植入任何成分，只要安排適合的陽光、水分、養分和清新空氣，種子便可發芽成長。有的人主張人性本惡，教育要設法制止惡性的發展，避免讓小

惡成大惡，而致無可救藥，故要好好教導品德。有的人主張人性是善惡混，即有善有惡，教育要保留個人善的本性，消除惡的本性。又有人主張人性是無善無惡，如同一張白紙，染黑則黑，染紅則紅，教育就是要把人性導向美德發展，這種主張讓教育工作者產生無窮希望，同時也擔負很大的責任。

學者專家對人性的主張，配以其論辯理由，希望取信於人，讓社會接受，在社會運作。當先天人性的善惡有這麼多不同的主張，致令人莫衷一是時，後天究如何影響品德學習，使個人品德產生變化，更是會出現許多不同的講法。教育能否改變人性？變成是另一個論辯的問題。姑且不論人性先天是善是惡，但社會需要每個人知善、納善、行善、樂善，這是不爭的事實。教育能否改變個人的習性？又能改變到何程度？教育原本就是促成個人改變的過程，其中包含品德。若原來人性是善的，強化其善的習性；若原來人性是惡的，或是善惡混、無善無惡，則抑制其惡性，促進善性發展。

(二)人性之智愚

人性在善惡之外，亦有智愚之分，智愚與善惡是否密切正相關呢？即智者愈善，愚者愈惡？或者正好相反，智者愈惡，愚者愈善？實際上，社會上常出現智慧愈高的人，所犯的惡行愈大，這就是所謂的智慧型犯罪；相對地，智慧較低的人犯的只是小惡，或者因其無知而犯了大惡。智慧高者的學習較低者來得快，他可以很快地認知品德，也能很快地學會如何實踐品德，但卻不一定能接納品德、盡快實踐美德或以行善為樂。相對地，智慧高者在惡行的認知和方法上，同樣能很快學習，成為大奸大惡之人，而且很會隱瞞，讓社會難以覺察其惡行。以現社會「醫院醫師與養老院勾結假開刀A健保大筆金錢」的報導來看，可見智慧、能力高者，其品德欠佳而犯罪的嚴重性。

教育對於智慧程度不同的人都要教導品德，目標是相同的，對不同的人使用的方法或花費的時間有異而已。教育使個人由智慧導向能力，智慧和能力高的人對於美德的理解和實踐應遠高於其它人，即行善沒有底線，應盡力發揮生命的價值，負更大的社會責任，展現生命的意義。

這在教育上正是智德兼備的目標，在每個專業人才培育上都沒有例外。

人不分智愚，知善都較為容易，但知善後若不納善，單知善又有何用？若要能納善，需要同時認識「善」的價值，而產生積極的「行善」態度。且行善要有方法，個人的智愚和學習行善方法的快慢和深廣度有關。行善之後，產生結果，這個結果回饋到個人認知、技能和情意體系之中，讓行善者得到回饋，進而成為後續再決定行善的依據。行善又如何成為樂善？端視行善之回饋是否加深其道德價值，是否能不斷得到激勵，成為習性，可見樂善是更難於培養的。

接著大家會問，智愚程度不同者，若知善和行善的能力有別，其道德責任是否就該有差異？如果以服務來看行善，人生就該以服務為目的，每個人都不能忽視其道德責任，都得要服務社會。但智慧高而環境好，終於習得高強能力者，應提供社會更多的服務，以免辜負其天生之？賦及後天良好的學習環境；而不是相反地，持著強凌弱、優勝劣敗、適者生存的心態行事。

(三)如何對待人性

在實施品德教育時，要如何對待人性？是否要全然順性而為，或者要逆性來實施品德教育？若人性本善，當然要順性讓學生的品德發展出來。若人性本惡或有惡的成分，顯然要制止惡性，教導善性。若人性無善無惡，則要讓個人導向於學習善性，避免染上惡性。總而言之，教育的目的在於培養善性，排除惡性。實施品德教育時，要注意人性的智慧程度，採取合適的教育方法，更應注意知善、納善、行善、樂善四個面向的教育。人偏向於學習品德有關的知識，也可學到認知品德的價值，但不見得會確實接納，至於要能實踐則更加困難。如果品德教育未能注重人性在品德上的四個面向，則品德的實踐會形同空談。對於智慧高、能力強者，宜教導其強化服務社會的深度和廣度，才能讓個人和社會的發展得到最大的利益。

若從性格的角度看，每個人的性格都不一樣，教育上多半會順著學生個人的性格來教導他，基本上不會去勉強他違背其性格。這樣做，教師不必與學生對抗，家長也不必和孩子相左，彼此相安無事。但「性格

決定成敗」又是耳熟能詳的話語，其中暗指不良的性格會導致個人生涯發展遭到失敗的苦果，具有良好的性格，則會導致個人的成功。若然如此，則教育上怎能不去判別性格的好壞，而設法改變性格或發展性格嗎？

例如，消極或積極的性格，前者處事是被動的、緩慢的，後者則是主動的、迅速的，產業或機構當然要用積極的人；那麼，教育是否需要改變個人的消極性格為積極的性格呢？又如悲觀或樂觀，前者遇事都認為是沒有希望的，故而十分消沈，不會想去改變什麼，後者遇事常認為有希望，再如何困難都可解決，一個公司要用那種人是很明白的。再看堅忍的性格。凡事遭遇失敗，一而再，再而三，在內外環境都很艱困的時候，不會放棄自己的任務，仍然有決心解決問題，最後得到成功的結果。試問一個機構是否該聘用百折不撓的人，而不是相反地去聘一位一蹶不振的人？

這麼說來，性格還是具有價值成分，有的性格具有正向價值，有的則具負向價值，教育所要培養的是具有正向價值的性格。接著，要決定何種性格具有正向價值？如何判別？如何施教？這裡，還是有人會質問，性格真的可以改變嗎？在何種情況下始會有所改變？性格改變後會再回復原樣嗎？還是一經改變後，便很難再調整回來？基本上，性格是可以改變的，這在社會上可找到不少實例，但性格又是不容易改變的，它是個人穩定的特質。環境的劇烈改變對個人產生的衝擊，個人學習到的嚴重教訓，或是個人受到重大啟示而自發調整，都會是性格改變的重要因素。

(四)及早教育品德

推動品德教育時，常被問到的問題是，該針對什麼年齡的孩子開始實施呢？一般人常認為不宜對著幼兒實施品德教育，他們什麼都不懂，最快等到他們進入小學之後才開始，比較妥當。果真這麼想，便會失去品德教育的黃金時間。事實上，不管是教什麼，孩子出生以後就要開始教育，從小教給他什麼是對的，什麼不對，何者可做，何者不宜做。許多父母在家庭中對於孩子十分溺愛，任由孩子「自由發展」，對於不適

當的行爲表現未予制止，未引導其做出適當的行爲表現；俟其習以爲常之後，行爲模式愈來愈固定，再如何糾正，都沒有辦法促其改變。這是家長對於子女品德教育的不負責任。

舉例言之，獨占行爲在孩子幼小時期常可見到，父母若不及時教導，分享的觀念和行動在長大後是無法展現的，還可能嚴重地變成欺凌霸占、自私自利，成爲團體「敗類」，一生交不到朋友，大家避之惟恐不及。有人認爲孩子小時候不懂，長大懂了就好了。事實上不見得如此，如果凡事長大就懂，就變好了，那麼教育或其它社會制度就不需要了。心理學和教育學指出，年齡愈小，可塑性愈大，也就是說，愈小開始實施品德教育，愈可能讓孩子學到優良的品德。等到孩子愈來愈大，其可塑性變小，品德教育的實施效果愈難體現。

三、品德及品德教育的課題

(一)品德是否可以培養

品德教育所隱含的意義，是品德是可以培養的，所謂「性相近、習相遠」，便是這個意思。個人經由社會化的機構，如家庭、學校、職場、政府等，在其中不斷受影響而學習品德；其中，學校教育機構是主要且正式的品德教育機構，可以有系統地教導所有的學生學習品德，提升品德表現。對人性善惡觀點不同的人，對教育在培養品德上的能耐，會有不同的看法，不過教育學生品德，讓社會變得更好，應是大家的共同期待。

(二)學校是否該培養品德

在「反學校教育」（de-schooling）運動中，許多學者對學校的目標和功能大肆抨擊，認爲學校未發揮正面教育價值，反而強化負面教育價值。其中甚有人至於主張學校不應存在，或者學校在知識和技能之外，不應教導學生價值觀念。這個主張使得社會對學校的作用開始深入反省，但並未獲得社會多數人的認同。實際上，學校教導的知識和技能本

身即存在著價值成分，品德教育是教育過程中不可避免的面向，與其把它隱藏起來不予討論，還不如讓它顯現出來深入分析，使學校對於品德價值的教育，得以建立必要的共識。

(三)品德教育該要教什麼

品德教育該要教什麼是常被提出的問題。重視傳統文化者總會主張傳統道德的重要性，教育的責任必須將傳統道德教給學生，因其為千古不變的價值。但社會上還有很多關心社會變遷者，他們關切社會劇變下所需教導的新道德，以便因應社會的新需要。當然這兩者不是絕對衝突的，傳統美德很重要，而因應變遷的道德也不可忽視。另外，品德教育是否讓改變個人性格，或者任其自由發展較好，這是有些爭議的，不過基於性格決定成敗的觀點，教育上對於品格還是多出一點力比較好。

(四)品德教育是否具有效果

品德教育的成效在不同社會或國家是不相同的，即使是同一社會，每個學校的品德教育做得不一樣，而產生不同的結果。同一所學校的不同老師，重視品德教育的程度及實施品德教育的方法都有差異。每個學生的個性不同，其所處的環境有別，品德學習也會有很大的差別。最後，在德育上表現的學習結果，個別差異很大，有的人得到德育獎座，有的則因為操行問題要留校查看或不能畢業。品德教育不是純然有效或無效這麼單純，但強化其效果則是教育工作者的共同目標。

(五)品德教育是否應設科教學

品德教育是否應設科教學，一直是個爭議。查看先進國家的作法，有的設有道德科目施教，有的藉用宗教課程進行陶冶，有的則融入各科教學而無獨立科目。設科教學的優點在於事權集中，責有專司，設計系統連貫的課程內容，聘有專精德育的教師實施教學，每週上課時間固定，又安排有學習評鑑活動；當其它科目教師不重視品德教育的時候，至少總有個道德科教師負責教學。相反地，融入各科教學的優點在於動員全體教師教導品德，這種教學較為自然，且易於被學生接受，較能充

分發揮道德教育的整體性。

只是這兩種方式又都有各自的缺點，是需要在教育過程中補救的。設科教學容易受到知識系統性所主宰，容易與生活脫節，使學生失去興趣，變成與其它科目一樣，由教師講解，學生背誦，通過考試，便可畢業。且品德教育的實施全由道德科教師負責，其它科目教師認為自己沒有責任，可以專心於自己所負責的學科教學。教師雖然專精於道德教學，但事實上品德與各學科的內容密切相關，當討論到學科內容有關的道德時，道德科的教師可能無法深入和學生討論。融入各科教學的品德教育模式，因教師缺乏系統的品德教育能力，自己的課上不完，常排除其中之道德教學，因而寄望於各科課程和教師的品德教育，得到的恐怕是「有名無實」。再則，科目課程和授課教師多元，其品德教學必然也是多元，若無充分的溝通，所教導的品德價值成分可能會有矛盾和衝突，致令學生無所是從。

(六)品德教育靠正式課程是否足夠

這個問題的答案是很明顯的。品德教育當然不能只靠正式課程施教，即不論設科教學或融入各科教學，兩者都不足以做好品德教育。因為正式課程安排的品德教學時數有限，且時間切割得零碎，教學型態多半採取講演方式或少量討論，教師停留於言教，學生靠著書本學習，故而在品德認知學習上欠深入，難以納入個人認知體系，成為不可分割的部分。至於品德的實踐能力和情意學習，則沒有時間確實體驗。現今學校推動品德教育方案，大都未從正式課程著眼，這部分被視為既存事實，故而多半由非正式課程切入，辦理全校性或年級性、班級性的品德教育活動，促進學生的品德認知、體驗、實踐、分享、合作和省思，此外亦期望在這類活動中，產生品德的潛在課程績效。

教育部的品德教育方案中，提到兩種實施方式為「彈性學習節數之實施」和「晨光活動、導師時間及日常生活教育」。前者係鼓勵學校系統思考、整體規劃，運用學生朝會、週會、班會、班級輔導、選修課程及全校性或年級性活動等，透過楷模表揚、模範生選拔、班級公約、童軍活動、服務學習、體育競賽、日常打掃等方式實施，重在引導學生觀

摩、體驗學習。後者係鼓勵導師妥善規劃運用每日晨光活動、導師時間，並以生活周遭案例進行機會教育，引導學生討論中心德目及行為準則，善用實際模擬演練，提供機會鼓勵學生在日常生活與人際互動中「做中學」，實踐良好的品德行為。

(七)品德教育與其它議題教育的關係

品德培育是教育的重要環節，與其它教育面向都有相當密切的關係，例如，生活教育、道德教育、人格教育、生命教育、公民教育、兩性教育、法治教育、民主教育、生涯教育等都是。問題出在這些教育方案或政策之間原本應有密切關係，但推行起來卻是各唱各的調，其中是否會有疊床架屋或相互脫節的問題，頗值檢討。而教育實務人員在這些教育政策的輪番炮轟下，他們是否會有正向的因應方式，或者會被炸得遍體鱗傷而失去信心，則更值得研究。

(八)學校單獨做不好品德教育

學校實施品德教育受到家庭和社會機構的限制，學生的學習環境有許多重要他人，有的是父母兄姐，有的是老師同學，有的是大眾傳播的偶像，有的是有錢有勢的政治人物，還有是電腦網路上的朋友或遊戲角色。這些不同來源的重要他人，會教導學生各種矛盾的品德價值觀念和行為，最後學生的學習會朝向影響力大的因素傾斜，學校通常是被視為較不重要的。故而，學校要做好品德教育工作，絕對需要家庭和社會構構的合作與支持。

四、品德教育模式

(一)品德的言教

言教是國內中小學實施品德教育最常採用的模式，固有其實施的需要性和效果，但過度依賴言教來教品德，也出現許多問題。言教最常用的是「講解」，利用教科書或其它書本教材做為媒介，教師說明其中之

內容，提示重點。其次是「問答」，教師問學生書本的品德內容，或由學生問教師，一邊是發問者，一邊是回答者，師生可以互換角色。其三是「討論」，訂定品德主題，採取全班討論或小組討論，後者又要求學生針對討論結果進行報告，與大家分享。第四是「訓話」，教師在學生的不當行為表現發生後，針對全班或相關學生，訓斥其錯誤或不當，規勸或告誡其切實改進，要求以後不得再犯。在言教的實施中，教師可能運用新科技以加強言教的效果，例如用圖片、照片、影片，或故事、散文、小說先文學作品作為媒介。第五是「稱讚」，對於品德表現優良的學生，予以個別或集體的讚美，以鼓勵已有優良表現的學生繼續維持其優良的行為，激勵尚未有優良表現的學生效法其它同學的表現。

(二)品德的身教

品德教育的身教，是指教育工作者及其它社會重要人物能以身作則，實踐美德，做為學生表率之謂，這尚可包含學生彼此之間的模範。身教對學生的說服力，在於品德教育的實施有真實的榜樣，展現給學生檢視，顯示這是生活上可以實踐而不是空談理想的。品德教育的失敗，常是家長或教師要求學生去做，但自己卻不做，結果，學生會認為品德是不容易實踐的，或者是沒有價值的，否則為什麼只要學生做？身教要求教育工作者，自己在教導學生前先要能自己去實踐，自然而然的在日常生活中表現和體驗品德，深刻了解並反省品德的價值及實踐方法，對於品德教育的實施會產生新的觀點。

身教的實施有幾個困難。一是教師不知身教的重要性，這點較容易克服，只要溝通清楚就好。二是教師無法落實品德的實踐，這點比較困難，需要在師資的職前和在職教育上加強。三是學校教師之外的主管和職工未能以身作則，這點可能更為困難，但仍在學校可控制範圍之內。四是學生在社會上的重要他人，包含家長、社區人士、影視歌星、政治人物等的品德影響，這些人都不是學校所能控制，但學校可以請求配合。最後是同儕的影響，學生都有其好同學、好朋友，其品德學習受到這些人品德表現所影響。俗語云：「蓬生麻中，不扶而直」；又云：「近朱者赤，近墨者黑。」可見身教需要社會上對學生有影響的人物，

都能做爲學生的好榜樣。

品德教育採取的身教可有幾個途徑，一是教育工作者的身教，對學生的所有品德要求或教導，自己都要能先做到。例如，要求學生不要抽煙，自己先別抽煙，要求學生保護動物，自己先要能保護動物。二是就重要美德，表揚社會上的好人好事，肯定美德實踐的價值，公開事跡，做爲表率。三是表揚模範學生，對於品德表現優異的學生，予以重視，給予獎勵。四是淨化社會影視媒體及政治人物的行爲表現，多報導良好表現，少報導負面表現，即使對表現欠佳者有負面報導，仍應提出導正之道。

(三)品德的境教

品德教育的境教是指安排良好的環境，讓學生有效地學習品德之謂。品德教育的環境在學校可以好好安排的可有幾方面。其一爲師生在教室的互動環境，不管那個學科的教學，都會涉及人與自己、他人、社會及自然的關係，其中有的是人物，有的是事件，有的是活動，都具有品德的成分，環繞著學生的學習和教師的教學，自然地影響學生的品德學習。

其二是學校的圖書環境，在班級中有圖書櫃，其中置放幼兒、兒童、青少年讀物或多媒體資料。在教室之外，校內有圖書室或圖書館，其中若能購置優良的圖書期刊雜誌，或是中小學課程相關的教材，其管理使用便利於學生借閱，又能與課業結合，這些都是品德教育的良好媒介。

其三是學校的物質環境，例如學校的教室、儀器、設備、桌椅、廁所、餐廳、校園、福利社、活動中心、水電設施、垃圾處理、清潔用具、飲水設施等環境，都具有品德教育的作用。這些物質環境都示範著人與物的關係、人與人的關係，且經由物質環境的安排，暗示良好的品德表現爲何。今日學校以如此這般的環境對待學生，日後學生要以此環境對待他人。

其四是社區環境，這是學生離開學校之後的校外生活場域，學校周遭的社區不宜有不良場所，以免學生受其影響而學習不良行爲。社區的

環境是社會經常會檢討和批評的，其著眼點多半在於品德面向，最為關注的是會讓孩子學壞的場所。社區品德教育環境，需要學校和社區共同關注，共同營造，單靠學校的力量是不夠的。社區的品德教育環境，尚應由正面的角度去經營，重點不只在驅逐不良場所，更應重視營造社區共同生活和活動的良好空間。例如學校圖書室不可能都有豐富的圖書，但社區可以成立藏書豐富的圖書館，讓學生可於其中閱覽及借用圖書。再則，學校不可能都有游泳池和其他運動場所，社區若能興建配置，不同學校和機關團體都可以共同使用，藉此讓學生在活動場所之中學習品德及其他能力。

其五是國內外大的社會環境及自然環境，其中有政黨政治、國際關係、產業經營、環境生態、能源危機、自然災害、運動休閒、戰爭、恐怖行動、宗教信仰、全球化等，都是學生學習品德的重要環境。

其六是電腦、網路、通訊及傳播環境，經由這個環境，學生可以得到多元豐富的資訊，可以溝通和接觸的人事物無遠弗屆，時空距離大幅縮短，品德學習機會和成效更為深廣。

(四)品德的動教與制教

品德還要經由活動和制度的管道實施教育，這就是所謂的動教和制教。學校直接安排品德為主題的教育活動，或者具有品德意涵的教育活動，讓學生從活動的參與中學習品德，就是品德的動教。品德的動教有別於其它教育模式，主要在於實踐，由做中學，而不是經由聽講、記憶或理解，因此動教讓學生由實際的行為表現體驗品德、印證知識、練習方法。在活動中，學生與人互動，與事物和環境互動，學會了真實的為人處世方法，也得到品德表現的回饋，培養品德的態度和價值。以品德主題的直接活動施教，雖然很明確，但實際上的效果不見得很大，有時反因過度造作或不自然而產生反效果。不如，在一般的教育活動中教導學生學習品德，較為實在而自然，容易被學生接受。例如要培養學生尊重多元文化，只要在各種活動中由不同族群的學生、教師、家長或社區人士參與，其中的過程和環境，自然可教導學生尊重多元文化的行為。

品德的制教，是指利用規章制度教育學生的品德。一般的規章制度

都是由成人訂定，再要求學生遵照行事，學生只知其然，不知其所以然，對於規章制度不會具有遵守的情感。若由學生自訂規章制度來執行，實際上較易於被學生接納，產生品德教育的成果。但學校的規章制度很多，有許多甚至於連學校教師都未參與制訂，但師生都必須遵守，不可能都由學生來制訂執行。類此，有必要對學生說明，讓學生討論，以了解規章制度的內容和訂定的理由。學校規章制度的訂定實施，應本於對人的尊重，例如有的學校用榮譽考試教導學生誠實，改變圖書館借還書制度及入館閱覽制度，以教導學生誠實，都是基於建立尊重學生的制度著手。

五、重建品德教育的內涵

(一)把性格納入品德教育

既然性格決定勝負，本文對品德教育的界定包含性格，性格做為品德教育的重要內涵，千萬別在教育過程中忽視了。性格的範圍很廣，前已有所討論，在這裡要談的是如何找出學生需要改進的性格。學校招收許多學生入學就讀，級任教師在班級教學中要面對幾十個學生，如果是科任教師，他教的學生有好幾班，看到的學生更多。要了解學生的性格，教師需要有較多的時間與學生相處，他也可以經由其它教師、學生或家長的討論，加深其對學生性格的了解。事實上，學生的性格就展現於校園生活之中，教師只要多觀察、多互動，便可發現，加深認識。

教師認識學生的性格後，對於該性格是否需要引導改變，會有價值判斷。有的學生性格很好，只要持續發展下去就好，不必去改變，例如謙讓、友善、熱心、體貼等；有的學生性格很不好，若不改變，一定會嘗到苦果，例如好爭鬥、愛講話、慢半拍、急驚風等。教師對學生的了解，在智慧、能力、德行之外，還要加入性格這一項，而性格的內涵很多，其間又是互相關聯的，教師要找到其中的關聯性，重點切入去教導學生。教師對於學生性格教育要有耐心，且要持續觀察學生的性格表現，不斷地給予鼓勵、提醒和指導。教師還需要家庭的協助，以實施有

效的性格教育，先要溝通家長認識性格的重要性及其可變性，也需要在親職教育中討論性格的教育方法。

(二)老道德的新詮釋和新方法

品德教育的推動要注意其內涵為何。一般人免不了要提倡老道德，如禮義廉恥「四維」、忠孝仁愛信義和平「八德」及智仁勇「三達德」。這些當然還是很重要，但是它們總是傳統社會的產物，擺到現代社會及未來社會來看時，固然還是重要，但要有新的詮釋及新的實施方法，否則便不能切合社會變遷之需要，而不被社會大眾所接納；結果，傳統道德會變成只是少數提倡者在唱高調，不會有人去認真執行。

例如，講到禮，受到文化交流及西方社會的影響，食衣住行育樂的禮節已與傳統社會大相逕庭，衣著要視場合穿著，時間要確實遵守，公共場所講話要輕聲細語，坐扶手電梯要靠一邊站，家居生活不可吵到鄰居。講愛國，以現在臺灣的處境，要去教導學生是很困難的，必須把歷史因素及當前處境同時討論，而且以前講愛國便要打仗，但捍衛國家有許多作法，打仗只是其中之一，且應力求避免。講孝順，這個時代仍然很重要，只是親子關係的觀念已經大幅改變，孝順的方法有別於以往；以前的人講養兒防老、積穀防饑，現在許多人都不持這個觀點。傳統社會環境下「晨昏定省」、「父母在不遠遊」的孝順方式，在現代社會不見得行得通，現代科技發達，運用科技可有新的孝順方法。

(三)公德

品德教育要重視現代社會所需要的新道德。首先要注意的是公德的提倡，這已是很久之前便已開始的事。以往大家重視的是私德，對於人與社會之間的關係應具有的品德，則缺乏意識，以至到了公共生活空間活動，失去了應有的準則。這些公共場所有火車站、捷運站、高鐵站、道路、機場、旅館、餐廳、公園、學校、音樂廳、電影院、遊樂場、停車場、社區中心、購物中心、集合住宅、高速公路等，於其中生活都需要遵守公共空間的生活規範。遺憾的是，個人在自家的生活空間會注意的行為準則和價值觀，到了使用公共場所及相關設施時，便忘得一乾二

淨而不會遵守；對於因公共空間的特質而應額外遵守的規範，更是毫不在意。社會上屢屢見到一團亂、一團髒的現象，遊樂場所到處都是垃圾、紙屑、檳榔汁、瓶瓶罐罐、坑洞、噪音，到處堆放垃圾、違規停車、買票插隊。排隊和秩序是公德中很重要的項目，吃飯、搭車、買票、上電梯、買東西，在人群出現時都是要排隊的，否則公共生活必然失序。社區關懷及互助是現代社會發展亟須提倡的事，個別家庭若沒有社區觀念，不可能安全而幸福。社會愈文明，公德愈重要，社會要教導學生在文明社會中生活應具備的公德，而具有公德的人則帶動社會愈為文明。

(四)多元文化的價值

臺灣隨著社會的進步，科技發展，產業全球化，時空距離縮短，人際交流愈來愈頻繁，社會組成人口變得愈來愈多元，其中的文化差異現象變得愈來愈大，這正是多元文化社會已經來臨。在此情況下，國人需要在離開學校後到國際上工作和生活，而外國人到臺灣就業和生活的情形也大量增加，其中主要是產業雇用外籍勞工及外國專業人士來臺就業，也有不少外籍配偶住到臺灣來。多元文化社會的品德教育，應該重視多元文化的認識和理解，關懷及尊重不同文化及其個體的差異，肯定多元文化的價值，融合異文化與原文化，提供必要的協助和服務。這種多元文化社會的品德教育，必須在核心價值之上，建立多元價值，同時必須排除偏見、歧視、迫害與不平等，秉持公平、正義、公理的價值法則行事。對待外籍勞工和外籍配偶，應該和對待自己和原本的親人一樣。

(五)環境倫理

再來看現代社會需要的環境倫理。人與環境的關係在科技發達的社會中必須重新檢視。人類利用科技方法和產品，過著比以往更為安適的生活，但同時自然環境卻因而受到破壞，自然生態失衡，自然資源耗竭，人類賴以為生的地球將產生劇變，對人類生存予以反撲，使其遭受浩？。人類若不趕快重新檢討人與自然的關係，重建環境倫理，改變過

往對自然界無盡的掠奪行為，否則，人類最後只好和地球同歸於盡。人類因此必須回復以往與自然和諧共處的生活，愛護自然、保育生態，節約能源，開發新能源。人類不能再貪多務得、唯我獨尊，漠視自然萬物共生共存的道理，迷信人定勝天，把非我族類的一切予以破壞。環境倫理在世界上已經討論和提倡很久，但人類的認知仍然有限，而保護自然的行動和態度更需要加強。

(六)專業倫理

談到專業工作，現代社會需要重視專業倫理。由於社會分工愈來愈細，社會的職業工作變得愈來愈專門，外行人難以窺其堂奧。這時專業組織變得很重要，由專業人員自己組織起來管理自己，發展自己，以便爭取自己的權益，但更重要的是善盡其社會責任。各個專業都有其服務的範圍與項目、專業工作的程序，完成工作的品質控管，對於專業知識、技術和態度的教育訓練要求，核發證照的條件，收取費用的標準，繼續進修的需要等。而其中不可避免的是專業倫理，即專業人員做專業服務時應遵守的規範。在中小學教育中，學校比較重視生活倫理的教育，使學生具備生活品德，但也要逐漸教導學生認識專業倫理，以利於保護自身的權益，並為未來從事專業工作時，能有基本的認識和態度。當個人進入技職校院及大學就讀，或於職訓機構和企業接受訓練時，即正式學習未來就業之專門知能，對於專業倫理和法律規章都要認真探討，嚴格遵守，以保障未來專業服務的品質。

(七)資訊倫理

電腦網路科技的發展，使得資訊運用能力變得愈來愈重要。現代社會生活愈來愈仰賴電腦網路科技，電腦變得和電視及其它家電用品一樣普遍，成為家庭生活的部分。學校利用電腦網路教學，產業和機關團體利用電腦網路辦公，每個人的生活逐漸脫離不了電腦網路，大家用它來溝通、傳播、學習、休閒、交友或交易。接著，電腦網路的利用便會出現必須遵守的規範，有些屬於法律層面，有些則屬於品德層面。電腦網路的運用時常遭遇的問題，有抄襲複製、資訊洩密、軟體盜用、垃圾郵

件、詐騙集團、電腦病毒等。再則，電腦網路的使用，有可能傷害身心健康、影響學業表現、改變人際互動關係、減弱人對社會及自然的聯繫和關懷，凡此種種，都是品德教育必須特別重視的。

六、品德教育問題

　　國內的品德教育問題，從教育部推動的品德教育方案可以得到了解。教育部根據2003年「全國教育發展會議」結論，於2004年底公布實施品德教育促進方案（93年12月16日臺訓（一）字第0930168331號函訂定，95年11月3日臺訓（一）字第0950165115號函修訂）），其範圍涵蓋小學至大學。方案中希望統整各級政府、家長、社會組織及媒體等力量，喚醒全民對於品德教育之重視，齊為優質社會紮根奠基，並建立具有特色且永續發展的品德教育校園文化，強化學校全體成員對於當代核心價值的建立與認同、行為準則之確立與實踐，以及人文與道德素養之提升。

　　該方案中指出，我國政治解嚴後，衍生傳統與現代、精神與物質、科技與人文，以及本土與國際等若干議題的矛盾、衝突或失調，並導致原有價值系統解體與社會規範失序。且教育體系中，升學主義的瀰漫，五育均衡發展的目標不易落實，校園威權體制的解構，師生、行政與教師等倫理關係受到衝擊。在此種情勢下，有必要重建典範人格的正向引導，重組學校、家庭與社會等德育力量，導正青少年道德價值與偏差行為。

　　該方案中規劃了品德教育的研究發展、人力培訓、推廣深耕、反省評鑑等推動面向。然而在學校層面推動的策略，多以動教和境教為主。教育部先訂定品德教育促進方案，教育局處訂有品德教育實施計畫，各級學校和民間團體訂有相關推動計畫或辦法。具體的措施有品德教育電子報、大學的品德教育網或資源網、品德教育志工、禮貌月活動、圖書館讀書月活動、品德教育宣導手冊、建構校園品德情境、廁所每週品德一語、品德教育比賽、品德教育牆、品德教育書畫展、播放品德教育學生影片、國際禮儀研習活動、品德藝文活動或比賽、孝經會考、品德徵

文、品德短片比賽、生命教育演講、親善大使溫馨關懷情（關懷心智障礙者）、新生活活動（剔除惡習迎向新希望）、生活教育活動、品德教育網站、長期參與社福志工、改變人心的生命小故事、新生關懷計畫、角色模範（模範生選拔）、誠實考試、服務教育、新鮮人守護神計畫、自主式服務教育、品德教育成果博覽會（含展演和觀摩教學）。

　　有一所國民小學獲得品德教育績優獎，其具體的品德教育事跡為：發揮人性本善的天性、培養良好生活習慣和樂觀自信的心理、培養感恩、善解、知足、包容、尊重師長、合群互助，營造溫馨校園，詳和家庭與社會）實施靜思語教學、辦理體驗活動（社區關懷、母親節感恩、慶生感恩、插秧、割稻、家事、野外求生體驗，校內禮貌、秩序、整潔比賽）、營造溫馨環境、出刊心田輔導月刊、辦理生命教育活動或講座、用餐禮儀教學（奉茶、洗足、獻花）、反哺報恩、養老院刷牙體驗等等。

　　檢視各校品德教育方案，都是以學校自身的需要和條件，建立具有特色的實施項目和活動。方案內容主要都是點狀的，在整個學校活動中增加了一些活動，教導學生一些品德的內容。品德教育的促進在各級學校推行，但教育主管機關將其推行與對學校發展很重要的外誘掛鉤，讓學校提報品德教育實施計畫，故而許多學校都是受到外部力量的要求而推行，而不是發自內心肯定品德教育的重要，認真去推動而有實效。這類方案的實施是一時性的，界定為幾個活動，一天或一個禮拜，有的可以長達一個月以上，變成整年的活動，但過了以後又沒有人重視。有的學校紀錄了品德教育計畫所實施的活動，寫成論文發表，讓各校分享，但這個大型活動辦完之後，品德教育是否在日常教育活動中繼續實施，則是無法確知的。

　　品德教育計畫的另一問題出在推行的片斷性。這個教育活動本應置於學校的整體教育活動中，成為其中不可分割的部分，現在被單獨挑出來再予實施強化，其與現行課程的關聯性如何，是否已檢視現有德育課程的內容和活動，是否已銜接現有的其它課程內容，頗令人質疑。實際上各校推行品德教育方案，是把它當成有別於現行課程的工作，這項工作不是每天教學上要做的事，而是選定幾個時段來推行的事，其內容孤

立於現行課程之外。

影響學生品德發展的力量是多元的，包含家庭、學校及社會，經由各個機構中實際的人際互動及資訊傳播，實際上教導品德的觀念、行為、態度與價值。這些影響勢力通常是不具共識的，有的要求學生向東，有的要求其向西，學生常常產生價值混淆而無所是從。而比較嚴重的是教師接觸學生的時間有限，負責教導的學生人數很多，許多科任教師只負責教學而放棄輔導的責任，家長又不關心子女的品德行為，只重視其升學有關的課業學習表現。電腦網路及傳播媒體上充斥著品德的負面教材，例如犯罪細節的報導、政治人物及影視歌星的不良示範，缺乏正面品德價值的肯定，使得學校對於品德教育顯得無能為力。

在學校，品德課程不為教師和家長所重視，大家關心的是升學考科課程及成績表現，品德教育融入各科教學，等於沒有人要負責教學，每個科目都被視為與品德無關。學校課程內容中雖還保有品德，但那只是被講解、記憶、背誦及考試的內容，而不是生活實踐的重點。在社會變遷之下，品德教育內容應有變與不變之處，而不是以不變應萬變；但比較遺憾者，學校所教的品德對於因應社會發展需要的部分，總是較為薄弱。品德的教育方法上，常見者仍為講解及告誡，由外而內建立品德觀念，塑造品德行為，屬於內發的品德教育方法未受到足夠的重視。全國性和全校性品德教育方案的推動，常常成為熱鬧辦活動，淪為片斷、零碎及一時性的嘉年華會，切割了日常教育應有的品德教育實施而已。

七、品德教育的改進

(一)整合各種影響力量

從前述問題的分析當中，未來品德教育的改進方向是很明顯的。首先要整合品德教育的各種影響力量，在中央由教育部負責整合各部會及全國性公民營機構，協助全國品德教育的推動；在地方則由直轄市和各縣市政府教育局處負責，整合其地方政府及民間部門的力量。各學校則整合所在地區的學校和社區機構、團體的力量，推動品德教育的落實。

品德教育方案的推動，一直缺乏足夠人力，應建立品德教育志工，經由這些志工人力，協助學校和家長實施品德教育。

(二)實施全方位品德教育

在這全方位的品德教育改革之中，應特別溝通家長對品德重要性的認識，加強其對品德教育的責任，學校應將品德教育當成親職教育的重要內容，以期良好的品德教育從家庭開始實施。各層級品德教育的推動，尚應溝通傳播媒體負起品德教育責任，不只是在報導上要自律，更要善盡其引導學生品德之責。監督政治人物、影視歌星及運動明星等的品德行為表現也很重要，應該促其成為社會品德價值的好榜樣。

(三)全體總動員

品德教育的推動要全校教職員工生共同努力。教職員工必須在品德價值及品德教育上建立共識，且要五教並進來改進品德教育，其中身教尤要特別說明其重要性，當成人不能在品德表現上以身作則時，他們對學生的要求是不會有效果的。學校實施品德教育常缺乏主體性，即其所作所為，都是回應校外機構的要求，而不是自身作為教育機構主動建構的方案。學校必須認知其為教育的主體，不論校外的機構如何主張，最終都要由學校過濾、規劃及實施，並且對於教育成果負主要的責任。學生，在品德教育推動的過程中，常被視為接納的客體，他們是被動地接受家庭、學校和社會的品德教育，他們只是個容器。事實上，學生的學習有其主動的層面，灌輸學生品德價值的措施，遇到它只有退避三舍。品德教育應燃起學生的主動學習意識和能力，對於品德有關的活動或各種活動的品德成分予以關注。

(四)規劃全方位品德課程

品德教育的實施，需要置於全方位課程中運作。所謂全方位的課程，可由兩方面來看：一是正式課程、非正式課程和潛在課程的層面；二是德育融入於智體群美各育的層面。學校與其再設一個品德教育科目，由專門教師負責，讓絕大多數教師什麼都不管，不如還是維持品德

教育融入於各級學校的正式課程中施教的方式，進而再明確分配每個科目或學域的教師該負的品德教育責任。但品德教育還要由學校辦理的在正式課程之外的各種活動去實施，這些活動所教導的品德是與正式課程聯結，或者是整合多項品德的教學。學校還要利用身教、境教及制教等潛在課程的方式，來實施品德教育。要教導學生信任，教師必須信任學生，要能授權給學生；要教導學生有關民主社會的自由與自律，學校必須是民主社會的縮影，依據民主法則運作。

這樣的全方位課程思考，在中央、地方及學校的教育中都要顧及。至於德育融入智體群美各育，乃建基於各育互相關聯的現實上，在各育的教學實施上把品德教育融合進來。全方位課程實施品德教育，需要教育工作者具有宏觀的教育思考，注重教育的整體關聯性，各育彼此之間，相互支援，相互強化。

(五)品德教育的課程統整

教育主管機關常常為了加強某類教育，便擬訂該類教育方案，要求學校推行，品德教育便是其中的一項，這種措施真是不可勝數。這種外掛於現有學校課程之外的方案，多半透過行政權力的運作，要求學校照規定執行，有的是利用經費補助的誘因，吸引學校提出計畫，經過審查通過後實施。計畫通過到實施完成，報銷的期間很短，而社會重大議題的計畫多半是活動式為主的，需要較長的時間去執行才會產生效果。未來這類計畫的推動，應該設法融入於學校的全方位課程中，變成學校的日常行事，才能發揮長期而系統性的教育效果。

(六)採用有效的品德教育方法

對於品德教育的方法問題，其解決宜由講解、訓誡的方式朝向於實踐。品德教育重在知善、納善、行善和樂善，即在教育目標上要兼重品德的認知、技能和情意三個面向，故而講解、訓誡的方法亦有其作用，經由這個方法可以促進學生品德的認知和理解，糾正其不當的行為。不過，品德的認知與理解仍宜透過價值澄清的方法，讓學生表達意見，討論各自的觀點，分享彼此的經驗，這樣，品德學習才會透徹而深入。進

用道德兩難問題，讓學生思考分析、表達立場及理由，是價值澄清的有效方法。

在能力和情意培養上，仍然需要選用其它有效的品德教育方法，例如示範、體驗、實習和實踐。示範的方法，是找出可以做為品德榜樣的人，予以肯定、獎勵或表揚，以其做為學生品德學習的對象。過去常找出很不平凡英雄或偉人，編入教科書或故事書，或者利用學校活動時間安排講演，或張貼事蹟於布告欄。這類不平凡的偉人對一般學生是很遙遠的，故而學生讀讀、聽聽之後，不會受到什麼影響；未來應該搭配一些平凡的人物做為表率，學生較能感受到自己也可以做得到。

品德教育的實踐是由學生知善、納善後，便真的去行善，確實去做，成為生活中的例行工作，並能感受到行善的重要性和成就感，產生樂善的結果。在學生獨立實踐之前，學校可以安排學生參與體驗活動，這會是真實的，但也可能是模擬的或接近真實的，於其中學生做做看，有個經歷，從中體會品德實行的意義和價值。比體驗活動的進一步是實習活動，學生在教師或輔導人員之指導下，觀察或實施品德有關的活動，學習如何實際執行。

(七)從生活教育做起

學校品德教育的實施，宜由生活教育做起，引導學生在生活的食衣住行育樂等面向，養成良好的生活習慣，培養正正當當的行為。更重要的是由生活教育導向於優良校園文化的形成，例如尊重多元文化，不論是性別、民族、種族、社經地位或身心特殊性，在學生的學習分組、分班及活動組織上，讓不同族群學生融合在一起，由其中學習互動尊重的態度，學習差異的價值，產生關懷和愛人的行為。尊重的校園文化，應由學生的學習受到尊重做起；校園的各種規章制度，要以尊重學生為基礎來訂定，實施各項榮譽制度。

再就服務的品德而言，學校教育人員要以服務學生及家長的心態來辦教育，學生從中學習為人服務的行為。學校要推行服務教育，為同學服務，為社區服務，更要為更大的社會甚至是全世界服務。

學校內部要倡導合作和互助的美德，要能肯定多元能力，每個人在

團體中才會具有價值。負責的美德也是學校文化之中應重視的，行政人員要負責學校的經營管理，迅速回應改革建言，教師要負責教學、輔導和服務，有時要從事研究，學生在班級中也要學習負責班級生活和學校生活的事務。

　　學校若要教導寬容與愛的品德，校園必須具有友善、熱情、快樂的文化，讓學生感受到寬容與愛，願意去效法和發揚。學生的自治和自律在校園文化中是很重要的，學校有校規，但校規是學生參與訂定的，是自治自律的部分。學校有校訓，學生要能確實理解校訓，在校園中實踐校訓的精神。

八、結語

　　現代的學校教育過度重視知識技能，但忽視品德的重要性，把全副心力投入於學科教學，投入很少的力量於品德上面，導致學生的學習智德失衡，擔負不起個人和家庭的責任，違背社會產業用人之需要。社會用人，需要個人具備積極、樂觀、和善、自信心、榮譽感、好相處、情緒控管佳、心理健康的性格，也需要個人具備關懷、服務、正義、責任、誠實、禮貌、友善、誠信、公德、反省、公平、寬恕、感恩、容忍、勇敢的品德。學生的功課可以不好，後來再學就好；但品德不可變壞，以後很難改正。品德學習是循序漸進的，需要知行合一，家庭和社會的教育責任必須同時發揮出來。品德教育的有效實施，不在於訂定許多德目，講一堆大道理，而要在日常生活中，整合實踐來學習。日常生活的各項活動或事件，都有其倫理性質，都是品德學習的重要管道，這是教師教學要善於運用的。品德教育成敗關鍵，不在訂定多如牛毛而無法執行的規定，而在養成可以明辨是非、反躬自省、解決問題的能力。

圖書館出版品預行編目資料

新品格教育：人性是什麼？/黃政傑主
編;洪蘭等著.
--初版.--臺北市：五南, 2008.07
面；公分

ISBN 978-957-11-5257-8（平裝）

1.德育　　2.品格　　3.人性

528.5　　　　　　　97011135

1ITG

新品格教育—人性是什麼？

主　　　編 — 黃政傑(297)

作　者 — 洪　蘭　程樹德　周成功　黃光雄　吳　嫻
　　　　　　洪成志　金清海　陳善德　黃壬來　李宜堅
　　　　　　郭博昭　張美櫻　黃光男　釋慧開　黃伯和
　　　　　　釋敬定　黃政傑

發 行 人 — 楊榮川

總 編 輯 — 龐君豪

主　　　編 — 陳念祖

責任編輯 — 李敏華

封面設計 — 童安安

出 版 者 — 五南圖書出版股份有限公司

地　　　址：106台北市大安區和平東路二段339號4樓

電　　　話：(02)2705-5066　傳　　　真：(02)2706-6100

網　　　址：http://www.wunan.com.tw

電子郵件：wunan@wunan.com.tw

劃撥帳號：01068953

戶　　　名：五南圖書出版股份有限公司

台中市駐區辦公室/台中市中區中山路6號

電　　　話：(04)2223-0891　傳　　　真：(04)2223-3549

高雄市駐區辦公室/高雄市新興區中山一路290號

電　　　話：(07)2358-702　傳　　　真：(07)2350-236

法律顧問　元貞聯合法律事務所　張澤平律師

出版日期　2008年 7 月初版一刷
　　　　　　2011年12月初版五刷

定　　　價　新臺幣360元